Mark Zahel

Allgäu · Band 2

Ostallgäu

Tannheimer Tal und vorderes Lechtal

60 ausgewählte Touren

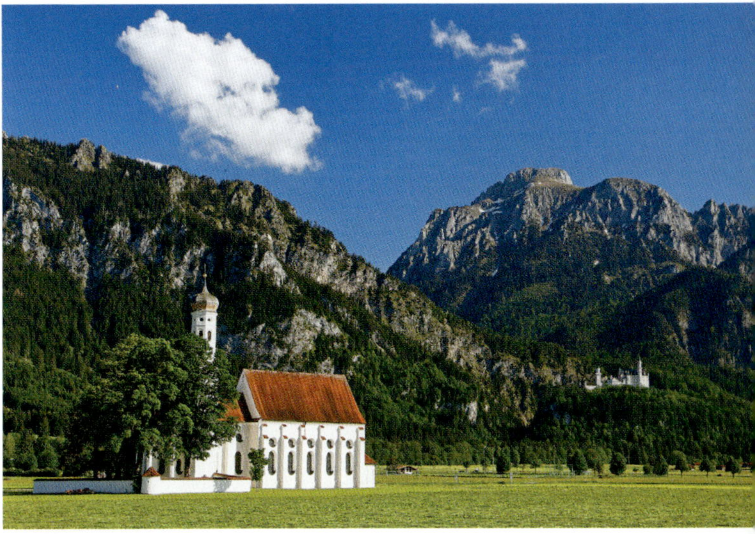

ROTHER BERGVERLAG

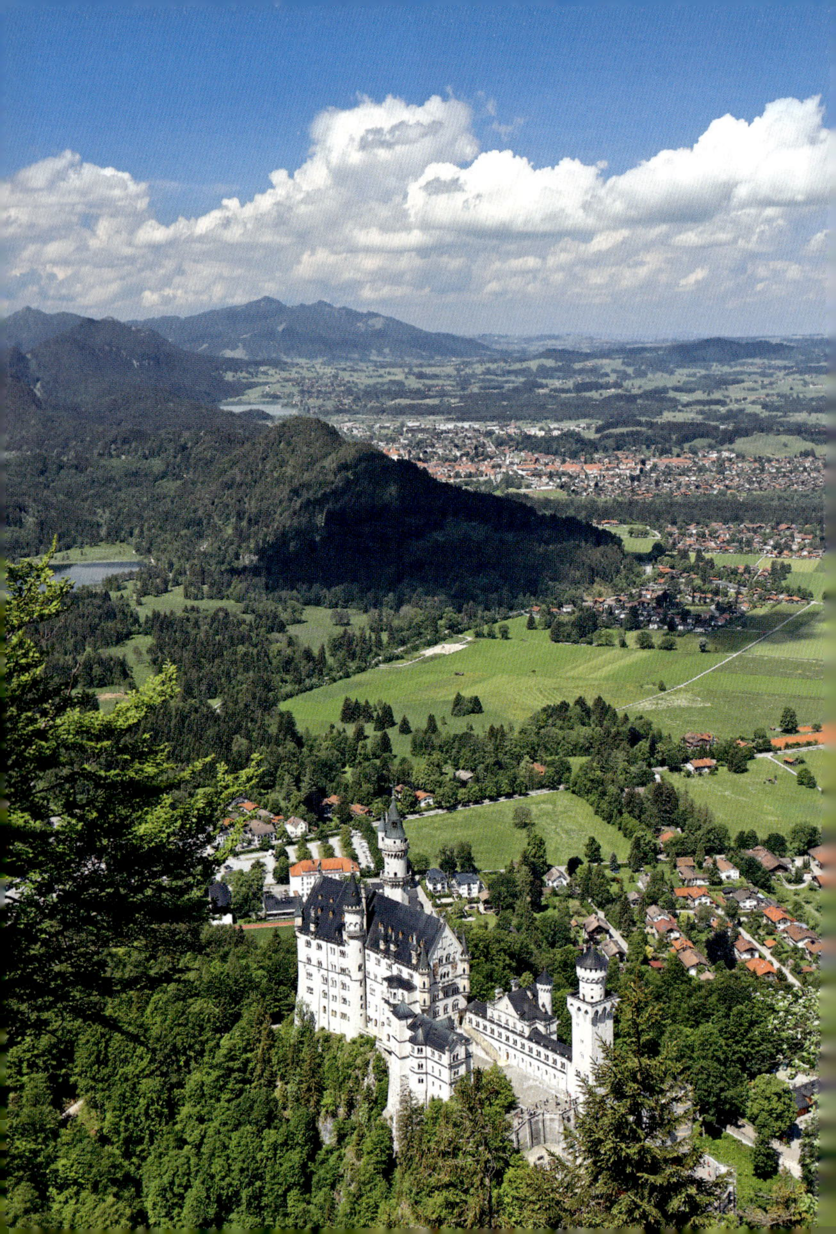

VORWORT

Vom sanft gewellten, mit mehreren größeren Seen und zahlreichen kleineren Weihern geschmückten Ostallgäuer Alpenvorland über die ersten Gipfelhöhen am Gebirgsrand bis in die schon deutlich schroffere Umgebung des Tiroler Lechtals und Tannheimer Tals, wo manch imposanter Felsgipfel Spalier steht, reicht der Bogen dieses Wanderführers. Die Steigerung der Kulissen wirkt gleichsam wie ein landschaftliches Crescendo. Und die Bandbreite der Touren ist damit enorm!

Das Füssener Land im südlichen Ostallgäu zählt zu den klassischen Urlaubsregionen der Bayerischen Alpen. Der Gast findet eine vorbildliche touristische Infrastruktur, als kulturinteressierter Besucher Highlights wie Schloss Neuschwanstein oder die Altstadt von Füssen. Im Fokus dieses Buches steht freilich der Wanderer, der rund um die malerischen Voralpenseen in Beschaulichkeit schwelgen, mit Säuling, Aggenstein oder Thaneller altbewährte Paradegipfel besteigen, daneben aber auch noch so manches verschwiegene Fleckchen entdecken kann. Die Tourenauswahl berücksichtigt nämlich auch weniger bekannte Ziele wie Kienberg, Leilachspitze oder Schwarzhanskarspitze. Besonders die Tiroler Seite trägt noch jede Menge Ursprünglichkeit in sich.

Obwohl in zwei verschiedenen Ländern gelegen, ist die Region Füssen – Reutte gleichsam ein Begriff, der von vielen Bergfreunden im Zusammenhang verstanden wird. Bei der beachtlichen Ausdehnung des Lechtals merkt man jedoch, dass diese touristische Koexistenz nach hinten peu à peu ausdünnt. Deshalb beschränkt sich dieser Führer im Tiroler Außerfern auf das vordere Lechtal um Reutte bis zu den Seitentälern von Hinterhornbach und Namlos sowie unabdingbar auf das Tannheimer Tal, das von Deutschland her besonders gern und häufig bereist wird. Angesichts der großartigen Berglandschaft und der perfekten Erschließung wundert dies nicht.

Mit der 11. Auflage habe ich die Autorenschaft übernommen und den Wanderführer Allgäu 2 nach aktuellen Erkundungen in Text und Bild vollkommen neu erstellt. Die nun vorliegende 13. Auflage wurde sorgfältig aktualisiert, um 5 Touren erweitert und moderner gestaltet. Zu jedem Kapitel gehören allgemeine Hintergrundinformationen und Charakterisierungen, ein detaillierter »Steckbrief« zur Planung, die genaue Wegbeschreibung sowie Kartenausschnitt und Höhenprofil. Zudem werden auf der Homepage GPS-Daten bereitgestellt. So soll das handliche Büchlein beides sein: Appetitmacher daheim und nützlich vor Ort. Bleibt mir, Ihnen als entdeckungslustigem Leser viel Freude auf Ihren Streifzügen durch die Region zu wünschen.

Mark Zahel, im Sommer 2023

Tiefblick auf Schloss Neuschwanstein und entlang des Alpenrandes bei Füssen.

INHALTSVERZEICHNIS

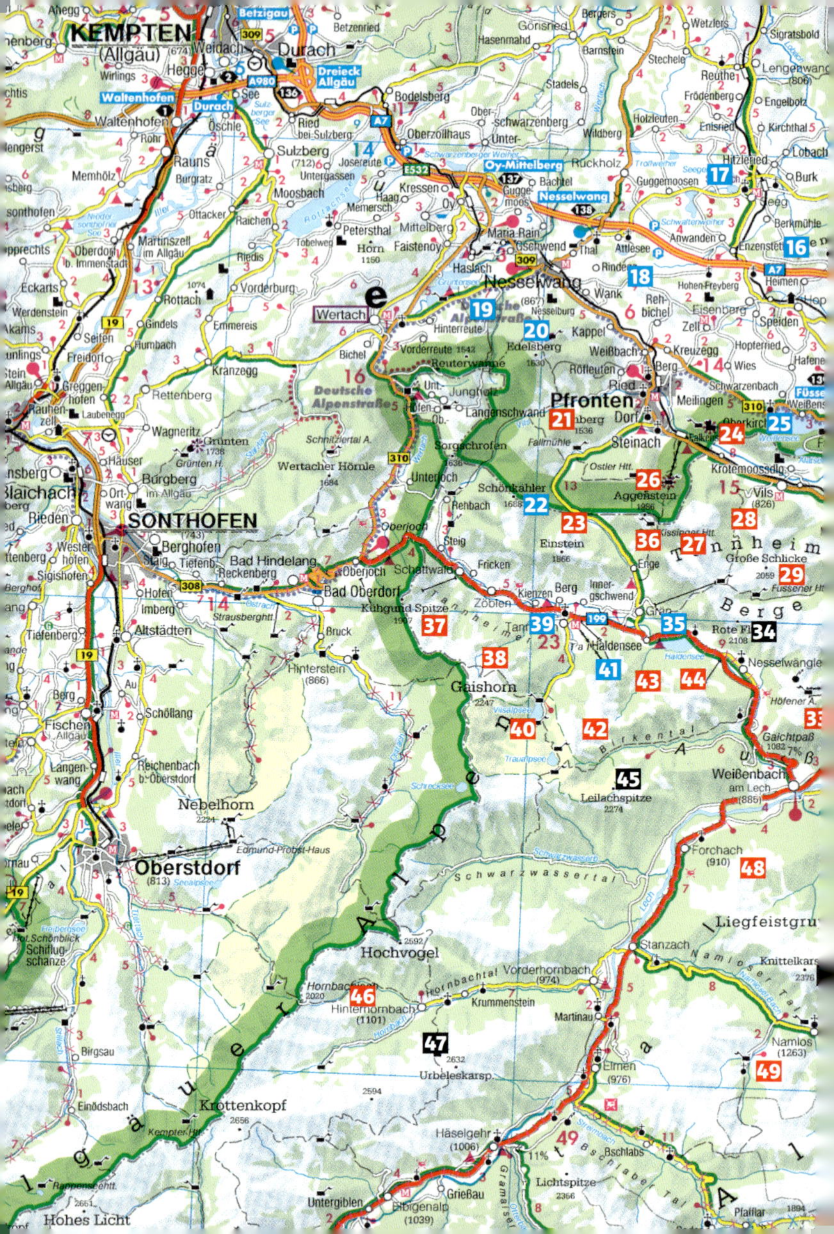
KEMPTEN (Allgäu)
Durach
Dreieck Allgäu
Waltenhofen
Sulzberg
Bodelsberg
Oberzollhaus
Oy-Mittelberg
Nesselwang
Immenstadt
Wertach
Deutsche Alpenstraße
Pfronten
Sonthofen
Burgberg im Allgäu
Grünten
Wertacher Hörnle
Oberjoch
Bad Hindelang
Bad Oberdorf
Hinterstein
Schattwald
Tannheim
Tannheimer Berge
Haldensee
Grän
Nesselwängle
Gaichtpaß
Weißenbach am Lech
Forchach
Stanzach
Vils
Aggenstein
Steinach
Fischen
Nebelhorn
Oberstdorf
Hochvogel
Hinterhornbach
Vorderhornbach
Martinau
Elmen
Häselgehr
Elbigenalp
Krottenkopf
Hohes Licht
Allgäuer Alpen
Lechtaler Alpen
Schwarzwassertal
Birkental
Leilachspitze
Urbeleskarsp.
Lichtspitze
Bschlabser Tal
Namlos
Pfaflar

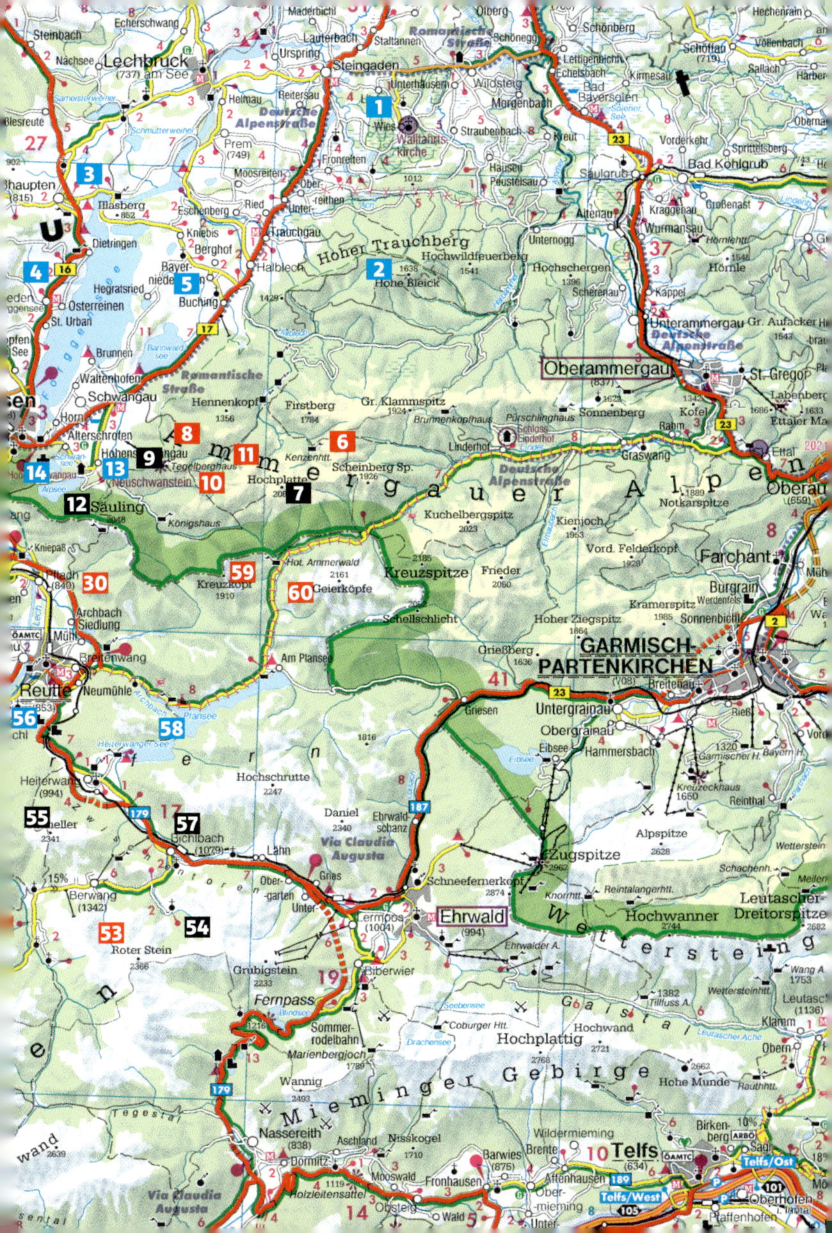

Lechbruck am See
Steingaden
Romantische Straße
Deutsche Alpenstraße
Wieskirche
Wies
Schönberg
Bad Bayersoien
Saulgrub
Bad Kohlgrub
Hoher Trauchberg
Hochwildfeuerberg
Hohe Bleick
Trauchgau
Halblech
Bayerniederhofen
Buching
Illasberg
Dietringen
Osterreinen
Brunnen
Waltenhofen
Schwangau
Hohenschwangau
Neuschwanstein
Tegelberghaus
Alterschrofen
Horn
Säuling
Königshaus
Hennenkopf
Firstberg
Gr. Klammspitz
Brunnenkopfhaus
Pürschlinghaus
Schloss Linderhof
Linderhof
Hochplatte
Scheinberg Sp.
Kenzenhtt.
Ammergauer Alpen
Oberammergau
Unterammergau
Sonnenberg
Kofel
Ettal
Graswang
Oberau
Notkarspitze
Kuchelbergspitz
Kienjoch
Vord. Felderkopf
Farchant
Burgrain
Kramerspitz
Hoher Ziegspitz
Kreuzspitze
Frieder
Hot. Ammerwald
Geierköpfe
Kreuzkopf
Schellschlicht
Pflach
Archbach Siedlung
Breitenwang
Reutte
Neumühle
Am Plansee
Plansee
Heiterwanger See
Heiterwang
Griesen
Grießberg
GARMISCH-PARTENKIRCHEN
Untergrainau
Obergrainau
Eibsee
Hammersbach
Kreuzeckhaus
Alpspitze
Zugspitze
Schneefernerkopf
Knorrhtt.
Reintalangerhtt.
Hochwanner
Leutascher Dreitorspitze
Wetterstein
Ehrwald
Lermoos
Biberwier
Ehrwalder A.
Hochschrutte
Daniel
Ehrwalder Alm
Via Claudia Augusta
Bichlbach
Lähn
Berwang
Roter Stein
Grubigstein
Fernpass
Blindsee
Sommerrodelbahn
Marienbergjoch
Coburger Htt.
Seebensee
Drachensee
Hochplattig
Hochwand
Gaistal
Leutasch
Wang A.
Klamm
Obern
Mieminger Gebirge
Hohe Munde
Rauthhtt.
Wannig
Nassereith
Dormitz
Holzleitensattel
Aschland
Nisskogel
Mooswald
Fronhausen
Obsteig
Wald
Barwies
Wildermieming
Affenhausen
Obermieming
Untermieming
Telfs
Birkenberg
Sagl
Telfs/Ost
Telfs/West
Oberhofen
Pfaffenhofen
Tegestal
Via Claudia Augusta

TOP-TOUREN

Hochplatte mit Kenzenkopf
Beherrschender Gipfel in der westlichen Gruppe der Ammergauer Alpen und nicht zuletzt wegen der vielfältigen Tourenmöglichkeiten ein Paradeziel *(Tour 7, 4.45 Std.).*

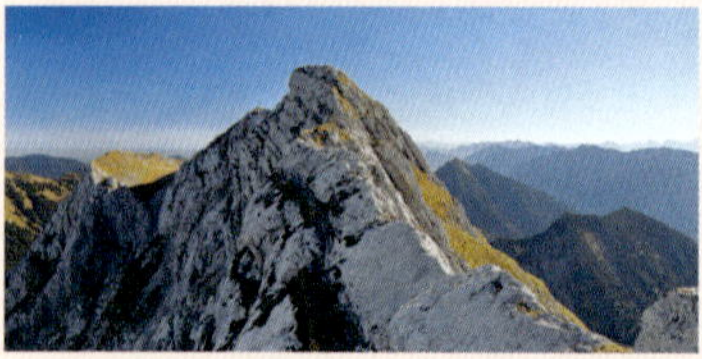

Gelbe-Wand-Steig u. Branderschrofen
Die spannendste Tour im Tegelberggebiet – leichter Klettersteigcharakter, tolles Gipfelerlebnis und zuletzt am Schloss Hohenschwangau vorbei *(Tour 9, 6.15 Std.).*

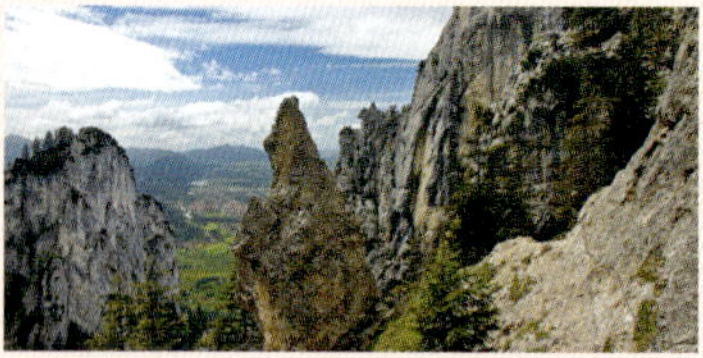

Kalvarienberg und Schwansee
Kombination beliebter Wander- und Ausflugsziele im Nahbereich von Füssen – auch für weniger Ausdauernde sowie bei zweifelhaftem Wetter machbar *(Tour 14, 3.00 Std.).*

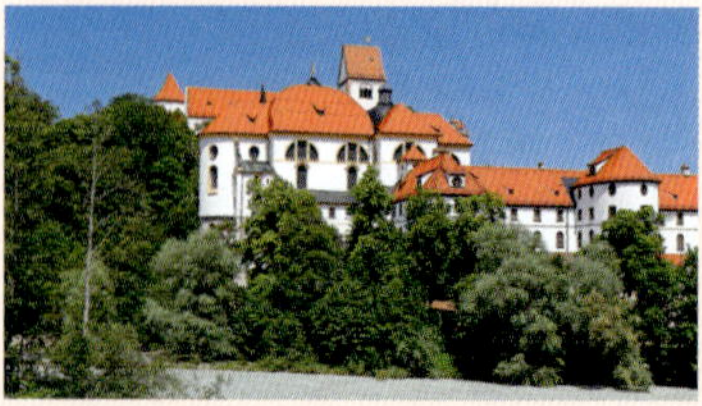

Falkenstein und Zirmgrat
Großartige Überschreitung des schmalen Bergzuges zwischen Pfronten und Füssen, mit einer Burgruine, urwüchsigen Passagen am Zirmgrat sowie mehreren Seen zum Ausklang *(Tour 24, 5.20 Std.).*

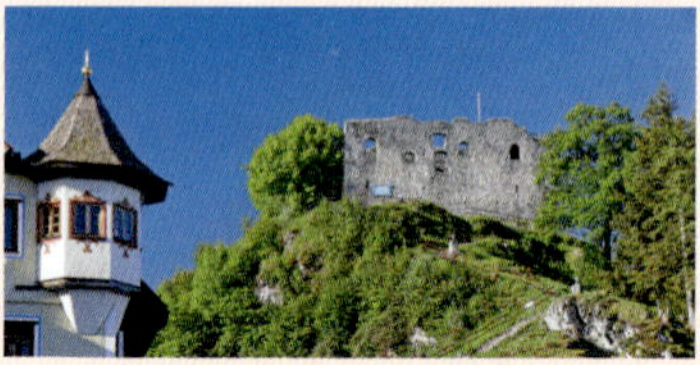

Große Schlicke und Schartschrofen
Ausschweifende Tour mit Variationspotenzial im imposanten Raintal auf der Ostseite der Tannheimer Berge *(Tour 29, bis 8.45 Std.).*

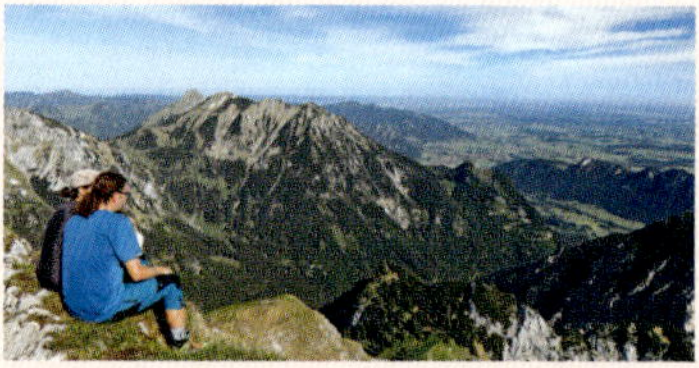

Gräner Höhenweg und Aggenstein
Beliebte Wanderstrecke zwischen Füssener Jöchle und Bad Kissinger Hütte mit einem Paradegipfel als Krönung *(Tour 36, 4.40 Std.).*

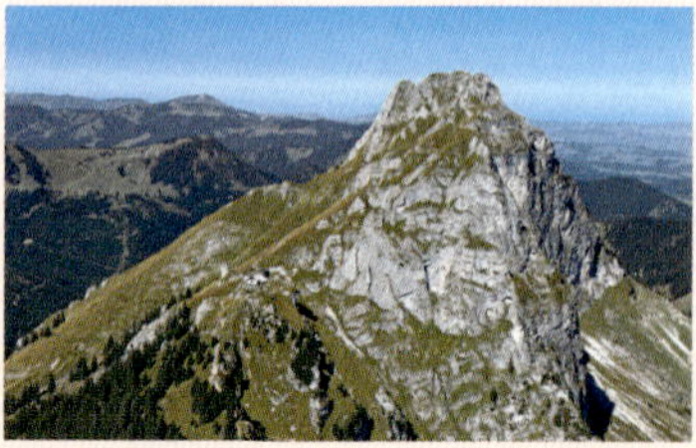

Bschießer, Ponten und Rohnenspitze
Aussichtsreiche Drei-Gipfel-Überschreitung an der Grenze vom Tannheimer zum Hintersteiner Tal – eine Idealtour für gestandene Bergwanderer *(Tour 37, 6.00 Std.).*

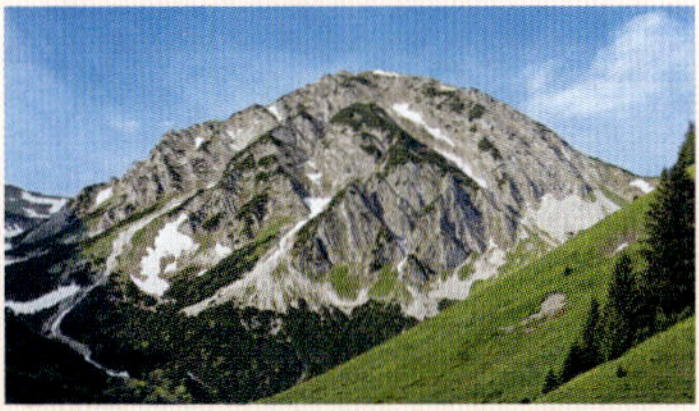

Rund um den Vilsalpsee mit Lachenspitze
Großzügige Tour um den vielleicht schönsten Bergkessel der Region, Gipfelmöglichkeiten inklusive *(Tour 40, 8.00 Std.).*

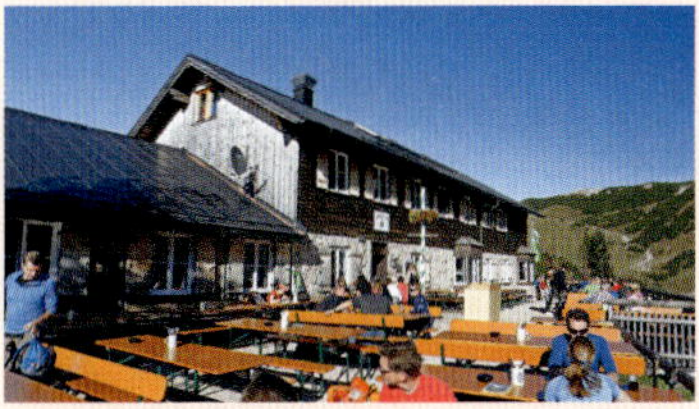

Leilachspitze
Der höchste Gipfel der Vilsalpseeberge. Eine Expertentour, für alle, die es besonders ursprünglich lieben und konditionell keine Probleme haben *(Tour 45, 9.15 Std.).*

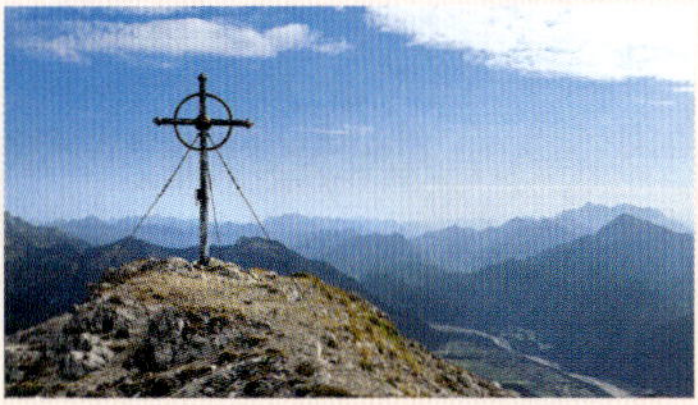

Abendspitze und Galtjoch
Variable Unternehmung in den stillen Bergen zwischen Berwang und Namlos, für die Genusswanderer als beschauliche Almrunde, sonst auch mit Gipfelglück *(Tour 52, bis 5.00 Std.).*

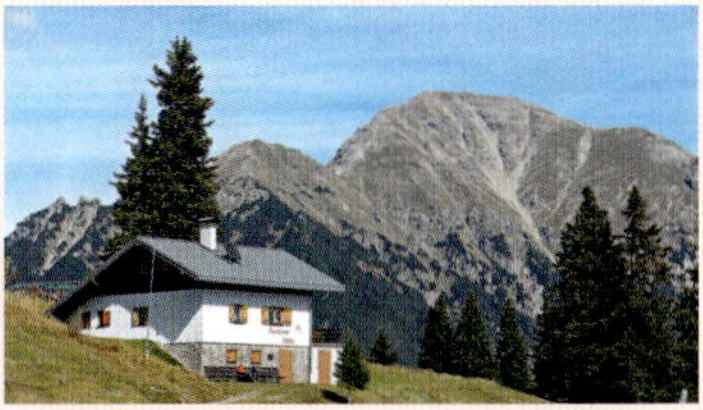

Thaneller
Der auffälligste Berg über dem Reuttener Becken, kann als große Überschreitung von Heiterwang hinüber nach Berwang angepackt werden *(Tour 55, 6.40 Std.).*

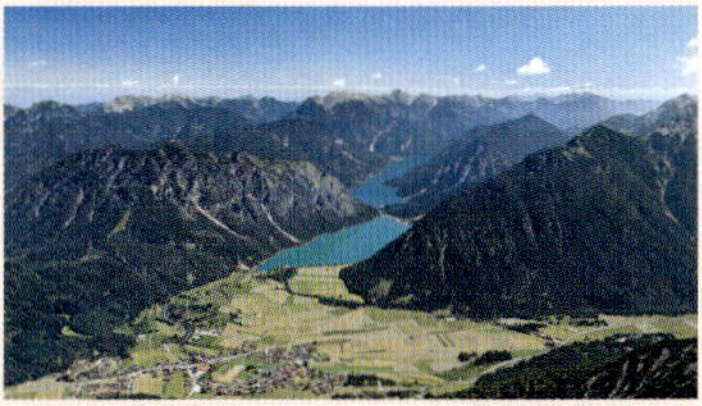

Plansee und Heiterwanger See
Unterwegs an den fjordartigen Tiroler Bergseen – eine der attraktivsten Unternehmungen im Talbereich *(Tour 58, 5.20 Std.).*

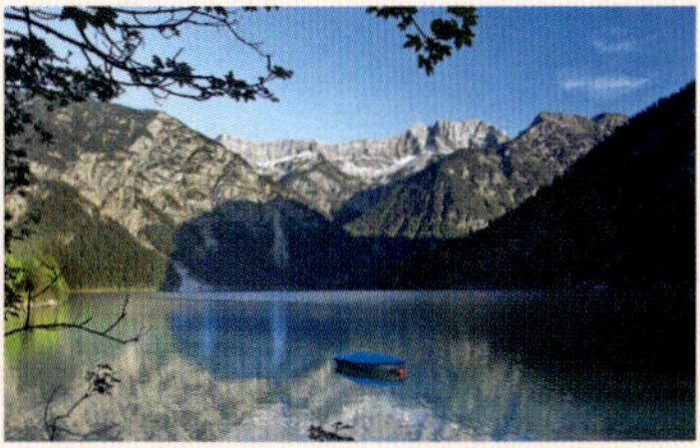

ALLGEMEINE HINWEISE

Schwierigkeitseinstufung

Die in diesem Band vorgestellten Touren richten sich hauptsächlich an Bergwanderer und verlaufen zumeist auf markierten, mehr oder weniger gut ausgebauten Wegen und Steigen. Dennoch gibt es aufgrund der Steilheit und Beschaffenheit des Geländes, der Höhenlage und der Länge eine erhebliche Spannbreite in den Anforderungen. Die Farbe der Tourennummer in der Titelzeile vermittelt einen groben Hinweis auf das Schwierigkeitsniveau. Es werden drei Kategorien unterschieden:

SCHWIERIGKEITSKATEGORIEN

■ = Leicht

Bergwanderung auf gut ausgebauten und markierten Wegen von meist nur mäßiger Steilheit. Passagen in abschüssigem Gelände sind selten. Ein Grundmaß an Trittsicherheit kann vorteilhaft sein, sonst stellen sich aber keine besonderen Anforderungen. Auch konditionell nicht überdurchschnittlich fordernd.

■ = Mittel

Wege und Bergpfade, die solide Trittsicherheit erfordern, in ausgesetztem Gelände auch Schwindelfreiheit. Sie sind in der Regel ebenfalls ausreichend markiert, besitzen aber nicht selten schmalen Verlauf und können gesicherte Stellen aufweisen. Im alpinen Gelände nimmt die Abhängigkeit von den herrschenden Verhältnissen zu. Ist bei technisch leichteren Routen allein der konditionelle Anspruch hoch, wird ebenfalls in diese Kategorie eingestuft.

■ = Schwierig

Anspruchsvollere Routen in oft hochalpinem, beschwerlichem Gelände. Eventuell kann eine erkennbare Trasse am Boden fehlen, außerdem ist mit einfachen Kletterstellen zu rechnen. Absolute Trittsicherheit und Schwindelfreiheit sind ebenso unerlässlich wie eine umfassendere alpine Erfahrung. Die Abhängigkeit von Wetter und Verhältnissen ist umso mehr zu beachten.

Im Zuge einer nutzwertigen differenzierten Bewertungspraxis soll in diesem Führer zusätzlich auf die ursprünglich vom Schweizer Alpenclub entworfene »T-Skala« zurückgegriffen werden. Bis T2 gilt üblicherweise die Einstufung »blau«, spätestens ab T4 »schwarz«, wobei einige Grenzfälle durchaus diskutabel bleiben. Dementsprechend können geflissentlich auch Abweichungen zu Wegweisern vor Ort (die ja eine vergleichbare Farbsymbolik anwenden) auftreten. Nachfolgend die maßgeblichen Definitionen in angepasster Form:

DIE SCHWIERIGKEITSSKALA NACH MUSTER DES SAC

Grad	Weg, Gelände	Anforderungen
T1 Wandern	Weg gut gebahnt, Gelände flach oder leicht geneigt, keine Absturzgefahr.	Keine Anforderungen, auch mit Turnschuhen geeignet, Orientierung problemlos.
T2 Bergwandern	Weg mit durchgehender Trasse, Gelände teilweise steil, Absturzgefahr nicht völlig ausgeschlossen.	Etwas Trittsicherheit, Trekkingschuhe empfehlenswert, elementares Orientierungsvermögen.
T3 Anspruchsvolles Bergwandern	Weg nicht unbedingt durchgehend, ausgesetzte Stellen evtl. gesichert, ggf. etwas Händeunterstützung, Geröllflächen, einfache Schrofen.	Gute Trittsicherheit, Trekkingschuhe, elementare alpine Erfahrung, durchschnittliches Orientierungsvermögen.
T4 Alpinwandern	Weg nicht zwingend vorhanden, stellenweise leichte Kletterei, Gelände recht exponiert, heikle Grashalden, Schrofen, Firnfelder.	Vertrautheit mit exponiertem Gelände, solide alpine Erfahrung, gutes Orientierungsvermögen.
T5 Anspruchsvolles Alpinwandern	Teils weglos mit Kletterpassagen im I. Grad, evtl. nicht markiert. Häufig exponiertes bzw. heikles Gelände.	Gute alpine Erfahrung und sicheres Beurteilungsvermögen auch im hochalpinen Gelände.
T6 Schwieriges Alpinwandern	Meist weglos und in der Regel nicht markiert. Kletterpassagen bis II bei diffizilen Rahmenbedingungen.	Umfassende alpine Erfahrung inkl. grundlegender Kletterkenntnisse.

Unter dem wichtigen Punkt »Anforderungen« im Tourensteckbrief wird die Einstufung in die Schwierigkeitsskala verbal präzisiert, etwa über die Beschaffenheit der Wege bzw. des Geländes, über besonders relevante Schwierigkeiten sowie an die Begeher gestellte Voraussetzungen hinsichtlich Trittsicherheit, Kondition etc. Dabei gilt grundsätzlich die Annahme günstiger Verhältnisse. Dass beispielsweise Schlechtwetter die Anforderungen spürbar erhöhen kann, muss zusätzlich einkalkuliert werden.

Einen sicheren Tritt verlangt der Gratweg über die Hochplatte.

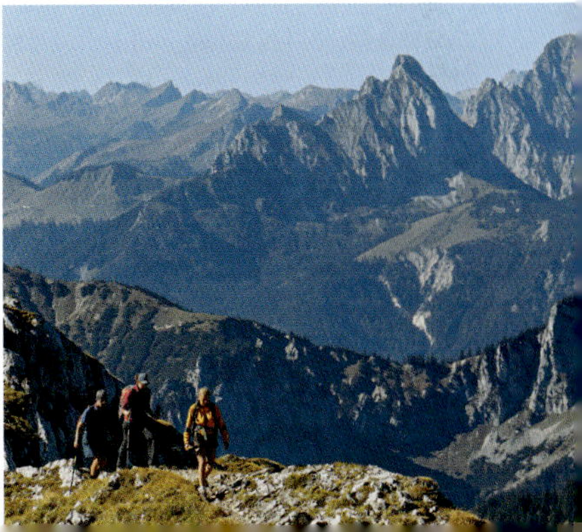

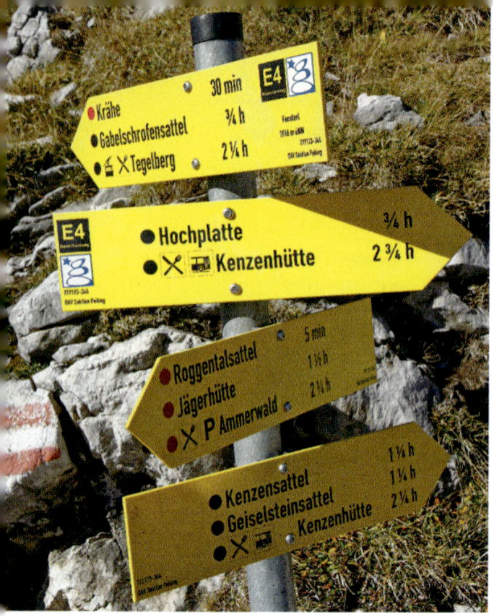

Die meisten unserer Touren sind gut ausgeschildert.

Gehzeiten

Maßgeblich ist immer die reine Gehzeit ohne Pausen, wobei in der Praxis abhängig von diversen Faktoren, besonders natürlich der Leistungsfähigkeit jedes einzelnen, eine breite Streuung auftreten kann. Die Angaben orientieren sich an berggewohnten, ausdauernden Wanderern ohne erhöhten sportlichen Anspruch, die im Aufstieg normalerweise 300 bis maximal 400 Höhenmeter pro Stunde zurücklegen, im Abstieg etwa das 1,5-fache. Bei flachem, hindernisarmem Gelände – das im Hochgebirge freilich selten in Reinkultur zu finden ist – kalkuliert man etwa vier Streckenkilometer pro Stunde, was auf typischen Höhenwegen normalerweise aber schon deutlich zu reduzieren ist, selbst wenn der Steig phasenweise quasi horizontal verlaufen mag. Die Gesamtgehzeit, die mitunter von Wegweisern oder anderswo veröffentlichten Angaben abweichen kann, steht als wichtige Größe sofort erkennbar in der Titelzeile.

Höhenunterschiede und Distanzen

Damit sind die insgesamt zu bewältigenden Höhenmeter gemeint; die Angaben berücksichtigen ein zwischenzeitliches Auf und Ab so genau wie

SYMBOLE

Symbole im Tourenkopf

- Mit Bahn/Bus erreichbar
- Einkehrmöglichkeit unterwegs
- für Kinder geeignet

Symbole im Höhenprofil

- Ort mit Einkehrmöglichkeit
- Einkehrmöglichkeit
- Schutzhaus, Unterstand
- eingerichteter Parkplatz
- Bus- bzw. Bahnanschluss
- Fahrt mit Seilbahn/Sessellift
- Gipfel
- Pass, Sattel
- Kirche, Kapelle, Marterl/Bildstock
- Burg, Schloss, Ruine
- Aussichtsplatz
- Wasserfall
- Bademöglichkeit

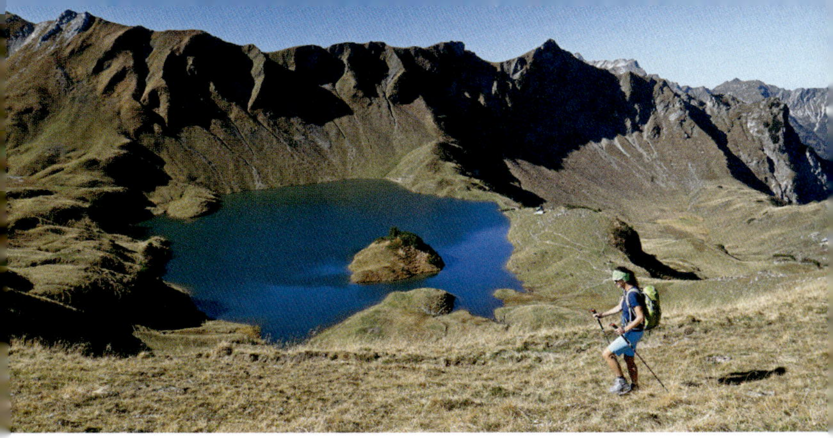

Die Matten um den Schrecksee sind dagegen harmlos.

möglich und sinnvoll. Die Strecke ergibt sich mit guter Genauigkeit aus dem GPS-Track.

Routenbeschreibungen

Der Autor ist um angemessene Ausführlichkeit bemüht, damit die Route an Zwischenpunkten oder auch an Wechseln der Geländebeschaffenheit gut nachzuvollziehen ist. Jedes denkbare Detail zu erwähnen, würde den Rahmen aber sprengen und auch im Sinne der Übersichtlichkeit eher kontraproduktiv sein. Gleichwohl kann man sagen, dass die Beschreibungen wesentlich akribischer ausfallen als in Broschüren der Tourismuswerbung – ein essenzieller Mehrwert für den Nutzer!

GPS-TRACKS UND KOORDINATEN DER AUSGANGSPUNKTE

Auf **gps.rother.de** stehen zu diesem Wanderführer GPS-Tracks und die Koordinaten der Ausgangspunkte zum kostenlosen Download bereit. Dieser QR-Code führt direkt zum Download.
13. Auflage, Passwort: **454213axb**
Die GPS-Tracks können in die **Rother App** importiert werden. In der App kann man unterwegs stets sehen, wo man gerade ist und wo es langgeht. **Anleitungen dazu: rother.de/gps**
Trotz sorgfältiger Prüfung können wir Fehler und zwischenzeitliche Veränderungen nicht ausschließen. Verlassen Sie sich für die Orientierung niemals einzig und allein auf die GPS-Daten, sondern beurteilen Sie die Verhältnisse vor Ort.

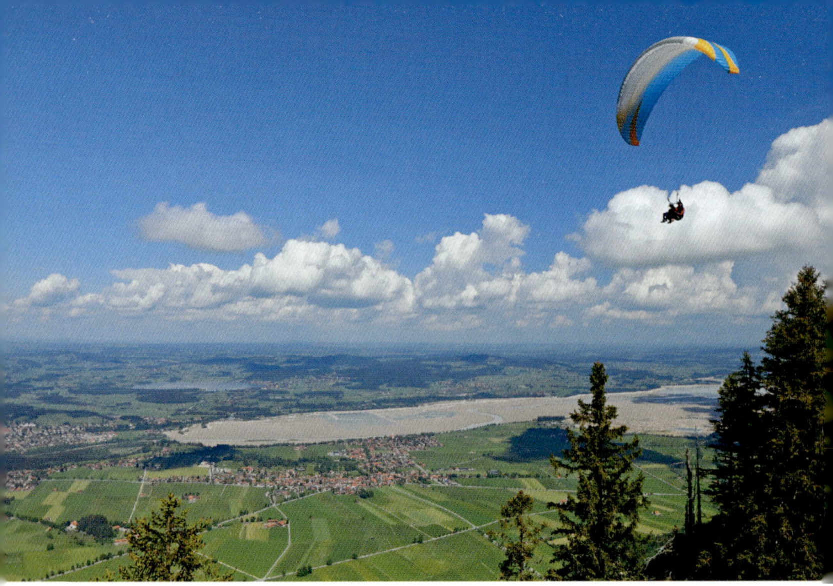

Erste Adresse für Paraglider ist der Tegelberg.

Kartenausschnitte und Profile

Weitere visuelle Planungshilfen sind der Kartenausschnitt sowie das Höhenprofil, das die wesentlichen Steigungsverläufe wiedergibt und den Überblick über die Streckenlängen und Gehzeiten (einschließlich Zwischenwerte) enthält. Zudem sind jeweils wichtige Wegpunkte, die auch in der Routenbeschreibung kenntlich gemacht werden und mit dem GPS-Track korrespondieren, verortet.

Einkehrmöglichkeiten

Stehen auf einer Tour Hütten bzw. Jausenstationen zur Verfügung, kann der eigene Proviant knapper bemessen werden – für viele, insbesondere genussorientierte Wanderer ein wichtiges Kriterium schon bei der Auswahl. Allerdings sind dabei die Öffnungszeiten ins Kalkül zu ziehen, die je nach Jahr und Witterung ein wenig variieren können. Gerade im Herbst dauert die Wandersaison hinsichtlich der äußeren Bedingungen meist länger als manche Hütten geöffnet haben. Speziell die Almen mit angeschlossenem Gastbetrieb sperren oft schon nach dem Viehscheid im September zu. Im Zweifel erkundige man sich telefonisch oder beim Tourismusbüro.

Beste Jahreszeit

Diese Angabe beruht auf Erfahrungswerten und ist als Tendenz zu verstehen. Natürlich geben immer die aktuellen Bedingungen den Ausschlag für die Durchführbarkeit einer Tour.

Mit Kindern unterwegs

Lange Forststraßenmärsche sind langweilig, gibt es auf abwechslungsreichen Wegen und Pfaden allerdings immer wieder etwas zu entdecken und zu spielen, können Kinder viel Spaß am Bergwandern entwickeln. Mit dem entsprechenden Symbol in der Titelzeile wird angezeigt, ob eine Tour prinzipiell als familientauglich eingestuft werden kann. Das ist nicht unbedingt gleichbedeutend mit einem geringen Schwierigkeitsgrad. Freilich müssen diese Kriterien letztlich ganz individuell gesehen und von den Eltern im Hinblick auf Alter und Belastbarkeit ihres Nachwuchses verantwortungsvoll selbst eingeschätzt werden. Einerseits zeigt die Erfahrung, dass Kinder – falls ihr Interesse geweckt ist – durchaus häufig bereits eine gewisse körperliche Leistungsfähigkeit mitbringen. Andererseits wird von einer konkreten Altersempfehlung bewusst abgesehen. Denn eine Achtjährige mit reichlich Bewegungstalent tut sich womöglich leichter als ein Elfjähriger, der Sport hauptsächlich nur aus dem Fernsehen kennt ... Nicht anders als bei Erwachsenen spielt natürlich auch Übung eine erhebliche Rolle. Daher ist es sinnvoll, Kinder behutsam an das Bergwandern heranzuführen, ihre Trittsicherheit und Ausdauer maßvoll zu erproben, und sie gegebenenfalls auch schon an der Tourenauswahl teilhaben zu lassen.

Ausrüstung

Wichtigster Ausrüstungsgegenstand ist das Schuhwerk, das möglichst ro-

Hungrige Flugkünstler: Alpendohlen.

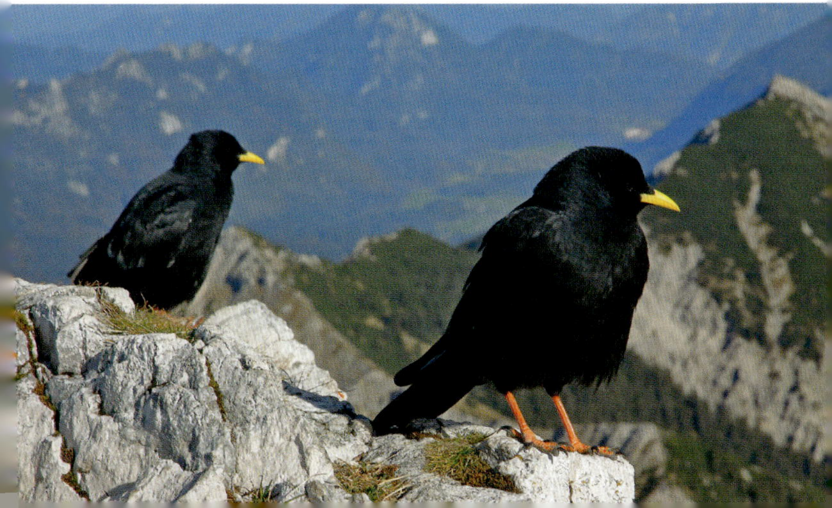

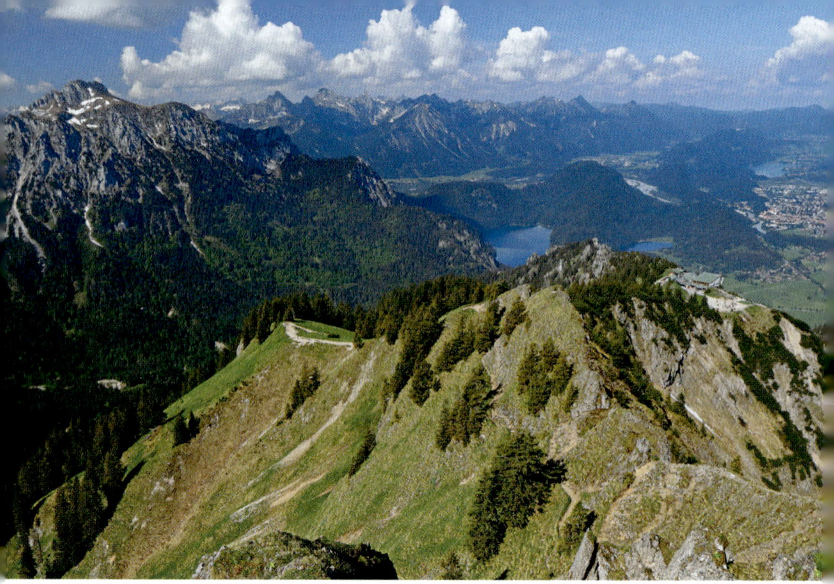

Mit oder ohne Seilbahnhilfe – den Branderschrofen wird man gern besteigen.

bust sein soll, ohne dabei den Tragekomfort zu vernachlässigen. Bei Bergwanderern haben deshalb sogenannte Trekkingschuhe weite Verbreitung gefunden. Von den Herstellern wird heutzutage eine schier unüberschaubare Auswahl an outdoortauglicher Kleidung angeboten. Prinzipiell gilt Analoges zu den Schuhen, nämlich in Abstimmung auf den Charakter der Tour sowie der Witterung ein zweckmäßiges und gleichzeitig bequemes Material. Die Mitnahme von Regen- und Kälteschutz ist im Hochgebirge Standard, auch wenn ein sonniger, warmer Tag avisiert wird. Freilich hat man dann auch gern einmal die kurze Hose zur Hand, will man nicht über Gebühr schwitzen.

Das Vorhandensein von bewirtschafteten Hütten oder Jausenstationen gibt den Ausschlag über die Bemessung des Proviants. Etwas für zwischendurch sollte zumindest bei tagfüllenden Wanderungen nie fehlen, vor allem sollte immer an ausreichend Flüssigkeit gedacht werden. Sonnenbrille und Sonnenschutzcreme, ein Taschenmesser und eine kleine Notfallapotheke gehören zum wichtigen »Kleinkram«, ebenso wie die Wanderkarte und natürlich dieser Führer. Ein GPS-Gerät kann optional nützlich sein, ist aber sicher nicht essenziell für Wanderungen auf markierten Wegen. Über die Verwendung von Teleskopstöcken scheiden sich die Geister. Vorteile gewähren sie durch eine Entlastung der Gelenke (vor allem im Abstieg) sowie zur Unterstützung der Balance. In manchem Gelände sind sie allerdings hinderlich und können im schlimmsten Fall sogar selbst zur Stolperfalle werden. Man sollte Stöcke deshalb nicht zwanghaft, sondern der Situation angepasst verwenden.

Wanderkarten

Die Kartenausschnitte in diesem Führer stammen größtenteils aus der Wanderkarte von Freytag & Berndt. Verwendung findet hier das Blatt 352 »Ehrwald – Lermoos – Reutte – Tannheimer Tal« im Maßstab 1:50.000. Es endet allerdings knapp nördlich von Füssen und Pfronten. Für das Ostallgäuer Alpenvorland kann man vorteilhaft auf das Blatt UK50-48 »Füssen« des Landesamts für Digitalisierung, Breitband und Vermessung Bayern zurückgreifen (es reicht wiederum ein Stück nach Tirol hinein).
Besonders empfehlenswert sind die Alpenvereinskarten im detaillierteren Maßstab 1:25.000. Folgende Blätter sind für uns relevant: BY5 »Tannheimer Berge – Köllenspitze, Gaishorn«, BY6 »Ammergebirge West – Hochplatte, Kreuzspitze«, für einzelne Touren auch BY3 »Allgäuer Voralpen Ost«, 2/2 »Allgäuer-Lechtaler Alpen Ost«, 3/4 »Lechtaler Alpen – Heiterwand und Muttekopfgebiet« sowie 4/1 »Wetterstein- und Mieminger Gebirge West«. Darüber hinaus bieten weitere Verlage eigene Kartenwerke über die Region Allgäu an (diese begutachte man am besten in Geschäften vor Ort, um ihre Tauglichkeit abzuschätzen).

Die Drei-Gipfel-Tour über Bschießer, Ponten und Rohnenspitze zählt zu den reizvollsten im Tannheimer Tal.

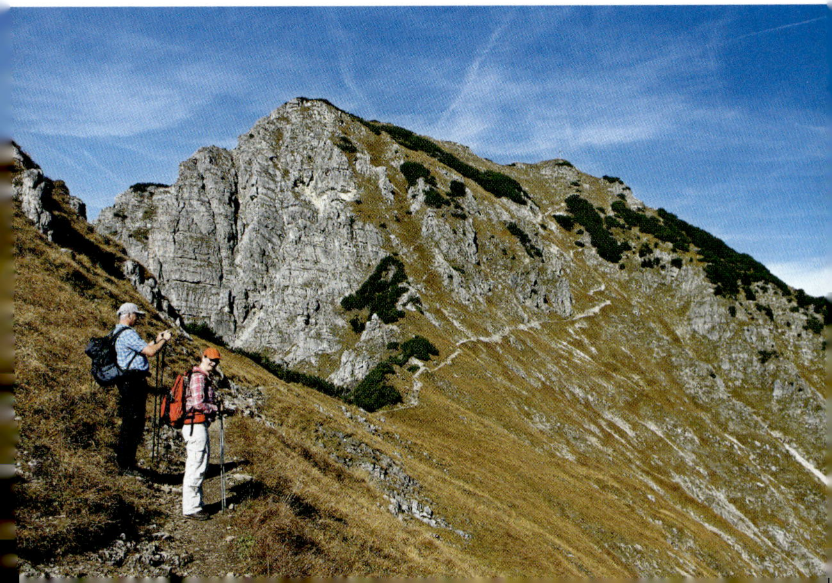

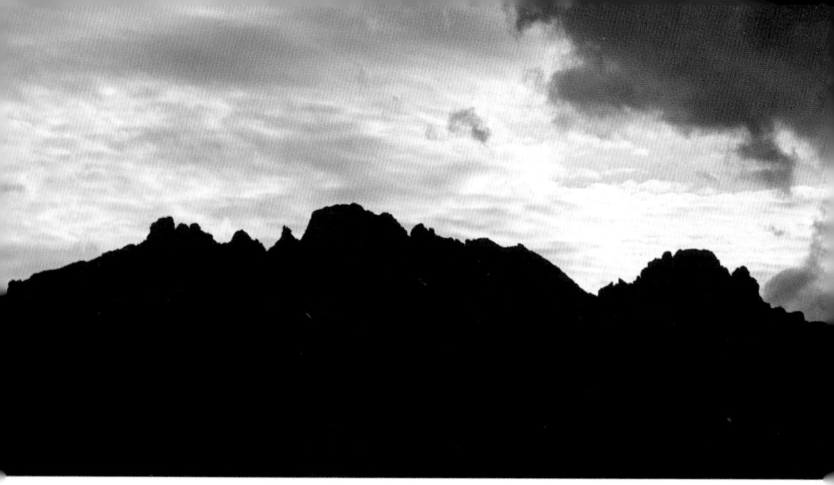

Obacht, wenn sich der Himmel verdunkelt …

Wetter

Das grundsätzlich Schöne am Bergwandern ist das Draußensein in der Natur, womit natürlich eine gewisse Abhängigkeit vom Wetter besteht. Denn der berühmte Satz »es gibt kein schlechtes Wetter, sondern nur falsche Kleidung« besitzt für Gebirgstouren angesichts potenzieller Gefahren nur eingeschränkte Gültigkeit. Eine niederschlagsreiche Randlage im Staubereich der Alpennordseite kennzeichnet unser Tourengebiet. In Füssen werden pro Jahr durchschnittlich etwa 1100 Millimeter Niederschlag registriert – die Berglagen erreichen teilweise noch beträchtlich höhere Werte. Eine Schönwetterregion ist das Allgäu mit dem angrenzenden Tiroler Außerfern also sicher nicht.
Freilich ist für den eigenen Urlaub weniger die Jahresstatistik als vielmehr die aktuelle Großwetterlage entscheidend. Und in dieser Hinsicht lassen sich durchaus einige Gesetzmäßigkeiten festhalten. Aufgrund der Alpenrandlage ist in den Sommermonaten die Gewitterträchtigkeit merklich höher als im Flachland. Bei störungsarmen Wetterlagen herrschen ausgeprägte thermische Windsysteme, die an den Bergen regelmäßig zu Konvektion, sprich Quellwolkenbildung, führen. Während herbstlicher oder winterlicher Inversionslagen befinden sich die tiefen Regionen häufig unter einer Nebelschicht, die sich unter Umständen als zäh oder sogar beständig erweisen kann, während in der Höhe oft die Sonne scheint. Ein anderer wichtiger und speziell im Frühjahr und Herbst häufig auftretender Einfluss geht vom Föhn aus. Als Fallwind, der das Gebirge überströmt, sorgt dieser für eine übernormal warme Witterung und in der Regel auch für günstiges Tourenwetter (abgesehen vom zuweilen kräftigen Wind, der

WETTER ONLINE

www.br.de/wetter (Bayernwetter mit Regional- und 7-Tage-Prognose)
wetter.orf.at/tirol (Regionalwetter für Tirol mit 6-Tage-Prognose)
www.wetter-allgaeu.de (eher schematisch aufgemachte Seite über die Region Allgäu)
www.alpenverein.de/DAV-Services/Bergwetter (klassischer Alpenvereinswetterbericht für die Alpen und all ihre Teilregionen)
www.wetterzentrale.de (wissenschaftlich aufgemachte Seite, die Nutzern mit Hintergrundwissen sehr nützlich ist)

auf den Gipfeln mitunter Sturmstärke erreichen kann). Und zwar so lange, bis eine Kaltfront (meist aus westlichen Richtungen) übergreift und den Föhn zusammenbrechen lässt. Das Gegenstück einer solchen Südföhnlage ist die Nordstaulage – und damit schließt sich der Kreis zum Merkmal des regenreichen Allgäus, denn wenn die feuchten Luftmassen unter der entsprechenden Strömung so richtig an den Bergen ausgepresst werden, dann gilt es für Wanderer, sich mit Geduld zu wappnen.
In jedem Fall gehört es zum Elementaren, sich mit der Wetterprognose gründlich auseinanderzusetzen. Diverse Medien überfluten uns mittlerweile mit derartigen Informationen – leider nicht immer in hoher Qualität –, doch die schlechteste aller Varianten wäre, gar keine Information zu haben und aufs Geratewohl loszulaufen. Nützliche Websites sind im Kasten zusammengefasst.

Die Freiheit der Berge genießen ...

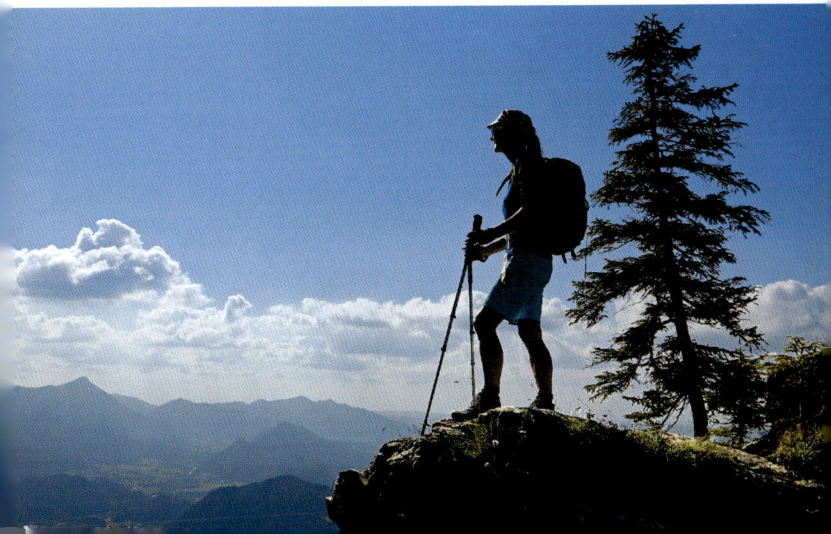

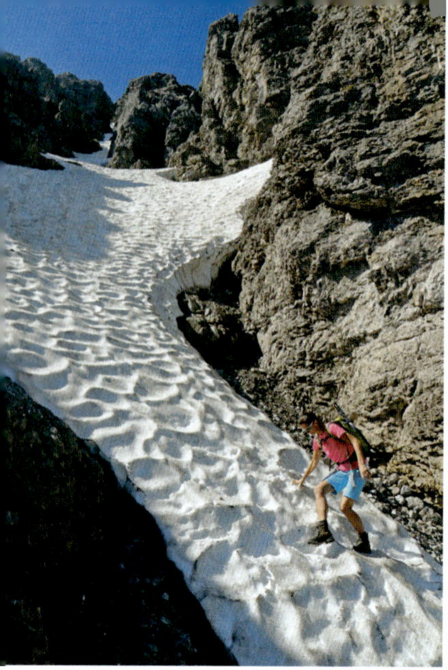

Altschneerinnen im Frühsommer sind tückisch.

Gefahren

Auch wenn man die alpinen Gefahren in einem Wanderführer wie diesem keinesfalls hochstilisieren muss, so gilt es doch daran zu erinnern, dass jedwedes Unterwegssein im Gebirge mit einem Restrisiko verbunden ist. Eine der häufigsten Ursachen für eine Notsituation oder gewisse Unannehmlichkeiten liegt bei Bergwanderungen wohl in der Selbstüberschätzung. Diese kann sich sowohl auf den geländebedingten als auch auf den konditionellen Anspruch beziehen, ist aber durch eine sorgfältige Vorbereitung und umsichtige Durchführung der Tour vermeidbar. Mit reifender Erfahrung tut man sich diesbezüglich leichter. Nicht zu vernachlässigen ist auch der Einfluss einer etwaigen Gruppendynamik mit ihren (scheinbaren) Zwängen. Daneben gibt es aber auch objektive Gefahren, die das Gebirge an sich mitbringt, vor allem im Zusammenspiel mit dem Wetter. Dazu eine kurze Auflistung:

- **Absturzgefahr:** In ausgesetztem Gelände müssen Trittsicherheit und Schwindelfreiheit entsprechend ausgelegt sein, was eine verantwortungsvolle Selbsteinschätzung erfordert. Konzentrierte Fortbewegung und erhöhte Vorsicht speziell bei brüchigem Fels, instabilen Geröllhalden und nassen Grashängen sind angezeigt.
- Schneefelder: Diese treten hauptsächlich im Frühsommer auf und können – falls hartgefroren – sehr tückisch sein. Teleskopstöcke bieten nur in mäßig steilem Gelände eine gewisse Hilfe, andernfalls muss mit Pickel und Steigeisen vorgesorgt werden. Im Falle eines Sturzes sofort in die bremsende Liegestützhaltung gehen, bevor der Körper beschleunigt. Besser man unternimmt die Tour erst, sobald der Altschnee vom letzten Winter weithin abgeschmolzen ist. Im Fall eines Kaltlufteinbruchs mit Neuschnee ist besonders kritisches Beurteilungsvermögen gefragt, je nach Intensität bleibt manchmal nur ein Verzicht bzw. Abbruch.
- **Wildbäche:** Ohne Brücken oder Stege können diese je nach Wasseraufkommen ein erhebliches Hindernis bedeuten. Man sucht geduldig eine geeignete Stelle zum Queren (bei Blöcken auf deren Stabilität achten!)

und setzt mit Vorteil Stöcke zum Abstützen ein.

- **Steinschlag:** Dieser tritt vor allem in steilen, brüchigen Fels- und Schrofenzonen, besonders im Bereich von Rinnen, auf und wird von Wanderern nicht selten selbst ausgelöst. Die gefährdeten Passagen sind rasch, aber konzentriert hinter sich zu bringen.
- **Gewitter:** Es besteht unmittelbare Lebensgefahr durch Blitzschlag, daher sind exponierte Punkte und Gerinne unverzüglich zu verlassen. Am besten deutet man die Warnsignale (zunehmende Quellbewölkung, schwüle Luft, Fallen des Luftdrucks) und sucht rechtzeitig Schutz auf. Lokalen Wärmegewittern, die bevorzugt in der zweiten Tageshälfte auftreten, lässt sich recht effektiv durch frühen Aufbruch begegnen. Frontgewitter werden indes in der Regel gut vorhergesagt, sodass wir Gelegenheit haben, unsere Taktik danach auszurichten. Man bedenke stets auch die mittelbaren Gefahren wie Nässe, Abkühlung und mögliche Vermurungen bei Starkregen.
- **Schlechte Sicht:** Dadurch verkompliziert sich speziell auf weniger gut markierten Routen die Orientierung. Hilfsmittel wie Kompass, Höhenmesser oder GPS können nützlich werden. Wegloses Gelände sollte bei anhaltend dichtem Nebel tabu sein. Bei Verlust der Markierung gehe man zurück bis zum letzten bekannten Punkt.

Notsituationen

Falls man in eine Notlage gerät oder sich sogar ein ernsthafter Unfall ereignet hat, gilt es zunächst Ruhe zu bewahren und Verletzten Erste Hilfe zu

Allgäu und Kühe – das gehört irgendwie zusammen.

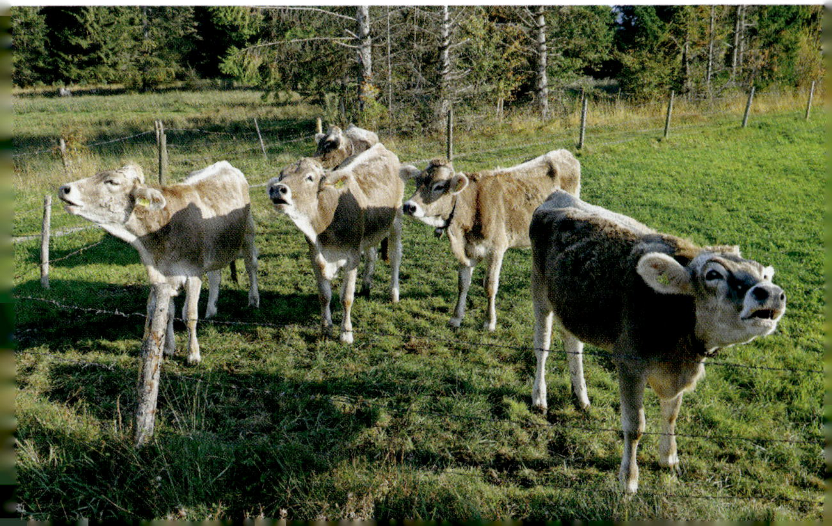

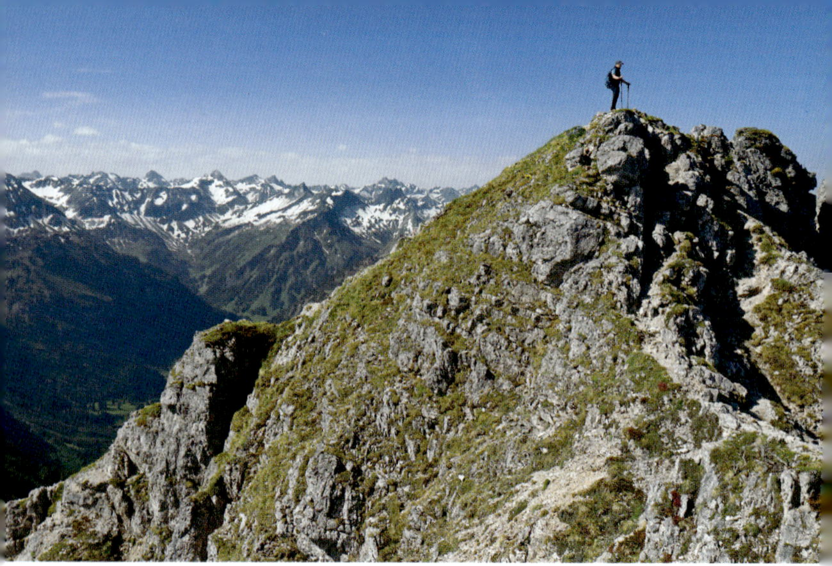

Auf dem Ponten wartet ein tolles Gipfelerlebnis.

leisten. Mit einem Mobiltelefon lässt sich direkt die Rettung verständigen. Die allgemeine Notrufnummer lautet 112. In Österreich gilt daneben auch noch die Alpin-Notrufnummer 140. Sollte eine direkte Verbindung nicht möglich sein, muss das alpine Notsignal abgegeben werden: 6-mal pro Minute ein optisches oder akustisches Zeichen. Mit je einer Minute Pause dazwischen wird dies so lange wiederholt, bis man Antwort erhält. Diese besteht aus 3-maligem Zeichen innerhalb einer Minute.

Kletterstelle an der Läuferspitze.

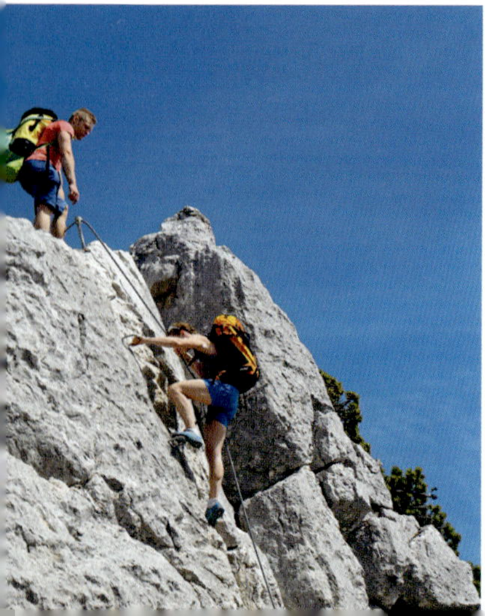

Anreise und öffentliche Verkehrsmittel

Unser Tourengebiet liegt verkehrsgünstig an der deutschen A7, die am Grenztunnel Füssen in die österreichische B179 (Fernpass-Bundesstraße) übergeht. Wer aus Richtung Augsburg oder München kommt, wählt allerdings eher die B17 Rich-

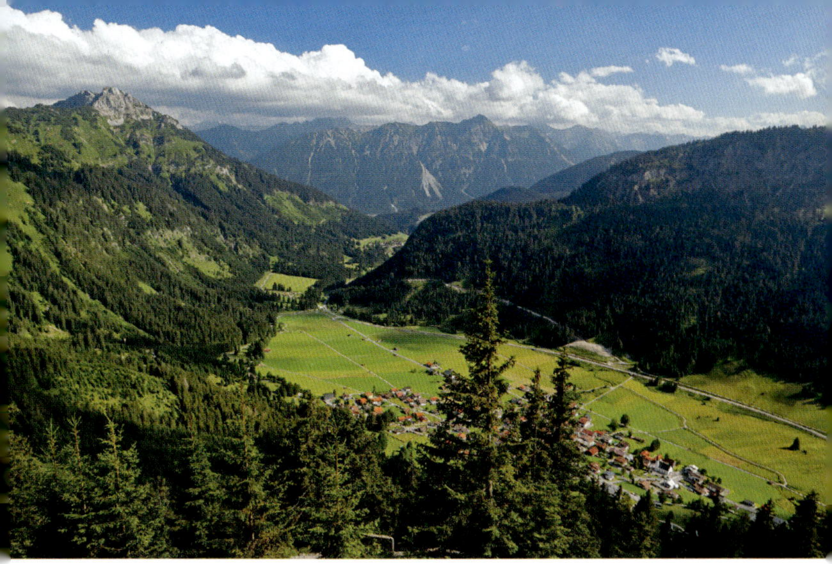

Blick vom Gimpelhaus ins Tannheimer Tal bei Nesselwängle.

tung Füssen oder die A95 Richtung Garmisch mit Fortsetzungen ins Tiroler Außerfern.

Für die Anreise mit der Bahn sind die Strecke nach Füssen (in Biessenhofen Anschluss von München bzw. Lindau, teils auch ohne Umsteigen) sowie die Außerfernbahn von Kempten über Pfronten und Reutte nach Garmisch-Partenkirchen relevant. Die Frequenz ist in der Regel stündlich.

In der Fläche besteht ein gut ausgebautes Busnetz, das für die meisten unserer Touren genutzt werden kann. Von besonderer Bedeutung sind vor allem die Linien von Füssen Richtung Halblech, Roßhaupten, Seeg und Pfronten, auf Tiroler Seite hauptsächlich die Verbindungen von Reutte ins Lechtal sowie ins Tannheimer Tal (welches übrigens auch vom Bahnhof Sonthofen via Oberjoch erreicht werden kann). In der kleingliedrigen Siedlungsstruktur des Alpenvorlands kann es allerdings den einen oder anderen »toten Winkel« geben oder bestimmte Linien, die nicht sehr oft verkehren. Empfehlenswert ist, sich vorab über die Buskurse zu informieren (siehe Kasten).

ÖFFENTLICHE VERKEHRSMITTEL ONLINE

www.mona-allgaeu.de
www.rvo-bus.de
www.vvt.at

EINFÜHRUNG IN DIE REGION

Füssener Land im Ostallgäu

Das Ostallgäu gehört zum Alpenvorland, wobei sich drei Bereiche hinsichtlich ihres Charakters unterscheiden lassen. Das Zentrum des Gebietes um den riesigen Forggensee zeigt sich auf einer Grundhöhe von rund 800 Metern erstaunlich eben. Die Wasserflächen nehmen hier einen beachtlichen Raum ein und drücken der Region damit ganz wesentlich ihren Stempel auf. Auf drei Seiten wird dieser Bereich von der typisch welligen Allgäuer Hügellandschaft eingerahmt. Ausgedehnte Wiesen mit Einsprengseln von kleinen Wäldern, Mooren und Weihern kennzeichnen diesen Landschaftstyp, der überwiegend bäuerlich geprägt ist. Es bieten sich viele Möglichkeiten für beschauliche Wanderungen und auch für Radtouren, denn es gibt zahlreiche verkehrsarme Nebenstraßen und befestigte Feldwege. Das Gelände erreicht maximal 1055 Meter Höhe, was sich im Vergleich zu den richtigen Bergen natürlich bescheiden ausnimmt, trotzdem aber so manchen schönen Blick auf die Gebirgsfront hervorruft. Den südlichen Teil bis zur Tiroler Grenze füllen schließlich jene großen Gipfel, und zwar speziell in den Ammergauer Alpen östlich von Füssen. Säuling und Hochplatte zählen hier zu den bedeutendsten Bergpersönlichkeiten, der Tegelberg ist bekannt durch seine Seilbahn. Entlang des Lechs zieht die Alpingeografie die Abgrenzung zu den Allgäuer Alpen, die damit auf deutschem Boden nur bei Nesselwang und Pfronten sowie am schmalen Falkensteinkamm Anteil

Am idyllischen Hegratsrieder See.

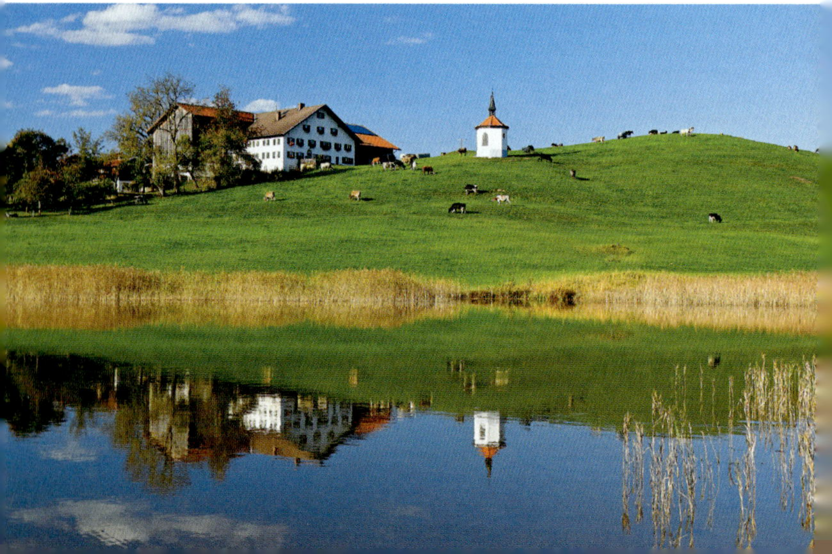

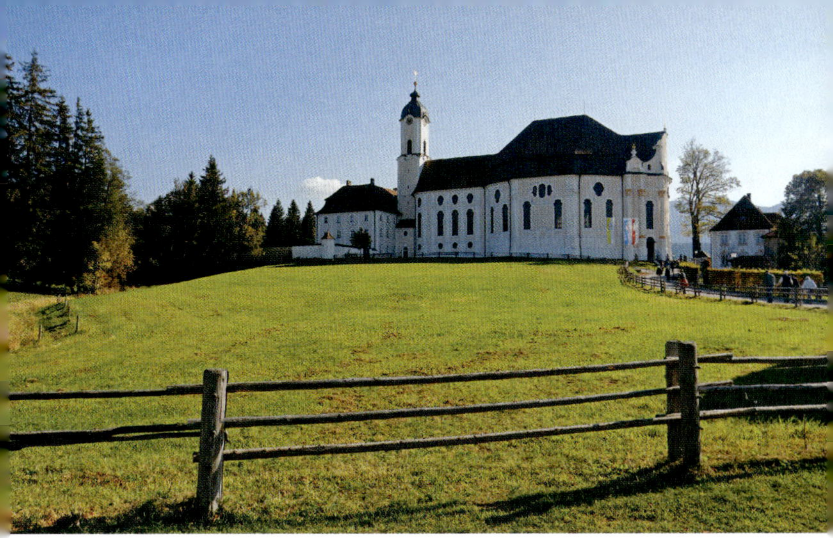

Bei Steingaden zieht die Wieskirche viele Ausflügler an.

an unserem Gebietszuschnitt haben und ansonsten mehr zum Oberallgäu orientiert sind. Mit den Bergen um das Tannheimer Tal greifen sie freilich weit nach Tirol hinein (siehe Seite 29).

Steingaden, 763 m
Größerer Ort im Nordosten unserer Region, schon etwas von den Alpen abgesetzt im welligen Pfaffenwinkel gelegen. Einst ein stattliches Kloster. Kulturelle Sehenswürdigkeiten sind die Kirche mit ihrer stilreinen romanischen Fassade und der Pfeilerbasilika im Rokoko sowie die einige Kilometer entfernte berühmte Wallfahrtskirche »In der Wies«, die heute zum UNESCO-Welterbe gehört.
Tourist Information, Krankenhausstraße 1, D-86989 Steingaden, Tel. +49 8862 200, www.steingaden.de

Halblech, 792 m
Gemeinde am Fuß der waldreichen Trauchberge mit den beiden Hauptorten (Gemarkungen) Trauchgau und Buching. Schwimmbad nordwestlich von Trauchgau, Bademöglichkeit an zwei Naturseen. Im Dörfchen Halblech Sessellift zum Buchenberg sowie Abfahrt des für Wanderer wichtigen Kenzenbusses.
Gästeinformation Trauchgau, Dorfstraße 18, D-87642 Halblech, Tel. +49 8368 9122222; Gästeinformation Buching, Bergstraße 2a, D-87642 Halblech, Tel. +49 8368 285, www.halblech.de

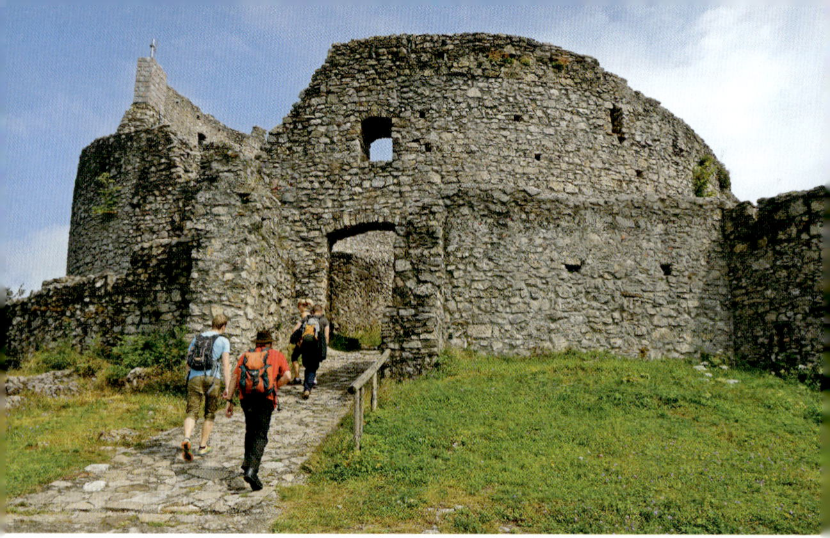

Einstige Festung im Alpenvorland : Burg Eisenberg.

Schwangau, 796 m
Großer, lebhafter Ferienort zwischen Forggensee und Tegelberg, zu dem eine Seilbahn hinaufführt. Campingplätze an Forggen- und Bannwaldsee mit Bademöglichkeiten, »Königliche Kristall-Therme«. In der freien Wiesenflur steht die Wallfahrtskirche St. Koloman. Am weitaus berühmtesten sind aber die beiden Königsschlösser bei Hohenschwangau, vor allem das prunkvolle Schloss Neuschwanstein, das auf Betreiben König Ludwigs II. ab 1869 auf einem exponierten Felsvorsprung über der Pöllatschlucht als idealisierte Ritterburg erbaut worden ist und ein Touristenziel von Weltrang darstellt. An Spitzentagen kommen bis zu 10.000 Besucher! Zum Landschaftsambiente bei Hohenschwangau gehört auch der malerische Alpsee. Tourist Information, Münchener Straße 2, D-87645 Schwangau, Tel. +49 8362 8198-0, www.schwangau.de

Füssen, 808 m
Zentrum des südlichen Ostallgäus, unmittelbar am Alpenrand, am Lech sowie am Südende des Forggensees gelegen. Zwischen Mitte Juni und Anfang Oktober verkehren darauf Ausflugsschiffe. Historischer Stadtkern mit Überresten der mittelalterlichen Stadtmauern, gotischen Häusern und zahlreichen Barockkirchen. Museum im Benediktinerkloster St. Mang. Über der Altstadt thront das Hohe Schloss. Hinter einem kleinen Waldzug befindet sich der idyllische Ortsteil Bad Faulenbach mit drei kleinen Seen in Reichweite (Bademöglichkeit).

Füssen Tourismus und Marketing, Kaiser-Maximilian-Platz 1, D-87629 Füssen, Tel. +49 8362 93850, www.fuessen.de

Weißensee, 800 m
Hübsches kleines Dorf, das als Ortsteil von Füssen am Nordufer des gleichnamigen Sees liegt. Dieser befindet sich wiederum am unmittelbaren Alpenrand (Nordabfall des Zirmgrates) und zählt zu den schönsten weit und breit. Badestrand im Ortsteil See.
Tourist Info Punkt, Seeweg 4, D-87629 Füssen-Weißensee, Tel. +49 8362 6500, www.fuessen-weissensee.de

Hopfen am See, 801 m
Ortsteil von Füssen am Nordufer des annähernd runden Hopfensees mit Blick in die Alpen. Touristisches Angebot mit Uferpromenade, Badestrand und Campingplatz.
Tourist Information, Uferstraße 21a, D-87629 Füssen – Hopfen am See, Tel. +49 8362 7458, www.fuessen.de

Roßhaupten, 815 m
Größerer Ort nordwestlich des Forggensees im hügeligen Alpenvorland.
Tourist Information, Hauptstraße 10, D-87672 Roßhaupten, Tel. +49 8367 364, www.rosshaupten.de

Nach der Tour lockt die Altstadt von Füssen.

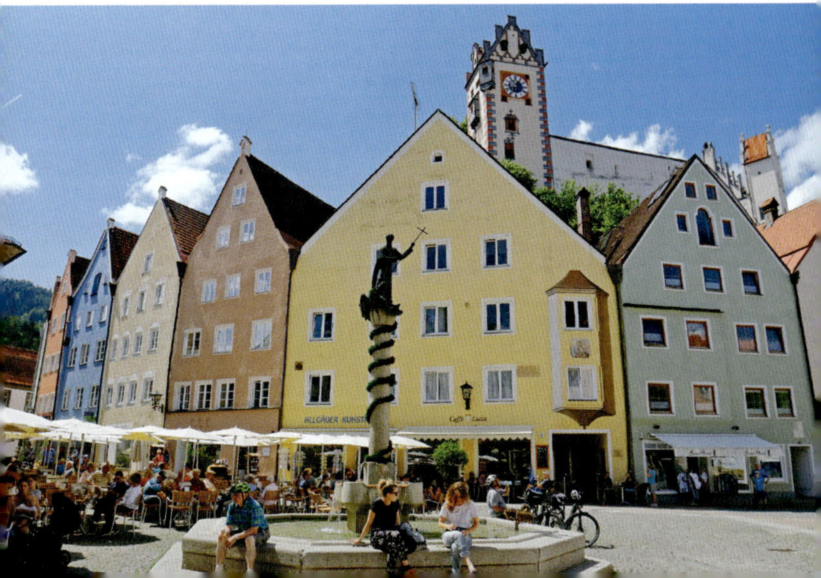

Seeg, 854 m
Größerer Ferienort im Alpenvorland, sehr hübsch auf einer Anhöhe gelegen und von zahlreichen Bauernweilern sowie einigen Seen und Moorweihern umgeben. 2014 als schönstes Dorf in Schwaben ausgezeichnet. Typische Allgäuer Barockkirche mit sehenswertem Interieur.
Tourist Information, Hauptstraße 33, D-87637 Seeg, Tel. +49 8364 9830-33, www.seeg.de

Nesselwang, 867 m
Stattlicher Ort direkt am Alpenrand. Im Süden steigen die Hänge zum Edelsberg an, während sich gen Norden das stark gegliederte Voralpenland mit vielen freien Wiesenflächen, Mooren und verträumten Seen erstreckt. Im Bergwald die Wallfahrtskirche Maria Trost aus der Barock- und Rokokozeit. Alpspitz-Bade-Center, Badestrand am Attlesee. Sesselbahnen an der Alpspitze mit Sommerrodelbahn.
Tourist Information, Hauptstraße 20, D-87484 Nesselwang, Tel. +49 8361 923040, www.nesselwang.de

Pfronten, 853 m
Bekannter und sehr ausgedehnter Urlaubsort, der aus 13 einzelnen Dörfern besteht, die sich über 5 Kilometer im weiten, sonnigen Tal der Vils hinziehen. Die zumeist bewaldeten Berge sind auf drei Seiten nah und bieten eine reizvolle Kulisse. Im Osten rund 400 Meter höher die Ruine Falken-

Pfronten erstreckt sich über mehrere Ortsteile direkt am Alpenrand.

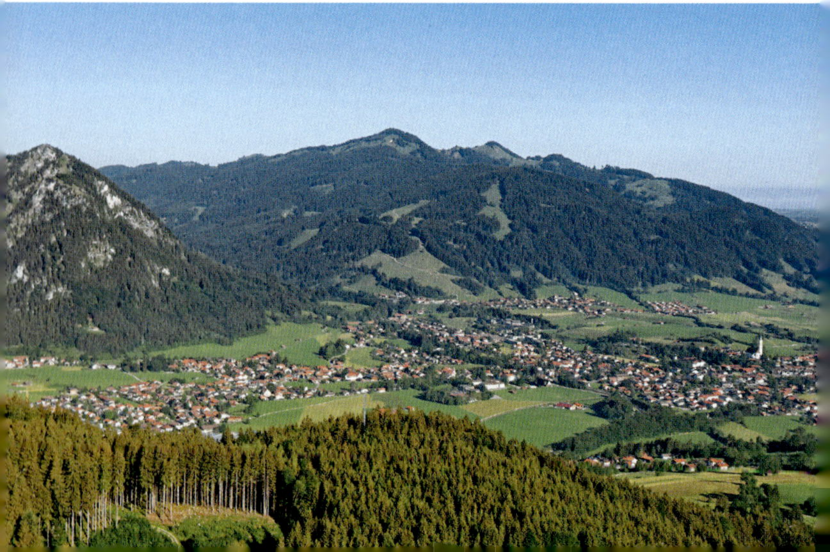

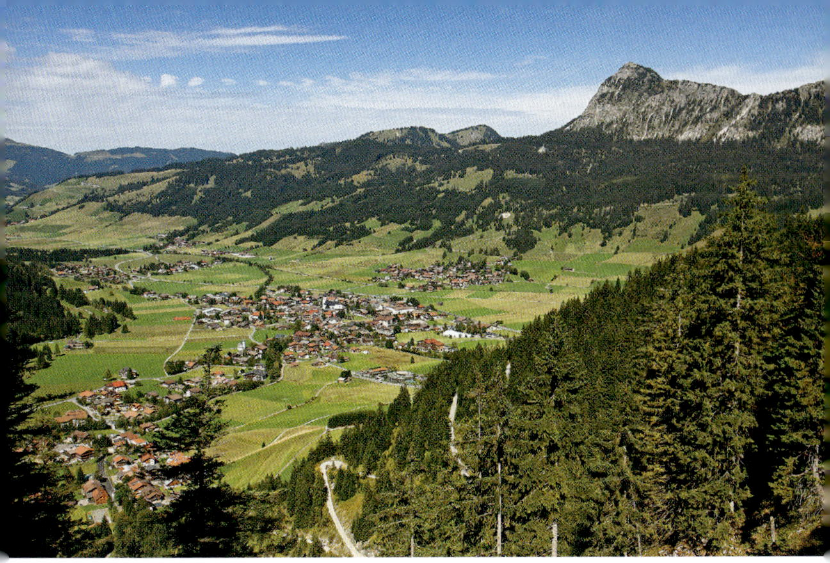

Der Ort Tannheim hat dem Tal seinen Namen gegeben.

stein, höchste Burganlage in ganz Deutschland. Das Gebiet am Breitenberg ist per Seilbahn und anschließendem Sessellift erschlossen. Pfronten selbst wirkt geschäftig. Alpenbad im Ortsteil Meilingen.
Pfronten Tourismus, Vilstalstraße 2, D-87459 Pfronten, Tel. +49 8363 698-88, www.pfronten.de

Tannheimer Tal und vorderes Lechtal

Der Übergang vom Ostallgäu ins Tiroler Außerfern ist von keiner allzu starken Zäsur geprägt – meistens nimmt sie der Urlauber auf der zweiminütigen Fahrt durch den Grenztunnel Füssen wahr. Touristisch und infrastrukturell ist eine Verbindung der beiden Regionen also durchaus gegeben. Die Wanderungen auf Tiroler Seite befinden sich orografisch allesamt im Einzugsbereich des Lechs, denn auch die im Tannheimer Tal entspringende Vils mündet nach weitem Umweg über Pfronten letztlich in den Lech. Dieser tritt dann bei Füssen mit einer recht spektakulären Wasserfallstufe ins Allgäu ein. Die Bergwelt auf der Westseite gehört zum Komplex der Allgäuer Alpen (wobei die profilierten Tannheimer Berge ein recht eigenständiges Anhängsel bilden), jene im Osten und Süden zu den Ammergauer und Lechtaler Alpen (mit dem Zwischentorental als Trennlinie).
In einer beckenartigen Weitung des Lechtals liegt der Bezirkshauptort Reutte, das Zentrum des Außerfern, eingerahmt von markanten Bergstöcken wie Thaneller, Gehrenspitze, Säuling oder Tauern. Richtung Osten

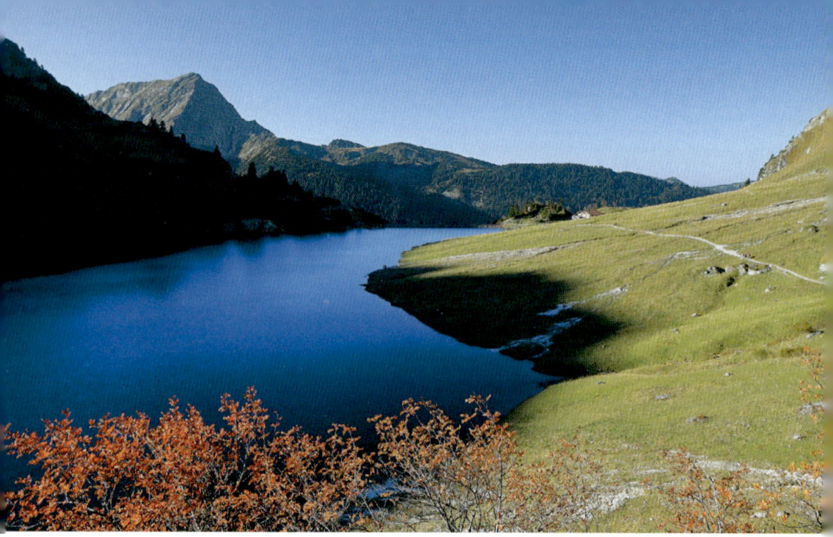

Harmonisch bettet sich der Traualpsee in die Landschaft der Vilsalpseeberge.

gelangt man durch einen Taleinschnitt zum tief eingeschnittenen Plansee und weiter ins Herz des Ammergebirges (wobei man später wieder auf die Landesgrenze trifft). Das erwähnte Zwischentoren trägt die frequentierte Fernpassroute, eine der wichtigsten Verkehrsachsen Tirols. Das Lechtal hingegen zieht von Reutte südwestwärts stromauf. Bei Weißenbach zweigt die Straße über den Gaichtpass ins Tannheimer Tal ab, das damit wie eine eigene kleine Welt wirkt. Dies insbesondere, weil es sich um ein waldarmes Hochtal auf rund 1100 Meter Höhe handelt, teilweise erstaunlich eben und von einer ganzen Reihe charismatischer Gipfel flankiert. Weitere Seitentäler zweigen vom Lechtal nach Hinterhornbach (Sackgasse) und Namlos (Durchfahrt Richtung Berwang – Bichlbach möglich) ab. Tiefer ins mittlere und hintere Lechtal wollen wir mit diesem Gebietsführer aber nicht mehr vordringen, weil es erstens den Rahmen sprengen würde und zweitens auch irgendwann nicht mehr mit dem Allgäu in Verbindung zu bringen wäre. Immerhin zieht sich diese Talschaft noch bis ins Vorarlbergische hinein (Raum Warth/Lech)!

In jedem Fall fällt auf, dass wir uns auf Tiroler Seite fast durchwegs im Hochgebirge befinden. Die voralpinen Gipfelhöhen an der bayerischen Grenze bleiben meist noch unterhalb der 2000-Meter-Marke, mit den Paradebergen geht es aber schon deutlich darüber hinaus, und zwar bis um die 2600 Meter. Imposant wirken vor allem die großen Felsberge aus Hauptdolomit und Wettersteinkalk (Letzterer speziell in der bei Kletterern beliebten Tannheimer Gruppe).

Vils, 826 m
Das kleinste Städtchen Österreichs liegt auf dem ebenen Talboden der Vils, wenige Kilometer vor der Mündung in den Lech. Zementwerk und Kalksteinbruch »zieren« die Umgebung, aber auch der längliche Falkensteinkamm mit der Ruine Vilsegg und der mächtige Vilser Kegel, der direkt im Süden aufragt.
Tourismusverband Vils, Stadtplatz 1, A-6682 Vils, Tel. +43 5677 8229, www.vils.at

Reutte, 853 m
Stattliche Marktgemeinde (jedoch keine Stadt) und Sitz der Bezirkshauptmannschaft, die für das gesamte Außerfern zuständig ist. Schöne Lage in einem weiten Kessel des Lechtals, über dem Thaneller und Gehrenspitze als alpine Wahrzeichen aufragen. Dieses Talbecken beheimatet auch die selbständigen Gemeinden Pflach, Breitenwang, Lechaschau, Wängle, Höfen und Ehenbichl, deren Siedlungsbereiche teilweise ineinander übergehen. In der Altstadt von Reutte Architektur aus dem 18. Jahrhundert mit reichem Fassadenschmuck. Heimatmuseum, Alpentherme, Naturbademöglichkeiten am Frauen- und Urisee. Südlich über dem Talkessel thronen Burgruine Ehrenberg und Festung Schlosskopf, seit einigen Jahren auch mit spektakulärer Hängebrücke über die Fernpass-Bundesstraße. In Höfen befindet sich die Reuttener Bergbahn.
Tourismusverband Naturparkregion Reutte, Untermarkt 34, A-6600 Reutte, Tel. +43 5672 62336, www.reutte.com

Herzerfrischend: Sonnenaufgang im Gebirge.

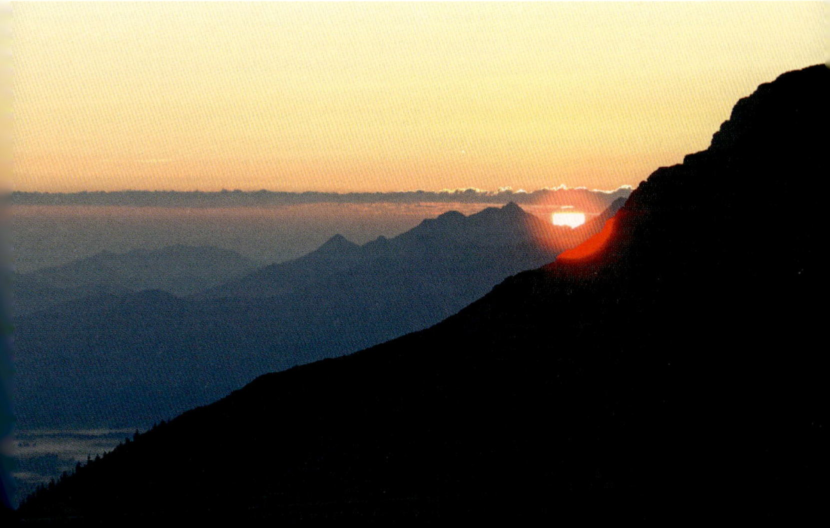

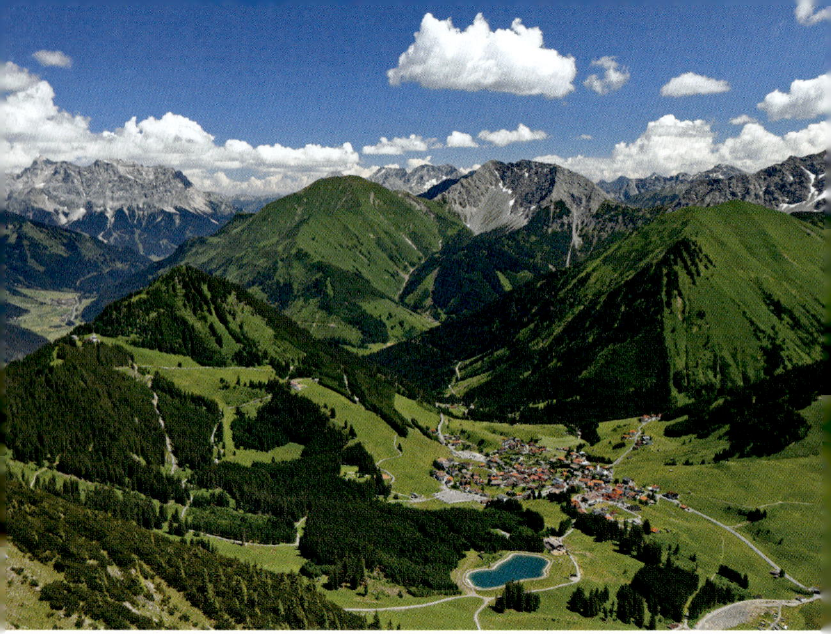

Berwang liegt auf gut 1300 Metern in einem Hochtal des Außerfern.

Nesselwängle, 1136 m
Östlich des Haldensees in einem sonnigen Tal gelegener, eng zusammengebauter Ferienort mit eindrucksvoller Kulisse am Fuß der Tannheimer Berge. Zur Gemeinde gehören auch die Weiler Haller am Haldensee (mit Badestrand) und Rauth. Sessellift zur Krinnenalpe.
Infobüro Nesselwängle, Haus Nr. 74, A-6672 Nesselwängle, Tel. +43 5675 6220-50, www.tannheimertal.com

Grän, 1138 m
Beliebter Ferienort westlich der Tannheimer Berge, unweit der Gabelung ins Engetal. Auch das Dörfchen Haldensee gehört zur Gemeinde; der See selbst ist ein touristisches Aushängeschild des Tannheimer Tals. Seilbahn zum Füssener Jöchle.
Infobüro Grän-Haldensee, Dorfstraße 1, A-6673 Grän, Tel. +43 5675 6220-40, www.tannheimertal.com

Tannheim, 1097 m
Hauptort und Namensgeber des weiten, waldarmen und daher sonnigen Tannheimer Tals mit toller Bergkulisse. Breites touristisches Angebot, Seil-

bahn zum Neunerköpfle, nach Süden Stichstraße zum malerischen Vilsalpsee (Naturschutzgebiet). Weiter westlich im Tal liegen noch die Dörfer Zöblen und Schattwald als eigenständige Gemeinden.
Infobüro Tannheim, Vilsalpseestraße 1, A-6675 Tannheim, Tel. +43 5675 6222-0, www.tannheimertal.com

Stanzach, 939 m
Lechtaler Dorf an der Mündung des Namloser Tals, als Basispunkt günstig gelegen für Unternehmungen im vorderen bis mittleren Lechtal.
Tourismusverband Lechtal, A-6642 Stanzach, Tel. +43 5632 6605, www.lechtal.at

Hinterhornbach, 1101 m
Abgeschiedenes Bergdorf im tief eingeschnittenen Hornbachtal, das bei Vorderhornbach westwärts in die Allgäuer Alpen hineingreift (zwischen Hornbachkette und Hochvogel/Rosszahngruppe). Großartige alpine Umgebung, aber nur bescheidene touristische Infrastruktur, damit Ausgangspunkt für eher stille Bergtouren.
Tourismusverband Ferienregion Tiroler Lechtal, Untergiblen 23, A-6652 Elbigenalp, Tel. +43 5634 5315, www.lechtal.at

Namlos, 1263 m
Hochgelegene Kleingemeinde mit nur wenigen Dutzend Einwohnern in einem Seitental des Tiroler Lechtals. Topografisch eingefasst von der Leigfeistgruppe im Norden und den Namloser Bergen mit Heiterwand im Süden. Streckenweise ziemlich einsames Gebirgsland, entsprechend wenig Infrastruktur. Die Bergstraße ist aber leider bei Motorradfahrern beliebt.
Gemeindeamt, Namlos 16, A-6623 Namlos, Tel. +43 5674 8418

Die Berge rund ums Lechtal sind gämsenreich.

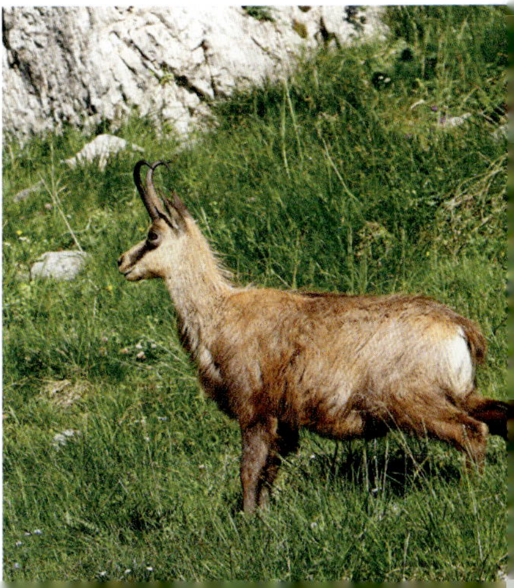

Berwang, 1342 m
Geschätztes, hoch gelegenes Feriendorf auf einem Wiesensattel abseits der Durchgangsstraßen mit umfangreichem Wandergebiet. Zur Gemeinde gehören Rinnen und weitere sieben Bergbauernweiler. Sesselbahn zur Heiterwanger Hochalm.
Tourismusbüro, Berwang 82, A-6622 Berwang, Tel. +43 5673 20000-400, www.zugspitzarena.com

↗ 150 m | ↘ 150 m | 7.6 km

1 Wieskirche, 871 m

2.10 h

Zur berühmten Wallfahrtskirche bei Steingaden

Im Pfaffenwinkel bei Steingaden befindet sich etwas abgeschieden zwischen Wäldern, Wiesen und Hochmooren die »Wallfahrtskirche zum Gegeißelten Heiland auf der Wies« – weniger sperrig einfach Wieskirche genannt. Ihr Ursprung liegt in der Verehrung einer Statue seit den 1730er-Jahren, womit auch die Gründung einer Kapelle verbunden war. Der stattliche Rokokobau, der heute starke touristische Anziehungskraft ausübt, entstand bereits wenige Jahre danach. Echte Besinnlichkeit wird man allerdings eher in den stillen Fluren abseits davon finden, zwischen kleinen Bauernweilern inmitten einer welligen Wald- und Wiesenlandschaft. Eine Besonderheit ist das Wiesfilz mit dem Brettlesweg.

Ausgangspunkt: Beim Weiler Gogel, ca. 820 m, südlich von Steingaden in der Nähe der Kirche am Kreuzberg. Auf Nebenstraßen von Steingaden zu erreichen, parken vor dem Fahrverbot (ohne den Verkehr zu behindern). Kein Busanschluss.

Anforderungen: T1. Bequeme Alpenvorlandwanderung im Wechsel von Wirtschaftswegen, Nebenstraßen sowie Pfaden durch Hochmoor und Wald. Keine besonderen Anforderungen, allenfalls bei starker Nässe auf dem Brettlesweg etwas unangenehm.

Einkehr: Gasthäuser in der Wies.

Beste Jahreszeit: Im Prinzip ganzjährig.

Von **Gogel** ❶ auf dem Feldweg zuerst in südliche Richtung abdrehend und über eine weitläufige Wiesenanhöhe zum **Fronreitener See** ❷, 834 m. Links daran vorbei wandern wir weiter durch die freie Flur zum Weiler **Resle** ❸, ca. 855 m, und biegen dort links in das Sträßchen ein. Dieses leitet nun – streckenweise durch Wald und dabei den Lindegger See links liegen lassend – nordostwärts bis zur **Wieskirche** ❹, 871 m, wo sich die Stille plötzlich in lebhaften Touristentrubel wandelt. Dies ist aber nur punktuell der Fall, denn zwischen den Häusern in der Wies hindurch entschwinden wir rasch wieder und

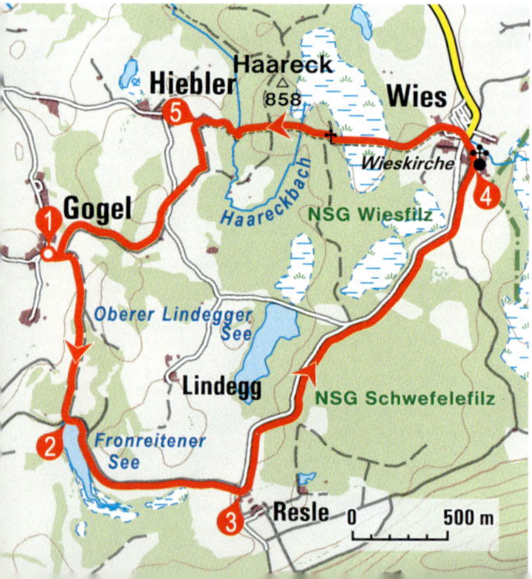

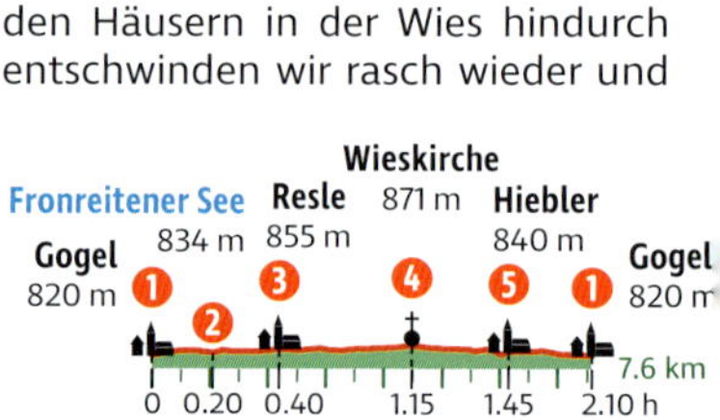

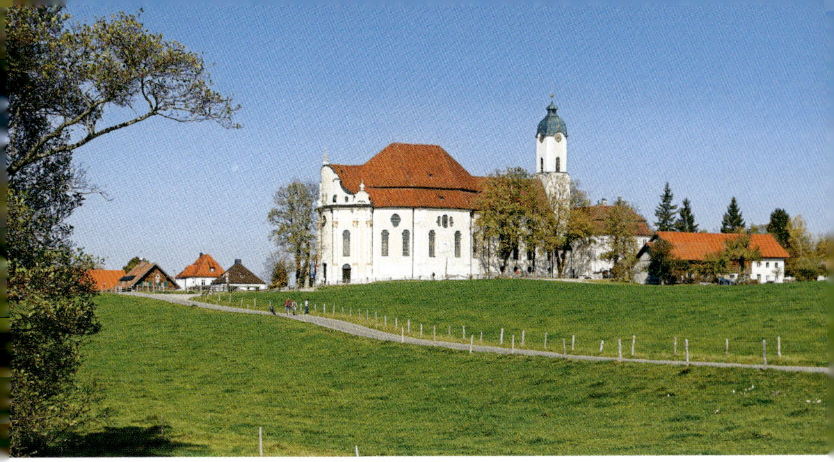

Die Wieskirche bei Steingaden ist ein populärer Wallfahrtsort.

stoßen in westlicher Richtung über eine Weide auf den Brettlesweg. Die verlegten Bohlen erlauben die Durchquerung eines Hochmoores (Wiesfilz). Es schließt sich ein kleines Waldgebiet an, hinter dem der Weiler **Hiebler** 5, ca. 840 m, auftaucht. Jetzt entweder gleich links in den Wirtschaftsweg einbiegen und nach 200 Metern rechts haltend über einen Wiesentrampelpfad zur Straße hinüber oder ab den Häusern komplett diese benutzen. In Kürze folgt man dann dem Rechtsabzweig, durchschreitet abermals ein Wäldchen und gelangt zwischen Weiden zurück nach **Gogel** 1.

Beim Fronreitener See.

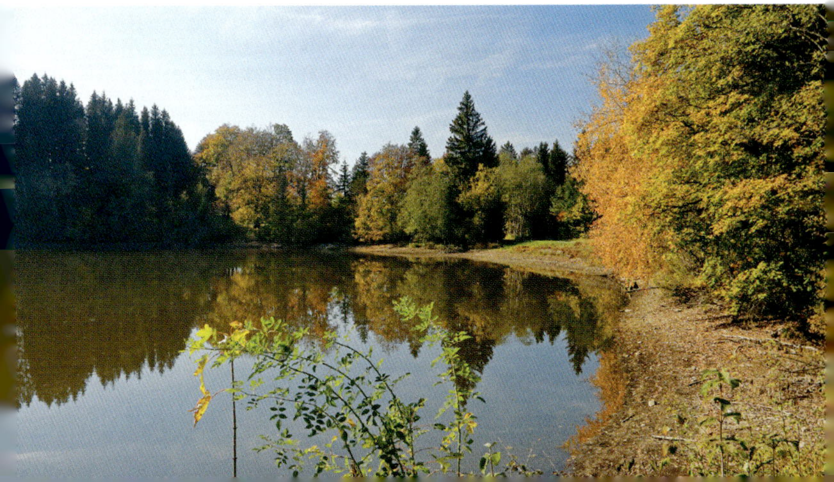

↗ 1000 m | ↘ 1000 m | 16.6 km

5.30 h

2 Hohe Bleick, 1638 m, und Wolfskopf

Stille Waldgipfel am Hohen Trauchberg

Die walddunklen Trauchberge nehmen das äußerste Nordwesteck der Ammergauer Alpen ein und bilden ein eher unspektakuläres, wenig bekanntes Wanderrevier. Phasenweise muss man sich auf monotone Forststraßenhatscher einstellen, wird aber an den Gipfelpunkten mit durchaus stimmungsvollen Ausblicken überrascht. Die Wiesenkuppen von Hoher und Niederbleick ragen ein wenig aus dem Waldkleid heraus, und beim Rückweg lässt sich abwechslungshalber noch der einsame Wolfskopf mitnehmen.

Ausgangspunkt: In Trauchgau durch die Austraße und auf dem asphaltierten Wirtschaftsweg in östlicher Richtung bis zum Fahrverbot, ca. 830 m; Parkmöglichkeit am Rand.
Anforderungen: T2. Größtenteils Forststraßen, aber auch einige Abschnitte auf kleinen Steigen. Überwiegend bewaldete Umgebung, lediglich in den Gipfelbereichen mal freier. Wandertechnisch leicht, jedoch durchaus tagfüllende Tour.
Einkehr: Keine am Weg; eventuell die Trauchgauer Almstube in der Nähe.
Beste Jahreszeit: Frühjahr bis Spätherbst.

In der Feldmark östlich von **Trauchgau** ❶, ca. 830 m, geht es zunächst auf dem Sträßchen weiter – alsbald tauchen Wegweiser für die Bleick auf. Allmählich beginnt die Route in den tiefen Forsten anzusteigen, zwischendurch mit einigen Schleifen. Beim Wegweiser »Am Gutwasser« beachten wir den Rechtsabzweig und gelangen über einen Waldsteig zum Anschluss an eine andere Forststraße im Bereich **»Vorderanwurf«** ❷, 1390 m. Nun nähern wir uns in östlicher Richtung unter dem Schwarzeck entlang den Bleickgipfeln, die beliebig nacheinander bestiegen werden. Von der kleinen Bleickhütte z.B. zuerst südwärts zur **Hohen Bleick** ❸, 1638 m, um dort die Aussicht gen Süden zu genießen, und anschließend auf die freie Wiesen-

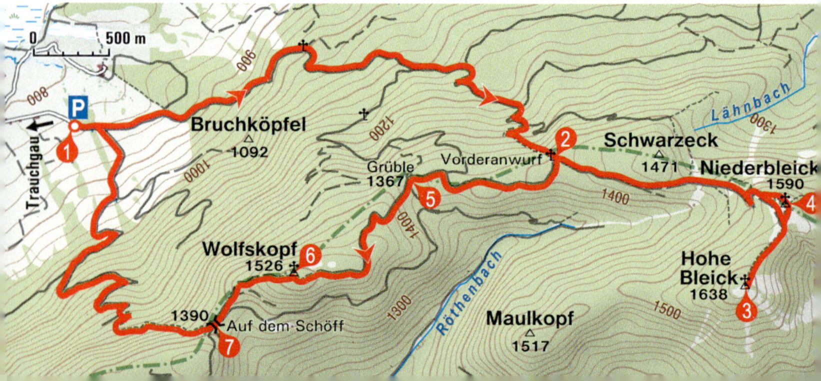

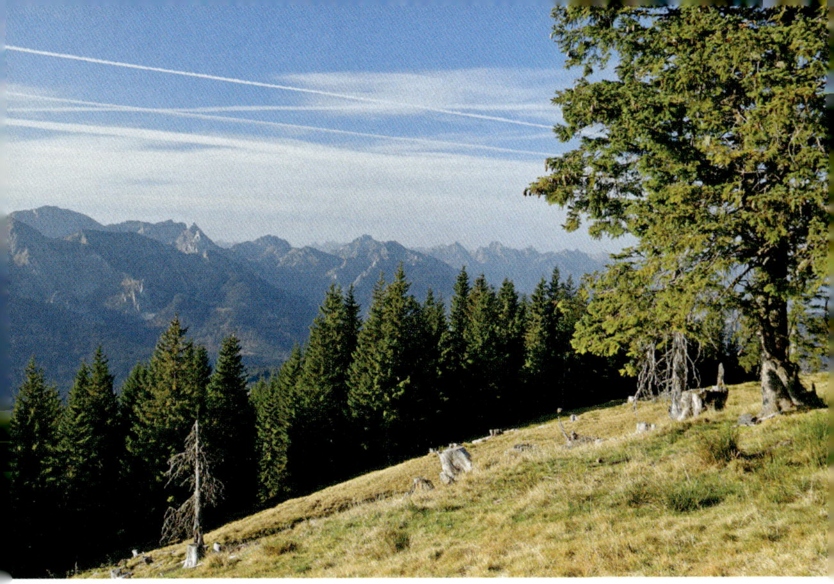

An der Hohen Bleick öffnet sich der Blick ins Gebirge.

kuppe der **Niederbleick** ❹, 1589 m, mit herrlichem Panorama des Alpenvorlandes!

Über den westwärts abstreichenden Rücken führt ein Pfad zurück auf den breiten Wirtschaftsweg, den wir auch bei **Vorderanwurf** ❷ weiter verfolgen. Damit kommen wir zum Jagdhüttchen im **Grüble** ❺, 1367 m, und leiten die Gegensteigung zum **Wolfskopf** ❻, 1526 m, ein – zuletzt auf einem kleinen Waldsteig. Dieser setzt sich gen Westen teils freier zum Sattel **»Auf dem Schöff«** ❼, ca. 1390 m, fort. An dieser Stelle wählen wir den Schöffweg in den Nordhang hinein und stoßen nach einer Weile wieder auf eine breite Forststraße, die in Schleifen talwärts zieht. Später rechts haltend zurück zum Ausgangspunkt ❶.

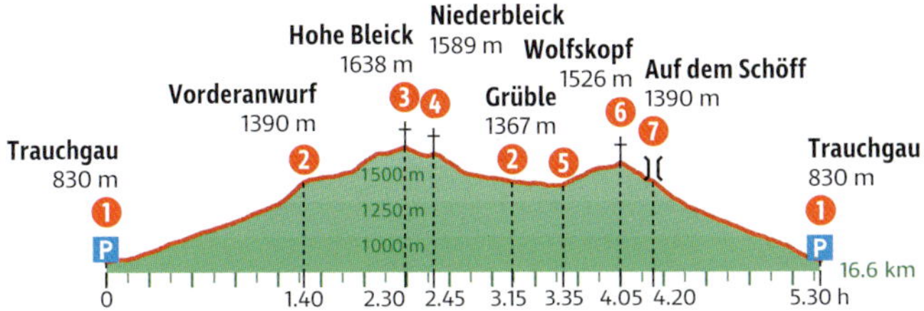

↗ 130 m | ↘ 130 m | 8.2 km

3 Schmutterweiher und Huttlerweiher

2.15 h

Malerisches Hügelland mit Mooren und Seen

Vor dem Gebirge, das als markanter Wall in Erscheinung tritt, ist das Ostallgäu geprägt durch eine leicht gewellte Hügellandschaft, in der immer wieder malerische Seeperlen Auge und Gemüt erfreuen. Hier kann man zu beliebig ausschweifenden Wanderungen respektive beschaulichen Spaziergängen aufbrechen. Eine im Rahmen dieses Führers eher kurze Tour führt zum Schmutterweiher, der sich im Sommer bestens als warmes Planschbecken eignet. In der feuchtwiesenreichen Umgebung gedeiht eine Vielzahl interessanter Pflanzen.

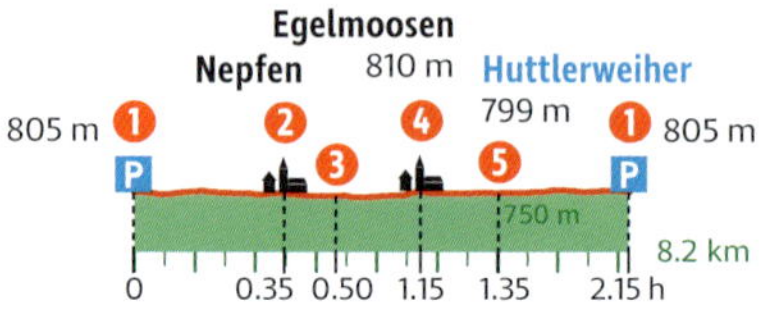

Rund 250 Meter östlich vom Parkplatz 1 schlagen wir den ausgeschilderten Pfad Richtung Tiefenbruck/Schmutterweiher ein, stoßen bei einem kleinen Teich auf die Zufahrt nach **Tiefenbruck** und passieren in Kürze den

Der Schmutterweiher verspricht eine perfekte Idylle.

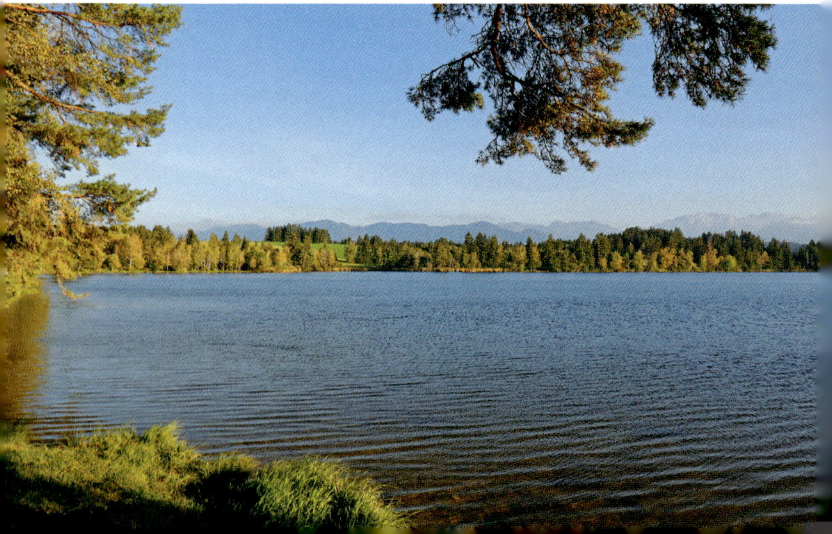

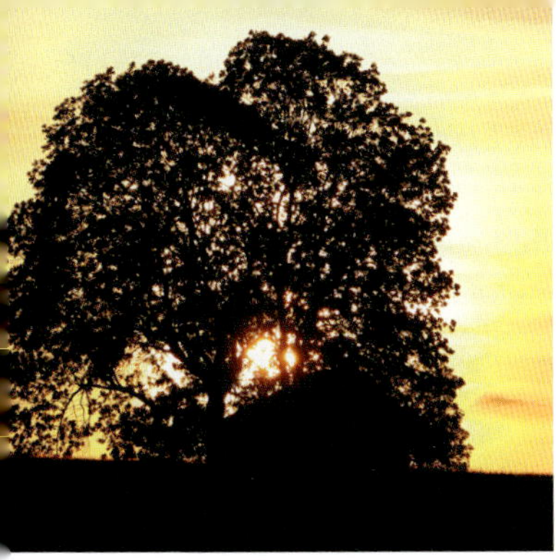

Kurz vor Sonnenuntergang kann man in der weiten Flur besondere Stimmungen einfangen.

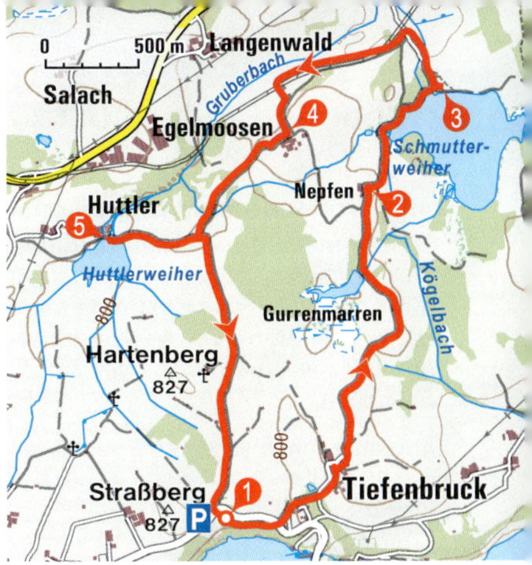

Ausgangspunkt: Parkplatz an der Forggenseestraße nördlich des Sees, von Roßhaupten kommend rund 500 m vor dem Staudamm bei Tiefenbruck, ca. 805 m. Gut erkennbar am Römerstraße-Kunstwerk.
Anforderungen: T1. Durchwegs harmlose Flurwege und verkehrsarme Anrainersträßchen. Somit eine vollkommen leichte und eher kurze Tour im welligen Gebirgsvorland.
Einkehr: Nur der Kiosk am Schmutterweiher (zur Badesaison).
Beste Jahreszeit: Ganzjährig.

Höfeweiler. Meist durch offene Flur mit einzelnen Rainen geht es nordwärts via Gurrenmarren nach **Nepfen** ❷. Eine Viertelstunde später erreichen wir bereits den **Schmutterweiher** ❸, 785 m, und begleiten das Ufer bis in die Nähe eines Kiosks. Über den nahen Parkplatz ein Stück weit gen Norden, dann scharf links auf das Sträßchen nach **Egelmoosen** ❹, 810 m, auf einer kleinen Anhöhe gelegen. Wir wählen die rechts weiterführende Trasse und können uns später entscheiden, binnen 10 Minuten noch den **Huttlerweiher** ❺, 799 m, zu besuchen. Dieser ist zwar in Privatbesitz und eingezäunt (also keine Bademöglichkeit), bietet bei der Huttlermühle aber trotzdem ein schönes Bild. Zurück bei der Gabelung folgen wir der einstigen »Via Claudia Augusta« – heute ein gewöhnlicher Feldweg – an einem netten Rastplatz vorbei. Über typische, sanfte Wiesenwellen vollenden wir die Runde in südlicher Richtung, treffen gegen Ende auf die von Roßhaupten kommende Straße und erreichen linker Hand in Kürze den Parkplatz ❶.

Landschaft bei Tiefenbruck.

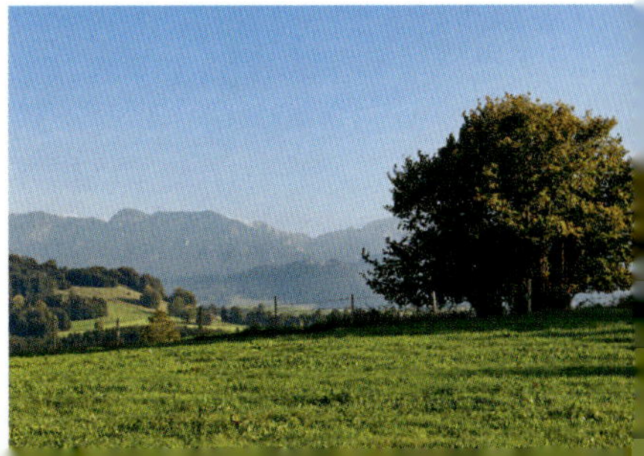

↗ 500 m | ↘ 500 m | 16.1 km

4 Über den Zwieselberg zum Forggensee

4.45 h

Alpenvorlandwanderung zwischen Roßhaupten und Rieden

Diese durchaus ausgedehnte Runde im Einzugsbereich des größten Allgäuer Voralpensees beginnt mit der »Drachenschlucht« bei Roßhaupten, erfährt am Zwieselberg ihren geländebedingten Höhepunkt und führt durch die Feld-Wiesen-Flur des Vorlandes Richtung Rieden und zum Forggensee hin. Dort wechseln lauschige Abschnitte mit touristisch stärker genutzten Bereichen.

Ausgangspunkt: Parkplatz Tiefental, ca. 805 m, bei der Zufahrt zum Campingplatz knapp südlich von Roßhaupten. Hier auch Bushaltestelle »Roßhaupten, Campingplatz«.
Anforderungen: T2. Vor allem in der ersten Hälfte sowie später am Forggensee häufiger kleine Wege und Pfade, dazwischen auch längere Abschnitte auf Hartbelag oder Schotter. Im ersten Teil merkliche Höhenunterschiede; etwas Trittsicherheit angenehm, aber nicht essenziell. Normales Tagespensum.
Einkehr: Raini's Faulenseehütte, Ristorante Da Piero in Rieden, Imbiss Zur Seelust in Dietrigen, Camping Seewang in Tiefental.
Beste Jahreszeit: Frühjahr bis zum Wintereinbruch.
Tipp: Freibademöglichkeit am Forggensee im letzten Teil der Tour.

Ein paar Schritte vom Parkplatz **Tiefental** ❶ entfernt Richtung Campingplatz beginnt der Zugang zur Drachenschlucht: zunächst kurz abwärts, dann hinab in den Graben, der gekreuzt wird. Etwas höher stößt man auf einen Forstweg, passiert die Quelle namens »Drachenbrünnle« und kommt

Im ersten Teil der Wanderung tangieren wir Roßhaupten.

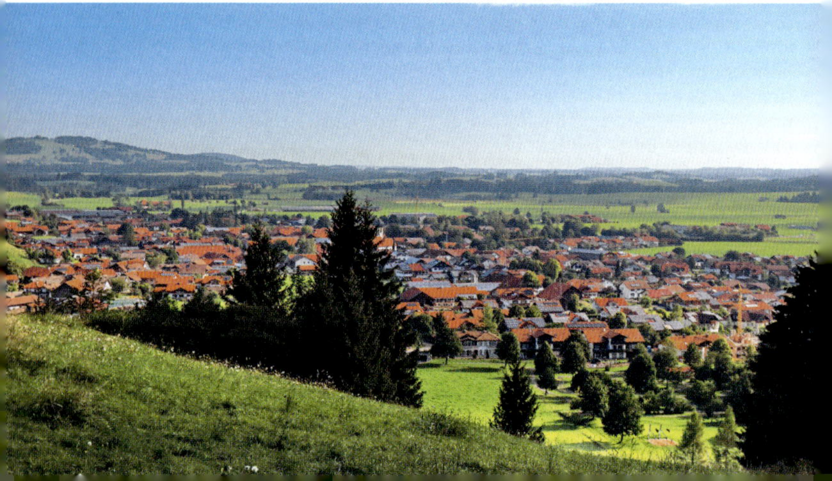

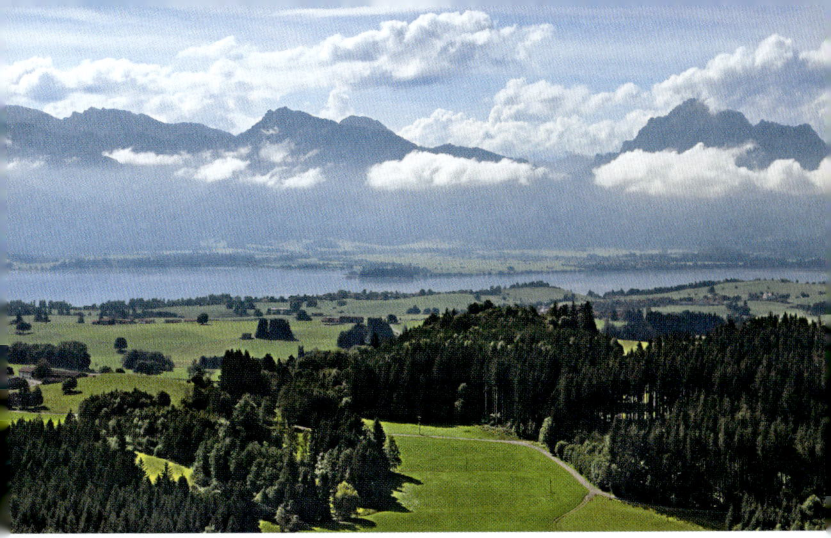

Vom Aussichtspunkt Buch ergibt sich ein toller Blick ins Gebirge.

auf einem Steig zum **Kalvarienberg** sowie zur Kapelle **Maria Steinach** 2, ca. 850 m, voran. Dort scharf links und bis zu einem Parkplatz an der Straße, wo die Fortsetzung zum Zwieselberg signalisiert ist. Nach einem Zickzack-Aufstieg geht es vorerst südlich am »Felsen« entlang (schöne Aussicht vom Waldrand), später vom Forstweg links abzweigend über einen Graben hinweg und nochmals merklich aufwärts bis zum eingezäunten Aussichtspunkt **Buch** 3, 1050 m, am Zwieselberg. Dort kurzfristig etwas undeutlich über die Weide zu einem Gatter und ein Weilchen über den bewaldeten Höhenrücken westwärts. Die zweite Möglichkeit, nach links abzuschweifen 4 (nicht beschildert!), bringt uns hinab nach Hinterzwieselberg, zuletzt über die hofnahe Weide am Hang. Auf der Zufahrt laufen wir anschließend bis zum Verzweigungspunkt bei **Vorderzwieselberg** 5 und biegen hier nach rechts auf den Feldweg Richtung Rieden ab, der einige Kurven schlägt und später in ein Asphaltsträßchen übergeht. Auf diesem an der **Faulenseehütte** 6 vorbei hinein nach **Rieden** und gleich links

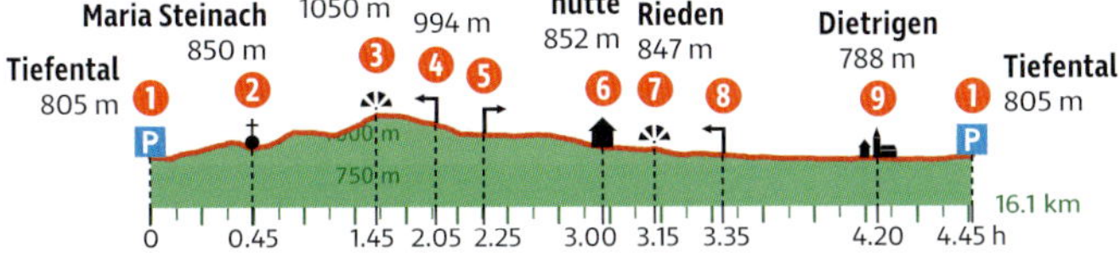

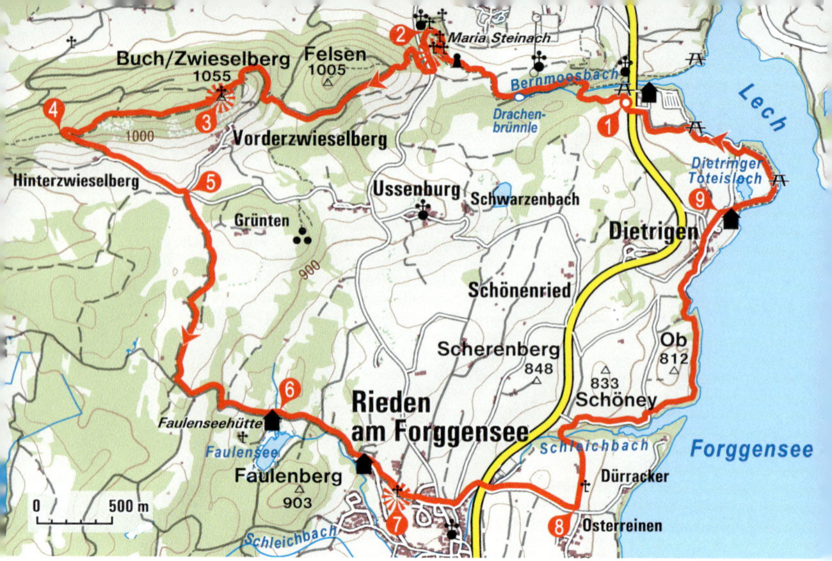

abzweigend zum Aussichtspunkt »Pilz« ⑦. Leicht abwärts wandert man durch den nördlichen Ortsteil zur B16, die unterquert wird. Ein Nebensträßchen führt nach **Osterreinen** ⑧, wo wir uns links (nordwärts) wenden und an einem Seearm vorbei von der Radroute abrückend dem Forggenseeufer nähern. Dort verläuft ein kleiner Pfad, ehe man an Bootsstegen vorbei in den erschlossenen Bereich um **Dietrigen** ⑨ gelangt. Hinter der Freibadewiese werden die letzten Bögen am Ufer ausgegangen, ehe sich der Kreis Richtung Campingplatz und Parkplatz **Tiefental** ① schließt.

Idyllisch schaukeln die Boote im seichten Wellengang des Forgensees.

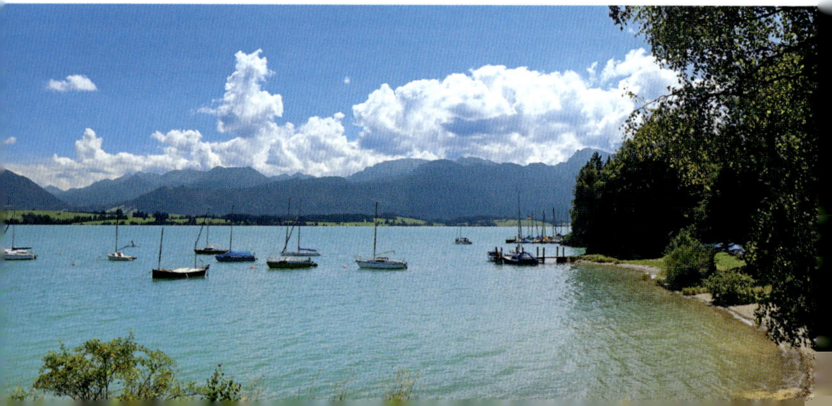

↗ 150 m | ↘ 150 m | 12.0 km

3.20 h

Von Bayerniederhofen zum Hegratsrieder See

5

In der Drumlin-Landschaft östlich des Forggensees

Weitläufig gewellte Wiesen, hier und da ein Wäldchen oder kleinere Baumgruppen, dazu eingestreute Weiler und Gehöfte sowie als besondere Kleinode die gebietstypischen Seen und Weiher: So empfängt uns gemeinhin das Ostallgäuer Alpenvorland, wie auch im Rahmen dieser Wanderung im westlichen Teil der Gemeinde Halblech. Es handelt sich um eine alte Grundmoränenlandschaft mit Formen, die als Drumlins bezeichnet werden. An der Route liegen der kleine Kühmoossee, der Schapfensee und – als vermeintliches Highlight – der Hegratsrieder See. Am Horizont stehen Säuling, Tegelberg und Co. Kulisse.

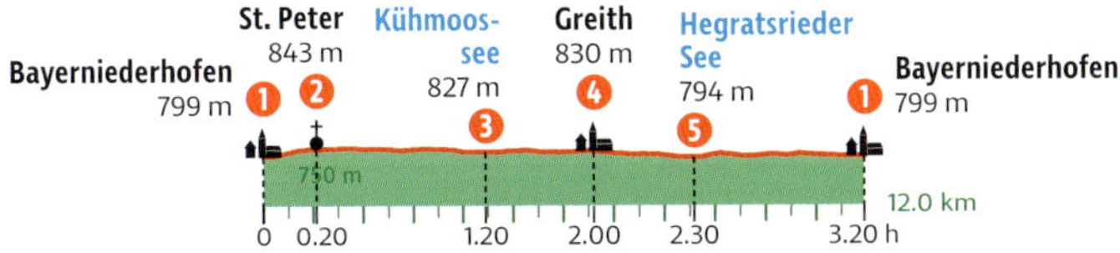

Malerisch präsentiert sich die Halblecher Gegend.

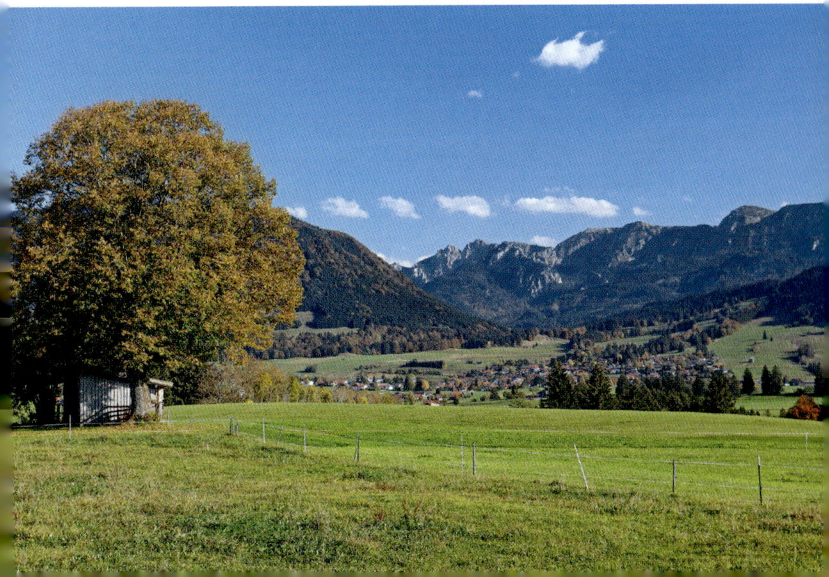

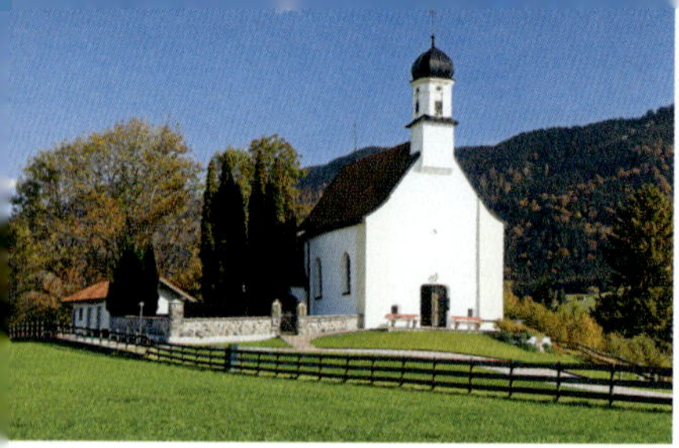

Das hübsche Kirchlein St. Peter bei Berghof.

Ausgangspunkt: Bayerniederhofen, 799 m, Ortsteil der Gemeinde Halblech. Am besten bei den Sportanlagen in der Raiffeisenstraße parken; Bushalt in der Illasbergstraße.
Anforderungen: T1. Alpenvorlandtour in leicht welligem, häufig offenem Gelände, gänzlich leicht auf Feldwegen und wenig befahrenen Straßen. Halbtagestour.
Einkehr: Restaurant Seerose beim Kühmoossee, Tel. +49 8368 1361.
Beste Jahreszeit: Ganzjährig.

Vom Sportplatz ❶ zunächst in die Ortsmitte von **Bayerniederhofen**, 799 m, durch die Illasbergstraße nach Berghof und dort mit einem kurzen Abstecher zur Kirche **St. Peter** ❷, 843 m. Etwas abseits der Siedlungen auf einer Anhöhe gelegen bietet sie einen schönen Ausblick. In Berghof folgen wir anschließend der Beschilderung **»Pfaffeck«** und holen damit auf Feldwegen nordwärts aus. Neben der Wiesenkuppe links haltend über einen seichten Graben hinweg und nun bald in Südrichtung bis zur Straße bei Pfefferbichl. Mit dieser geht es zum nahen **Kühmoossee** ❸, 827 m, den man nach Gusto kurz umrunden kann (sommers auch Badebetrieb). Etwa 300 Meter nördlich biegen wir von der Straße links in einen Feldweg ein. Damit zum **Schapfensee**, 825 m, der an seinem Westufer ohne spezielle Markierung passiert wird. Über die Wiese in den Weiler **Greith** ❹, ca. 830 m, und anschließend auf einer verkehrsarmen Straße rund 2 Kilometer leicht abwärts bis zum **Hegratsrieder See** ❺, 794 m. Besonders das oberhalb gelegene Gehöft Hegratsried (mit Kapelle) wirkt von hier sehr malerisch, spiegelt sich eventuell sogar im See. An seinem Nordosteck setzt der Rückweg zum Ausgangspunkt an. Zunächst kurz über Weiden südostwärts, dann markant nach links eindrehend durch die sogenannte »Schlucht«, die freilich nur eine seichte Senke zwischen Drumlins ist, und zu einem Rechtsabzweig. Ein kleines Waldstück wird noch durchquert, ehe man zwischen Weiden Richtung **Bayerniederhofen** zurückkehrt und vorteilhaft beim Sportplatz ❶ eintrifft.

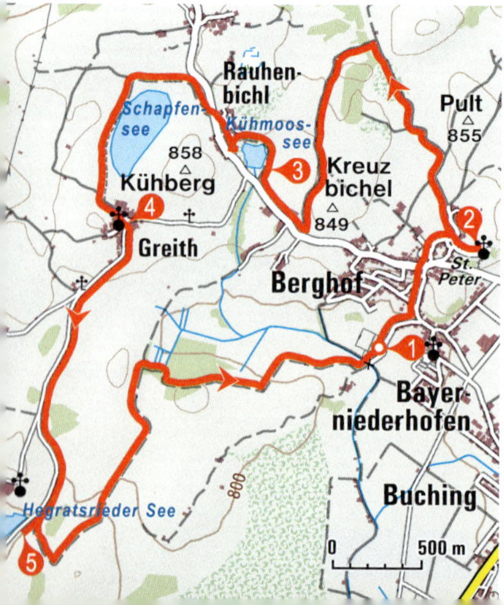

Der malerische Hegratsrieder See wurde nach dem nahen Gehöft benannt.

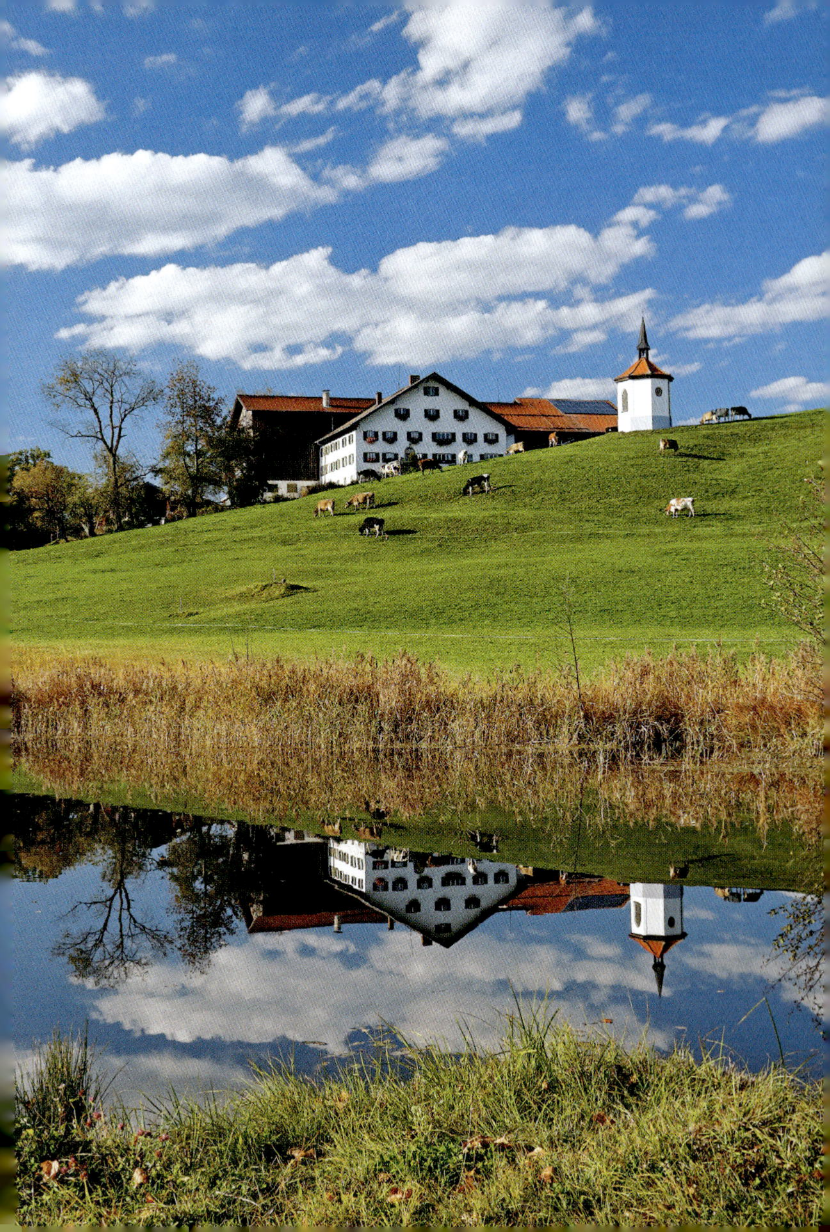

↗ 650 m | ↘ 650 m | 7.1 km

6 Vorderscheinberg, 1827 m, und Hasentalkopf, 1797 m

3.30 h

Die Kessel-Runde mit zwei Gipfeln

Das beliebte Kenzengebiet wartet mit einer ganzen Reihe abwechslungsreicher Tourenmöglichkeiten auf. Wer eher eine kurze Unternehmung sucht, gewissen alpinen Touch aber nicht scheut, dem sei das kaum überlaufene Gipfelduo Vorderscheinberg und Hasentalkopf im Rahmen der Kessel-Runde empfohlen. Relativ bescheiden an Höhe, handelt es sich um durchaus schneidige Voralpenberge, die auf spärlichen Gras- und Schrofenpfaden unbedingt die nötige Routine verlangen. Der Kessel inmitten des Hufeisens ist übrigens ein geomorphologisches Phänomen: In der tiefen, abflusslosen Trichterdoline bildet sich zeitweise sogar ein kleiner See aus.

Ausgangspunkt: Kenzenhütte, 1294 m, erreichbar vom Parkplatz in Halblech mit dem Kenzenbus. Die Pendelbusse fahren während der Bewirtschaftungszeit der Hütte täglich ab 8 Uhr, am Wochenende 7 Uhr; letzte Talfahrt um 17.30 Uhr.
Anforderungen: T3–4 für die Gipfel, T2–3 beschränkt auf die Kessel-Runde. Normale Bergwege auf der Kessel-Runde, generell gut angelegt, speziell im Nordhang manchmal unter Feuchte leidend. Die Gipfelabstecher verlaufen auf kleinen, teils ausgesetzten Pfaden und verlangen Trittsicherheit und Schwindelfreiheit. Zum Vorderscheinberg keine Markierung. Gutes Halbtagesprogramm.
Einkehr/Unterkunft: Kenzenhütte, 1294 m, Tel. +49 8368 8554002.

Die Kessel-Runde gehört zu den reizvollen Touren im Kenzengebiet.

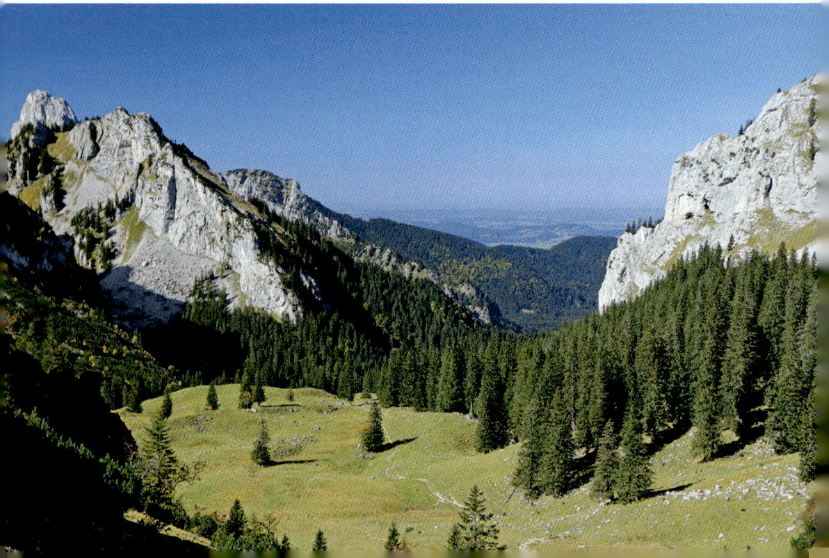

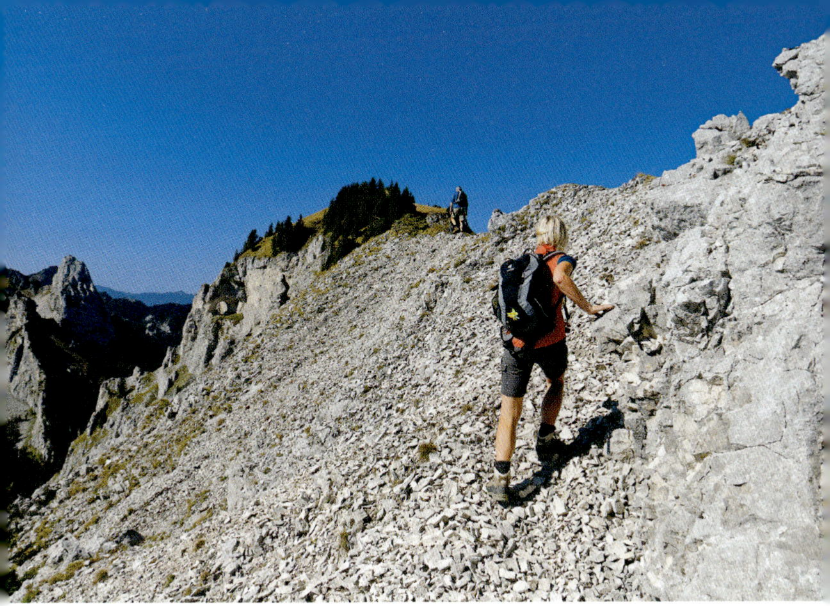

Der Schlussanstieg zum Vorderscheinberg ist nicht ganz einfach.

Beste Jahreszeit: Mitte Mai bis Mitte Oktober (Hüttenöffnungszeit).
Variante: Der offizielle Weg führt direkt vom Scheinbergjoch in die Kesselmulde hinunter. Ohne Gipfelabstecher wären gut 2.30 Std. zu veranschlagen.

Von der **Kenzenhütte** ❶, 1294 m, geht es mit einigen Schleifen unter den respektablen Abstürzen des Vorderscheinbergs aus dem Wald heraus in eine grasige Hangmulde. Oberhalb verlassen wir den zur Hochplatte führenden Hauptweg und steigen linker Hand zum **Lösertaljoch** ❷, 1682 m, auf. Nächstes Ziel ist das höhere **Scheinbergjoch** ❸, 1764 m, das unsere beiden Gipfelziele voneinander trennt. Zuerst wenden wir uns links dem Vorderscheinberg zu und bleiben dabei meist am Grat, der teilweise ausgesetzt ist. Ein kleiner Kopf wird aber mit Zwischenabstieg knapp links

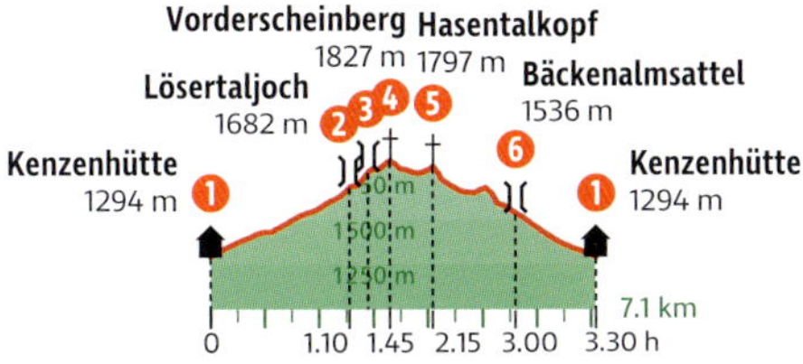

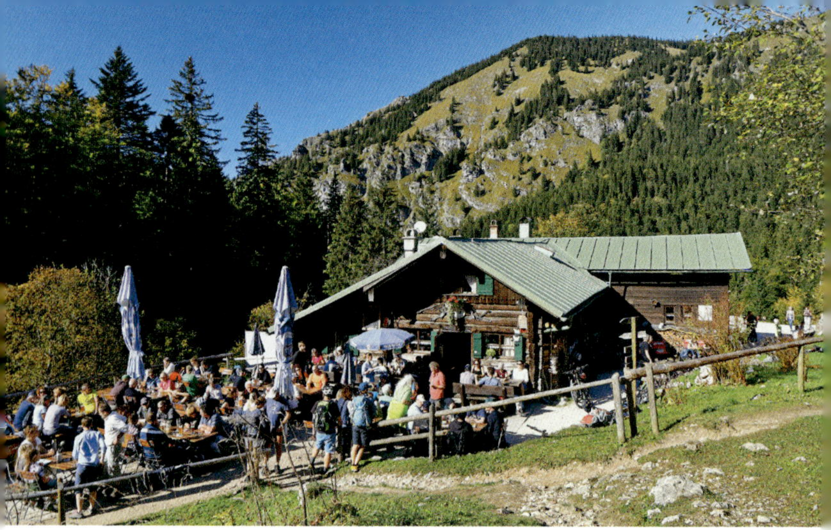

Die beliebte Kenzenhütte gilt in Wanderkreisen als »Institution«.

umgangen. Am letzten Aufschwung zwängt man sich zwischen einigen Bäumen hindurch und erreicht auf kleinem Pfad die Gipfelwiese am **Vorderscheinberg** ❹, 1827 m.

Wieder zurück am **Scheinbergjoch** ❸ nehmen wir die andere, etwas deutlichere Spur am Grat gen Osten auf. Schroffe Felspartien zwingen zum linksseitigen Ausweichen mit geringfügigem Höhenverlust, bevor wir über den finalen Grashang rasch am **Hasentalkopf** ❺, 1797 m, stehen. Ganz pfiffig kann man gleich neben der jäh abbrechenden Nordwand auf steilen Grastritten direkt zum waagrechten Geländerücken absteigen und somit den Umweg über das Joch vermeiden. Aufmerksam der Spur folgend gelangt man später links hinunter auf den markierten offiziellen Weg und lässt die tiefe Kesselmulde hinter sich. Über den Absatz der Kesselwand wird nochmals eine kleine Gegensteigung fällig, ehe sich die Route geschickt durch den vegetationsreichen Nordhang zum **Bäckenalmsattel** ❻, 1536 m, hinabwindet. Dort nach links (Westen) und durch einen talartigen Einschnitt sachte bergab. Schließlich links schwenkend und mit einigen Grabentraversen durchs Gehölz zurück zur **Kenzenhütte** ❶.

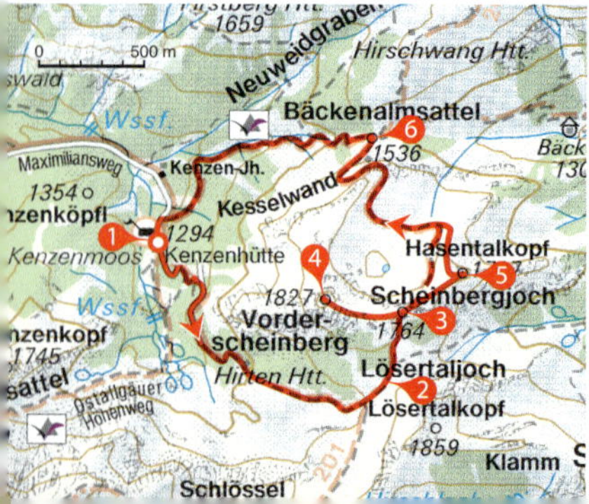

↗ 1020 m | ↘ 1020 m | 10.3 km

TOP **7**

5.45 h

Hochplatte, 2082 m, mit Kenzenkopf

Alpines Aushängeschild im Ammergebirge

Die Hochplatte beherrscht in ihrer zwar wenig eleganten, aber ungemein ausladenden Gestalt das vielseitige Kenzengebiet. Sie wird über ihre beiden Grate sehr häufig bestiegen, womit sich eine Überschreitung geradezu aufdrängt. Möglich ist das Unterfangen sowohl von der Kenzenhütte als auch von der südlich gelegenen Ammerwaldstraße aus. Nordseitig bauen wir indes zuerst einen Abstecher zum kecken Kenzenkopf ein, nähern uns später aus dem Gumpenkar dem ulkigen Fensterl und finden damit Anschluss zum Westgrat, der kurz vor dem höchsten Punkt mit der Schlüsselpassage aufwartet. Die Gipfelrast findet meistens unterm Kreuz am drei Meter niedrigeren Ostgipfel statt, welcher von Wanderern auch gern über die Normalroute im identischen Auf- und Abstieg besucht wird. Damit bliebe die Schwierigkeit sogar noch »rot«. In welcher Form auch immer – eine Tour auf die Hochplatte wird stets von großartigen Ausblicken begleitet. Die teils charismatischen Alpenrandberge unserer Region finden darin ebenso Platz wie die Welt der Hochalpen im Süden.

Die Ostroute gilt als Normalweg. Im Mittelgrund die ausladende Scheinbergspitze.

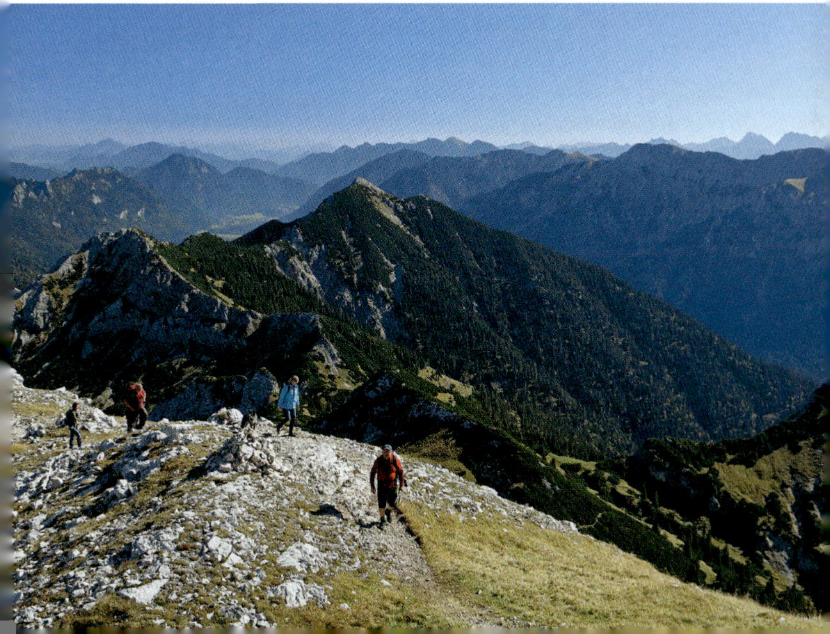

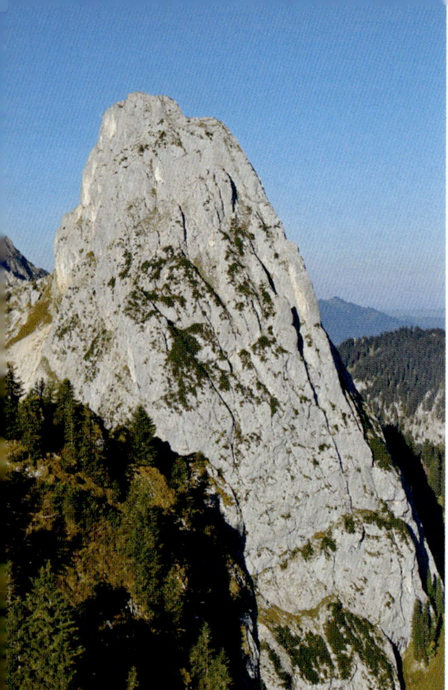

Der profilierte Geiselstein, wie man ihn vom Kenzenkopf aus sieht.

Ausgangspunkt: Kenzenhütte, 1294 m, erreichbar vom Parkplatz in Halblech mit dem Kenzenbus. Die Pendelbusse fahren während der Bewirtschaftungszeit der Hütte täglich ab 8 Uhr, am Wochenende 7 Uhr; letzte Talfahrt um 17.30 Uhr.
Anforderungen: T4 (Schlüsselstelle), sonst T3, auch für den Kenzenkopf. Oft recht anspruchsvolle Steige in Schrofen- und Felsgelände, vereinzelt Drahtseilsicherungen. Trittsicherheit und Schwindelfreiheit obligatorisch. Normale Tagestour für Ausdauernde.
Einkehr/Unterkunft: Kenzenhütte, 1294 m, Tel. +49 8368 8554002.
Beste Jahreszeit: Mitte Juni bis Mitte Oktober (falls schneefrei).
Varianten:
1. Anstatt direkt zum Fensterl aufzusteigen, kann man auch über den Gabelschrofensattel ausholen und die Krähe, 2010 m, überschreiten (etwa 40 Min. länger).
2. Zugang von der Ammerwaldstraße: Zunächst ins Roggental einwärts, später links haltend zum Roggentalsattel und fast horizontal zum Fensterl. Die Gipfelüberschreitung wird wie im Detail beschrieben ausgeführt, ehe man beim Abstieg von Sattel P. 1820 via Weitalpjoch wieder ins Roggental gelangt.

Von der **Kenzenhütte** ❶, 1294 m, südwärts hinan und bei der Gabelung rechts. Dieser Weg führt nun oberhalb des Kenzen-Wasserfalls entlang in eine lang gestreckte Karmulde zwischen dem Kenzenkopf und dem Hochplattenmassiv. Dort allmählich etwas schottrig, aber insgesamt auf passablem Steig bis in den **Kenzensattel** ❷, 1650 m, wo der Stichpfad zum

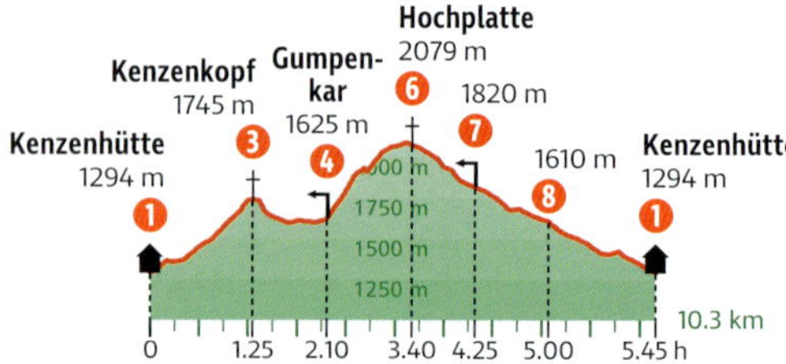

Kenzenkopf 3, 1745 m, abzweigt. Durch Baumbestände zu einer Felsstelle, dahinter rechts und kurz vor dem Kreuz nochmals etwas steiler und schrofig. Zurück am Sattel wenden wir uns wieder nach Westen und gelangen leicht absteigend in die sogenannte Kalte Lahne. Sie leitet ins **Gumpenkar** über, wo der Pfad einen holprig-verschlungenen Verlauf nimmt. Bei P. 1625 4 halten wir uns links aufwärts und steigen gegen das oben bereits erkennbare Fensterl an. Nachdem auch ein Zugang vom Geiselsteinsattel dazukommt, holt man unterhalb der Verschneidung deutlich nach links aus und erreicht über nicht ganz einfaches Schrofengelände, zuletzt mit einer Rechtstraverse an Drahtseilen, das **Fensterl** 5, 1916 m. Direkt hinter dem Felsdurchschlupf kreuzen sich verschiedene Routen. Wir gehen den schrofigen Westgrat an und müssen kurz vor dem höchsten Punkt die schwierigste Passage meistern: an Drahtseilen kurzzeitig sehr steil bergab, um an einem Gratzacken vorbeizukommen, und danach entlang der Schneide etwas luftig wieder aufwärts. Rund 5 Minuten nach Überschreiten von P. 2082 treffen wir am Gipfelkreuz der **Hochplatte** 6, 2079 m, ein.
Man setzt die Tour ostwärts in Kammnähe fort, begleitet dabei das begrünte Gamsangerl und gelangt im weiteren Verlauf mit einigen horizontalen Abschnitten nochmals zu einem schmalen Gratstück (Drahtseil). Dahinter rechts in die Flanke hinab, weithin noch felsdurchsetzt, und durch Latschenfelder zum verkarsteten **Wilden Freithof**. Bei einem Sattel 7, 1820 m, lotst uns der Wegweiser nach links. Am Schlössel vorbei wird das Gelände grüner. Wir landen vorübergehend in einem Gerinne und durchqueren hinter dem Sattel P. 1694 am Beinlandl die Hangbucht leicht abwärts. Beim Abzweig zum Lösertaljoch 8, ca. 1610 m, links eindrehend, weiter unten an der Hirtenhütte vorbei und schließlich ins Gehölz eintauchend zurück zur **Kenzenhütte** 1.

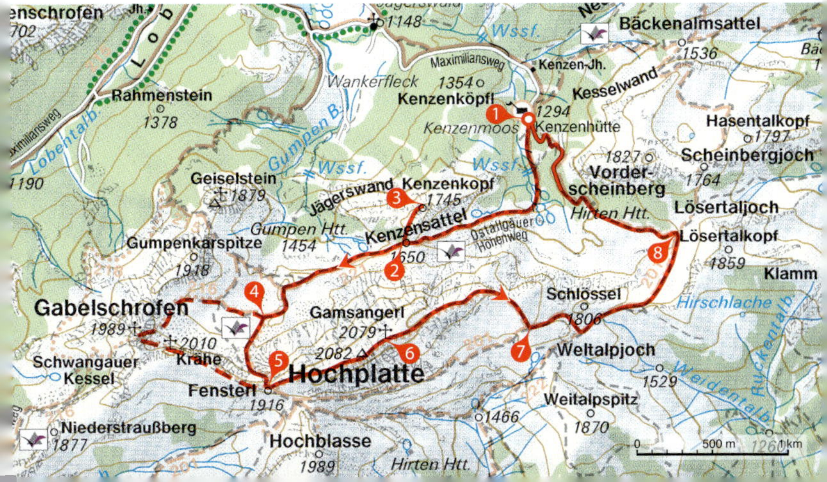

↗ 1150 m | ↘ 1150 m | 13.7 km

8 Schönleitenschrofen, 1702 m, und Hornburg, 1172 m

6.00 h

Überraschend stille Ziele im bekannten Tegelberggebiet

Rund um den Tegelberg ist eigentlich jede Menge los. Bleibt man allerdings etwas abseits des unmittelbaren Seilbahneinzugsgebiets, findet man durchaus ruhige Fleckchen, beispielsweise am weit nach Nordosten abgesetzten Schönleitenschrofen, der ein mächtiges Riff aus Wettersteinkalk bildet. Nach dem Aufstieg über die Drehhütte lässt sich mit der Höhenwegverbindung via Kessel und Grüble ein abwechslungsreicher Rundkurs gestalten. Und der verschwiegene Aussichtspunkt an der gegen Westen vorspringenden Hornburg ist am Ende noch ein kleines Zuckerl extra!

Ausgangspunkt: Parkplatz Drehhütte, 880 m. Zufahrt von der B17 rund 2 km nordöstlich von Schwangau, dann noch etwa 1,5 km bis zum Fahrverbot.
Anforderungen: T3. Teilweise holprige Bergwege mit kurzen Schrofenstellen, allerdings nirgends wirklich schwierig. Mit solider Trittsicherheit ist auch der kleine Steilpfad an der Hornburg (Drahtseil) gut machbar. Konditionell in Summe schon recht fordernd.
Einkehr: Drehhütte, 1230 m, Tel. +49 8362 9303633 (Mo. Ruhetag). Rohrkopfhütte, 1320 m, Tel. +49 8362 8309.
Beste Jahreszeit: Mitte Mai bis Spätherbst.
Variante: Individuelle Kombinationsmöglichkeiten mit Tour 9.

Am Weg zum Mühlberger Älpele öffnen sich Ausblicke ins Füssener Land.

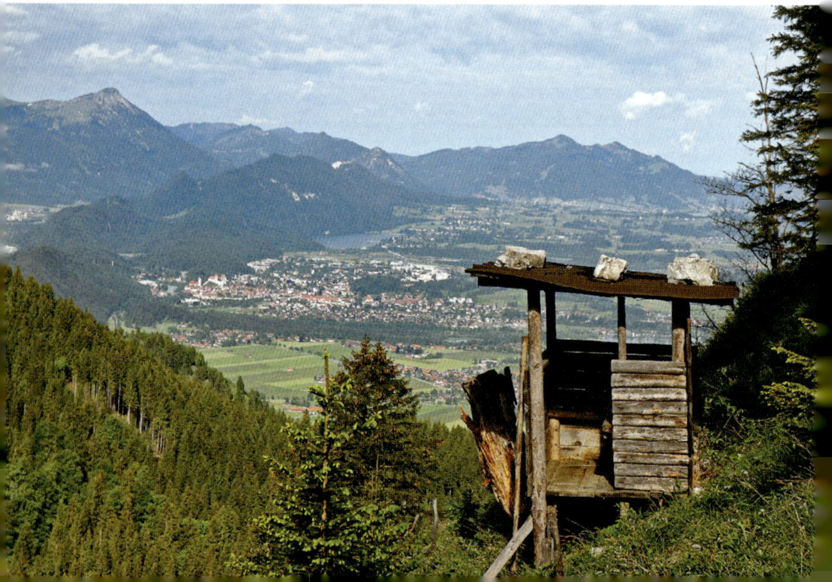

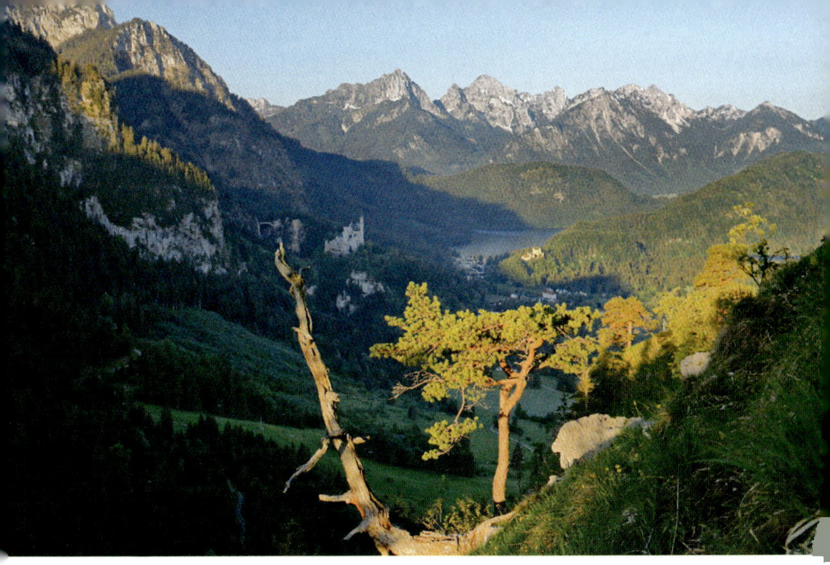

Die vom Hauptmassiv abgesetzte Hornburg bietet eine interessante Perspektive.

Vom Parkplatz ❶ folgen wir weiter der nicht öffentlichen Straße zur Drehhütte und nutzen dabei zuweilen die Abkürzungsmöglichkeiten. Unmittelbar vor der **Drehhütte** ❷, ca. 1230 m – Franziskaner und Branderschrofen sind im Blickfeld erschienen – biegen wir Richtung Mühlberger Älpele ab. Vorerst noch auf breitem Traktorweg, dann auf Steig in Kehren an den Hängen des Pechkopfes empor und wieder leicht fallend zur Lichtung des **Vorderen Mühlberger Älpele** ❸, 1405 m. Dort über die Wiese südwärts. Es setzt ein breiter Weg ein, der an einer Quelle und links an einem Felsaufbau vorbei recht steil zur Kammhöhe hinaufleitet. Nun ist linker Hand der Schönleitenschrofen mit 30 Minuten ausgewiesen. Über einen Wiesenboden landen wir auf einem wurzligen Pfad, der vorerst noch fast horizontal dahinzieht und dann am bzw. neben dem Südwestgrat an Höhe gewinnt.

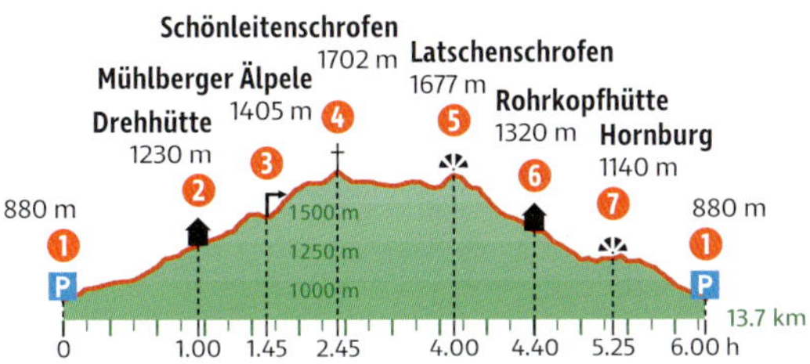

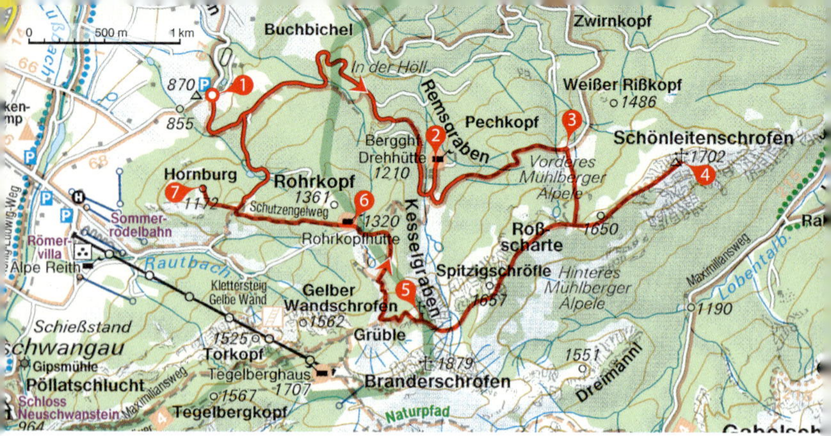

Zwischendurch über ein paar harmlose Schrofen und hinüber zum Kreuz auf dem **Schönleitenschrofen** ❹, 1702 m.

Auf gleicher Route zurück bis zur Gabelung und dort geradeaus weiter Richtung Tegelberg. In Grundrichtung Südwest geht es auf holprigem Wurzelpfad am Roßgern vorbei, zur Rechten ein markanter Felsaufbau. Bald darauf steht man vor dem Franziskaner (Spitzigschröfle), einem kecken Felszacken, der leicht absteigend in den Kessel passiert wird. Wir durchqueren die Karmulde unterhalb der Nordostabstürze des Branderschrofens und mühen uns am Gegenhang steil hinauf zur Einsattelung am **Latschenschrofen** ❺, 1677 m, der hier rasch mitgenommen wird. Auf der Fortsetzung senkt sich die Route ins Grüble ab, wo wir rechts ausscheren, um neben der Skischneise im Zickzack zur **Rohrkopfhütte** ❻, 1320 m, abzusteigen. Ein Waldweg, der weiter unten breiter wird, bringt uns in den Hornburgsattel, ca. 1100 m.

Wer gern noch etwas Pfiffiges unternehmen möchte, hält sich an dieser Stelle zunächst links und zweigt nach wenigen Schritten auf einen anderen, geschotterten Forstweg ab. Dieser wird von einem Pfad abgelöst (rote Punkte). Im Wald steil hinauf zu einer Drahtseilpassage, dann ums Eck herum in die Nähe des verwachsenen höchsten Punktes auf der **Hornburg**, 1172 m. Der Pfad führt aber noch ein Stück weiter gen Westen bergab, wo sich bei einem kleinen Kreuz ❼ die schönste Aussicht bietet. Über den Hornburgsattel auf die Nordseite wechselnd, schließen wir die Tour am Ende wieder Richtung Parkplatz Drehhütte ❶.

Am Gipfelgrat des Schönleitenschrofens.

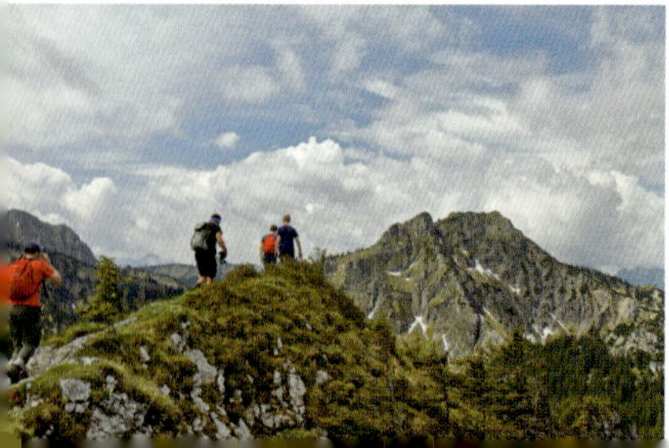

↗ 1130 m | ↘ 1130 m | 13.9 km

TOP 9

6.00 h

Gelbe-Wand-Steig und Branderschrofen, 1879 m

Stramme Tegelbergtour »by fair means«

In Anbetracht der Tegelbergbahn könnte man die altehrwürdigen Wege und Steige geflissentlich übersehen, was aber ausgesprochen schade wäre. Speziell der geübte Bergwanderer findet am Tegelbergrücken eine ausnehmend schöne Route und mit dem Gelbe-Wand-Steig sogar eine »Via ferrata«, die beherztes Zupacken verlangt. In Kombination mit dem Branderschrofen als Gipfelziel entsteht eine Tour, die zu den spannendsten im gesamten Ostallgäu zählt.

Ausgangspunkt: Talstation der Tegelbergbahn, 821 m, am Ende der Stichstraße von Schwangau (auch Busanschluss von Füssen). Große, gebührenpflichtige Parkplätze.
Anforderungen: T4. Am Gelbe-Wand-Steig längere gesicherte Passagen (Klettersteig im Grad A, entsprechende Ausrüstung nach Ermessen). Auch am Gipfel des Branderschrofens alpiner Touch mit Drahtseilen, am Tegelbergrücken kehrenreich angelegter, mittelschwerer Steig im bewaldeten Steilgelände. Daher in allen Abschnitten Trittsicherheit angezeigt. Ohne Seilbahnhilfe tagfüllende Tour.
Einkehr/Unterkunft: Tegelberghaus, 1707 m, Tel. +49 8362 8980. Panorama-Gaststätte bei der Bergstation.
Beste Jahreszeit: Mitte Mai bis Ende Oktober, falls schneefrei.
Variante: Über die Rohrkopfhütte ist ein wesentlich leichterer Zustieg Richtung

Die Route am Tegelbergkopf zählt zu den schönsten im Ostallgäu.

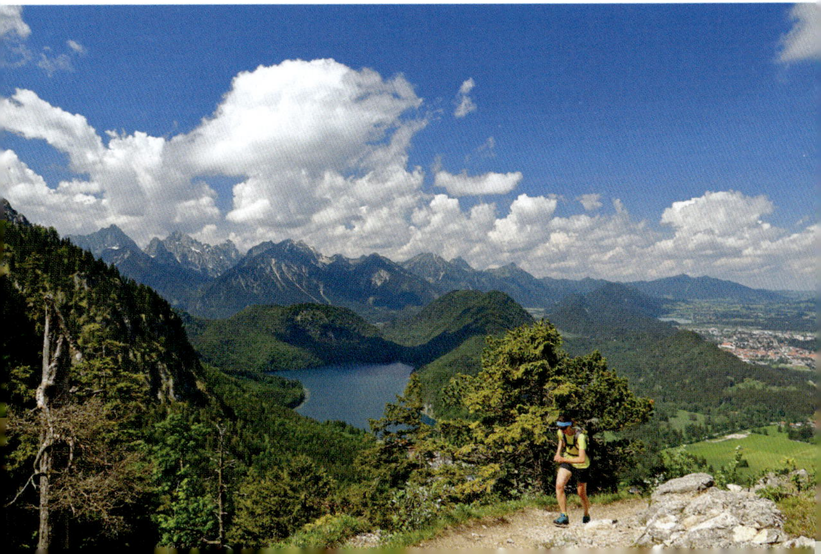

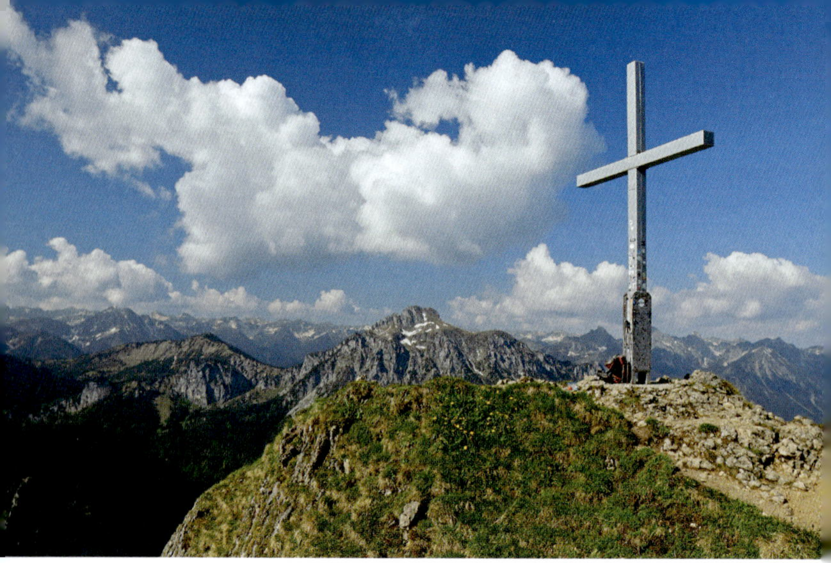

Der Branderschrofen – buchstäblicher Höhepunkt der Tour.

Tegelberg möglich. Und natürlich lässt sich auch die Seilbahn nutzen – damit wäre es nur ein Katzensprung bis auf den Branderschrofen.

Hinweis: Der Kammpfad über den Tegelbergkopf ist offiziell aufgelassen.

Von der Talstation der **Tegelbergbahn** ❶, 821 m, folgen wir zunächst dem Wirtschaftsweg in den Einschnitt des Rautbachs. Bei der Gabelung rechts und auf wurzligem Steig, der bei Nässe unangenehm glitschig sein kann, einige Gerinne querend bis zu den ersten Sicherungen auf gut 1200 Meter Höhe. Flankiert vom Gelben Wandschrofen links und dem Torkopf rechts zieht die Route an plattig-abschüssigen Passagen höher, teilweise auch in oder neben Rinnen. Weiter oben geht sie in einen Zickzack-Kurs über und stößt als gewöhnlicher Bergweg auf den E4 an der Nordseite des

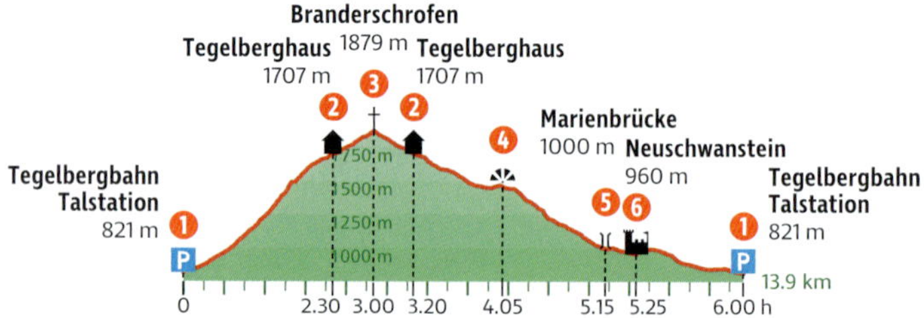

Tegelbergrückens. Gemeinsam nach links zum **Täfelesattel**, 1645 m, wo der Zugang via Rohrkopfhütte aus dem Grüble dazukommt. Die jetzt breite Trasse bringt uns hinauf zum **Tegelberghaus** ❷, 1707 m, bzw. zur Bergstation (mit Gleitschirmflieger-Startplatz) und damit ins touristische Gewusel. Wir folgen nun dem gut ausgebauten Weg Richtung Branderschrofen hinauf zu einer Schulter. Oberhalb wird das Gelände schrofig und felsdurchsetzt, zunehmend auch exponierter. Mit Drahtseilunterstützung erklimmt man schließlich das letzte Stück bis auf den **Branderschrofen** ❸, 1879 m, der wegen seines Panoramas zu Recht sehr geschätzt wird.

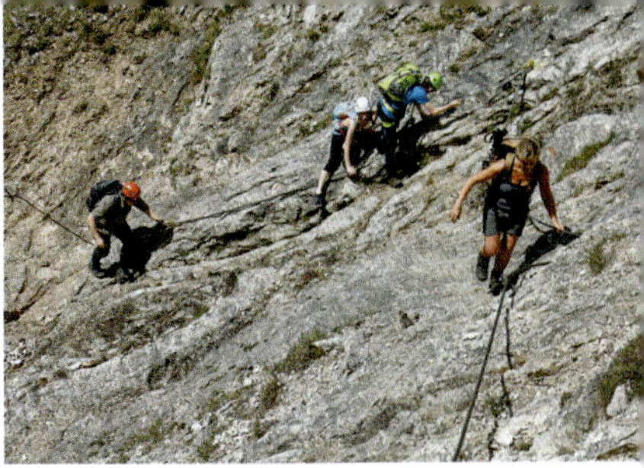

Beim Aufstieg zum Tegelberg erwartet uns ein spannendes Kraxelabenteuer.

Unser Abstieg ist via Tegelberghaus und Täfelesattel identisch. Wo der Gelbe-Wand-Steig heraufkommt, bleiben wir geradeaus am Hauptweg und verlieren in der bewaldeten Nordflanke des Tegelbergkopfes vorerst nur wenig an Höhe. Zum P. 1462 ❹, der sich knapp nebenan als überraschende Aussichtskanzel erweist, geht es sogar ein bisschen bergauf. Hinter zwei, drei Ecken beginnt der ausgiebige Serpentinenkurs am Westrücken – immer wieder mit herrlichen Tiefblicken. Irgendwann entdecken wir auch Neuschwanstein. Im unteren Teil holen die Schleifen etwas weiter aus, ehe wir auf der **Marienbrücke** ❺, ca. 1000 m, die ultimative Perspektive auf das Märchenschloss erhaschen. Dahinter halten wir uns rechts unmittelbar Richtung **Neuschwanstein** ❻ und folgen dann dem gut ausgebauten Weg in die eindrückliche Pöllatschlucht. Vom unteren Ende geht es durch die Talwiesen zurück zur **Tegelbergbahn** ❶.

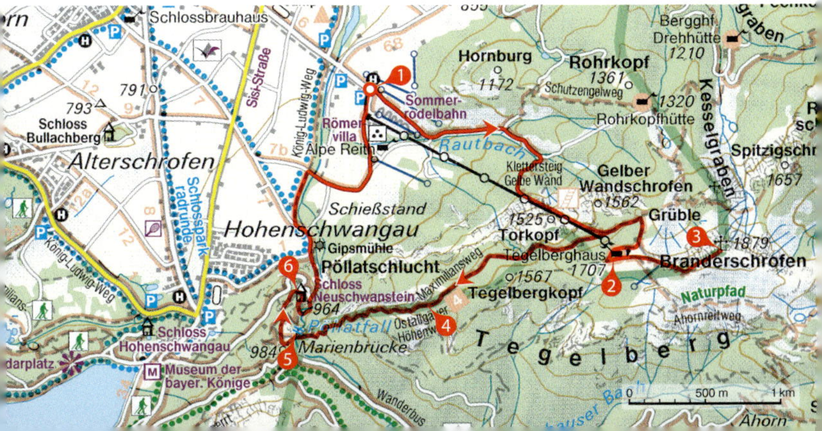

↗ 770 m | ↘ 1120 m | 12.8 km

10 Hoher Straußberg, 1933 m

5.15 h

Klobiger Berg über dem Ursprungstal der Pöllat

Obwohl sich der Hohe Straußberg recht mächtig aufwölbt, zählt er zu den relativ selten bestiegenen Gipfeln im Westteil der Ammergauer Alpen und stellt damit eher ein Ziel für Individualisten dar. Es gibt halt keine offiziell bezeichnete Route hinauf, wohl aber einen durchgängigen Pfad im Steilschrofengelände, der mit der nötigen Aufmerksamkeit gut zu finden ist. Wahlweise kann man von der Tegelbergbahn ausgehen oder aber – wie nachfolgend beschrieben – aus der Bleckenau via Settelesteig bzw. Ahorngraben.

Ausgangspunkt: Berggasthaus Bleckenau, 1167 m, erreichbar fünfmal täglich mit dem Wanderbus von Hohenschwangau (dort gebührenpflichtige Großparkplätze) oder zu Fuß in rund 1.30 Std.
Anforderungen: T3+. Am Gipfelaufbau steileres Gelände mit Schutt, Erde und Schrofen, solide Trittsicherheit erforderlich, aber keine Kletterei. Auch der Settelesteig verlangt erhöhte Konzentration, während der Ahornreitweg eher leicht ist. Tagfüllende Unternehmung.
Einkehr: Berggasthaus Bleckenau, Tel. +49 8362 8809878.
Beste Jahreszeit: Juni bis Mitte Oktober, falls schneefrei.
Variante: Etwas bequemer ist der Zugang von der Tegelbergbahn via Branderfleck und Ahornsattel (vgl. Beschreibung bei Tour 11).

Die Tour auf den Hohen Straußberg richtet sich an gestandene Bergwanderer.

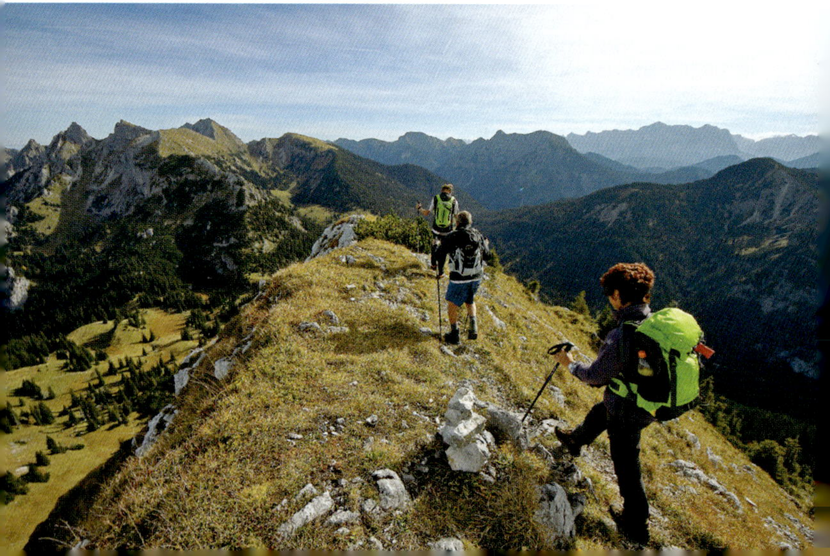

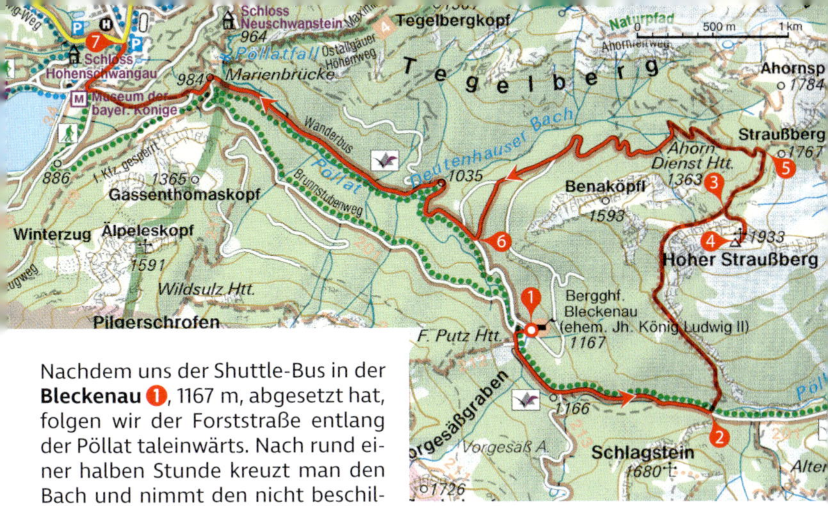

Nachdem uns der Shuttle-Bus in der **Bleckenau** ❶, 1167 m, abgesetzt hat, folgen wir der Forststraße entlang der Pöllat taleinwärts. Nach rund einer halben Stunde kreuzt man den Bach und nimmt den nicht beschilderten **Settelesteig** ❷ auf. Dieser zieht am Fuß einer lang gestreckten Felsbarriere aufwärts und gelangt aus dem Wald in den Bereich der grasigen Westschulter. Man quert noch ein Stück weit und achtet dann auf die Steinmännchen, die den Gipfelsteig signalisieren ❸. Dieser ist zwar nicht »handelsüblich«, aber doch deutlicher als vielleicht erwartet, und windet sich in der Nordwestflanke über Gras, Erde und Schutt steil empor. Man erreicht den obersten Ostgrat und dann auch rasch den höchsten Punkt am **Hohen Straußberg** ❹, 1933 m.

Im Abstieg zurück zum Settelesteig ❸ und anschließend nach rechts über ein Blockfeld. Kurz vor dem **Ahornsattel** ❺, 1685 m, links abwärts und mit etlichen Serpentinen via Ahorn-Diensthütte tiefer. Die Trasse verbreitert sich zur Forststraße und bringt uns zurück ins Tal der Pöllat ❻, 1108 m, etwa einen Kilometer vor der Bleckenau. Deshalb macht es jetzt fast mehr Sinn, binnen einer Stunde nach **Hohenschwangau** ❼, 805 m, hinauszuwandern.

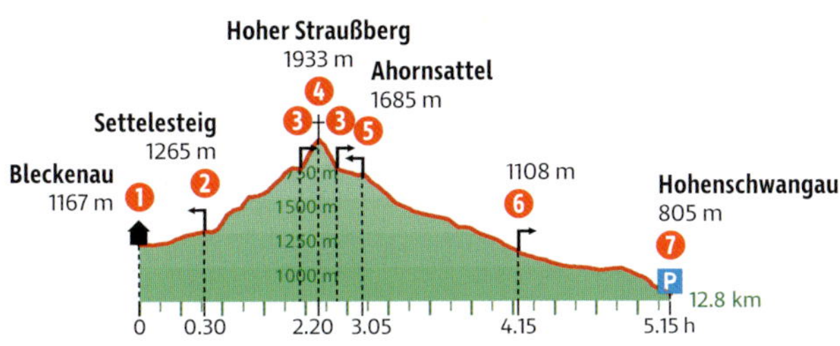

↗ 700 m | ↘ 1100 m | 12.1 km

11 Vom Tegelberg zur Kenzenhütte

5.20 h

Höhenweg ins Herz des Ammergebirges

Diese Wanderung ist von hohem Landschaftsreiz, zumal man auf ihr eine erkleckliche Strecke mit vielen Perspektivwechseln zurücklegt. Tegelbergbahn und Kenzenbus ermöglichen logistisch eine Tagestour, obgleich sehr gern in der Kenzenhütte übernachtet wird, um anschließend eine Durchquerung des gesamten Ammergebirges bis nach Oberammergau fortzusetzen (siehe dazu den Wanderführer »Trekking Bayerische Alpen«). Die Route über den Geiselsteinsattel ist etwas länger als über den Gabelschrofensattel, sei dem Trittsicheren und Entdeckungslustigen aber vor allem wegen des pfiffigen, vom Wandervolk eher vernachlässigten Prinzregentensteigs ans Herz gelegt. Dabei kommt man dem »Matterhorn der Ammergauer Alpen« – wie der Geiselstein immer wieder apostrophiert wird – ganz nah.

Ausgangspunkt: Bergstation der Tegelbergbahn, 1720 m, die in der Sommersaison von Mitte Mai bis Anfang November täglich ab 9 Uhr in Betrieb ist. Die Talstation wird von Schwangau über eine Stichstraße angefahren (auch per Bus).
Endpunkt: Kenzenhütte, 1294 m. Von dort mit dem Wanderbus (letzte Fahrt um 17.30 Uhr) nach Halblech, wo man Anschluss an den Linienbus Richtung Schwangau/Füssen erhält.
Anforderungen: T3 und leichter. Überwiegend gewöhnliche Bergwanderwege, einzig der schmal verlaufende Prinzregentensteig verlangt erhöhte Trittsicherheit. Für Berggewohnte normales Tagespensum.

Immer wieder lassen sich Gämsen beobachten.

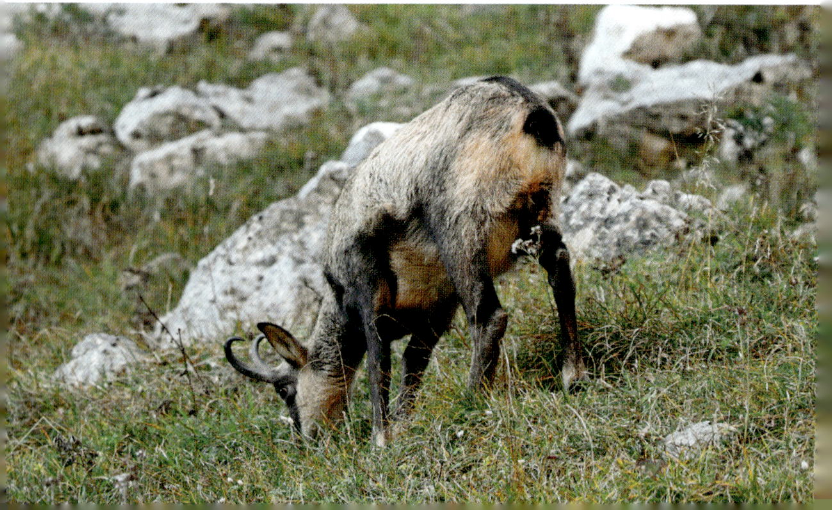

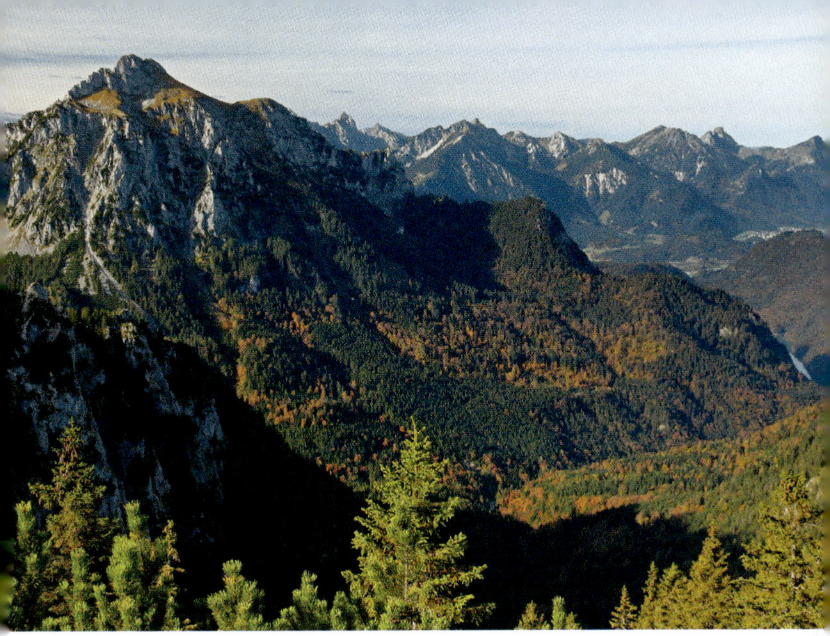

Das herbstliche Gebirge mit dem Säuling (links) und der Tannheimer Gruppe.

Einkehr/Unterkunft: Tegelberghaus, 1707 m, Tel. +49 8362 8980. Kenzenhütte, 1294 m, Tel. + 49 8368 8554002.
Beste Jahreszeit: Juni bis Mitte Oktober.
Varianten:
1. Vom Schwangauer Kessel über den Gabelschrofensattel ins jenseitige Gumpenkar (etwas kürzer).
2. Bleibt man bei (6) am Prinzregentensteig, kann man rascher zum Wankerfleck absteigen und sich dort vom Kenzenbus aufnehmen lassen.
3. Zusätzliche Gipfeloptionen: Wer mag, kann zu Beginn den Branderschrofen, 1879 m, mitnehmen (siehe Tour 9). Vom Kenzensattel lässt sich ein Abstecher zum Kenzenkopf, 1745 m, einbauen (siehe Tour 7).

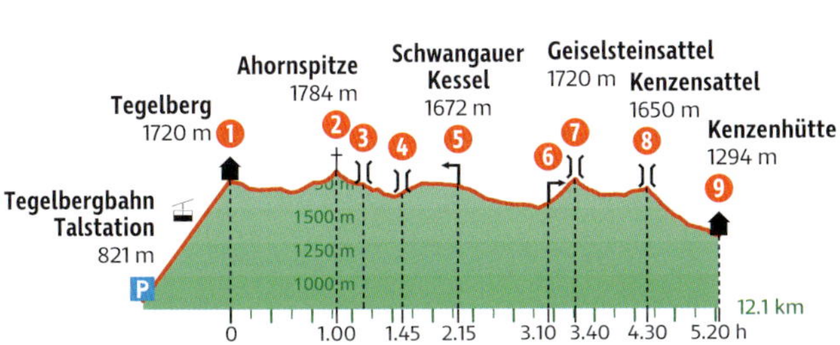

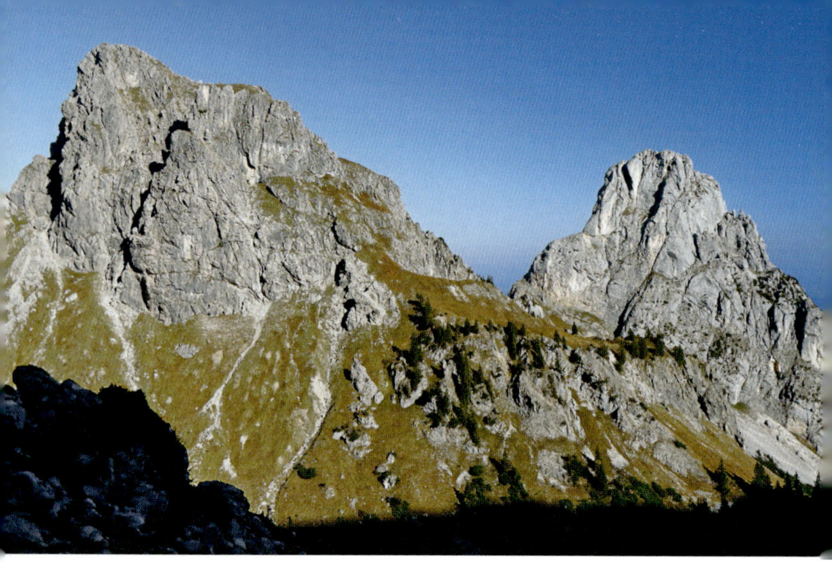

Gumpenkarspitze und Geiselstein stehlen manchem Hochalpengipfel die Show.

Nach der Bergfahrt mit der Tegelbergbahn werden wir uns bei der **Bergstation** ❶, 1720 m, zuallererst dem Panorama des Füssener Seenlandes widmen, bevor wir den komfortabel angelegten, in einschlägigen Karten mit »E4« und »M« (für Maximiliansweg) gekennzeichneten Weg einschlagen. Er schneidet leicht fallend die Südflanken des Branderschrofens. Nach etlichen Biegungen und Kehren kommt man mit reizvollem Blick auf Geiselstein und Co. zum Sattel am Branderfleck, wo rechts wie links Routen abzweigen. Unsere steigt nun mit einigen ausgeprägten Serpentinen wieder ein Stück an und schmiegt sich jenseits einer Geländekante an die Hänge der **Ahornspitze** ❷, 1784 m, die mit einem Abstecher rasch eingebunden werden kann. Vom Hinweisschild sind es nur gut 10 Minuten über einen Latschensteig und zuletzt einige Schrofen.
Zurück am Hauptweg setzen wir die Traverse fort und erreichen am **Ahornsattel** ❸, 1685 m, die nächste Verzweigung. Hier nun links leicht absteigend um das Straußbergköpfl herum und durch schütter bewaldetes, welliges Wiesengelände hinüber zum **Niederstraußbergsattel** ❹, 1615 m. Einige matschige Stellen werden auf diesem Teilstück mittels Metallstegen überbrückt. Wir wenden uns bergwärts und schwenken nach einer markanten Spitzkehre in die Nordwestflanke des Niederstraußbergs. Am Rand des **Schwangauer Kessels** ❺ verlassen wir die Hauptroute, die in Kehren zum Gabelschrofensattel hinaufzieht und begeben uns auf den abzweigenden **Prinzregentensteig**. Nach Ausgehen der Geländemulde über einen Sattel

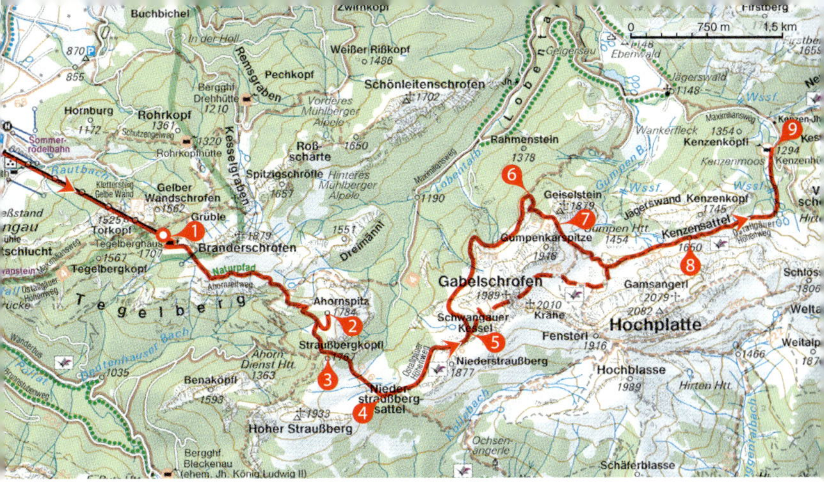

hinweg zur Fortsetzung der abschüssigen Hangtraverse. Diese gestaltet sich durchaus nicht ganz einfach, zumal unser Pfad eher spärlich ausgetreten ist. Immerhin entschärfen Drahtseile die eine oder andere heikle Stelle. Man kreuzt den Gabelschrofenbach, hinter einem Eck auch den Trichter des Geigenbachs, bevor der scharfe Rechtsabzweig 6 hinauf zum **Geiselsteinsattel** 7, 1720 m, zu beachten ist. Im Zickzack gewinnen wir die Lücke am berühmtesten Kletterberg der Ammergauer Alpen. Jenseits ins wellige Untere Gumpenkar hinab, wo ein etwas verschlungener Pfad zwischen Latscheninseln hindurch laviert. Quer durch die Kalte Lahne am Fuß der Hochplatte-Nordwand erfolgt die letzte, eher sanfte Gegensteigung bis zum **Kenzensattel** 8, 1650 m. Durch das ostseitige Kar wieder bergab, oberhalb des tiefen Kenzenbachtrichters vorbei und schließlich in den Wald eintauchend bis zum Zielpunkt bei der **Kenzenhütte** 9, 1294 m.

Urwüchsig und verschlungen geht es am Prinzregentensteig zu.

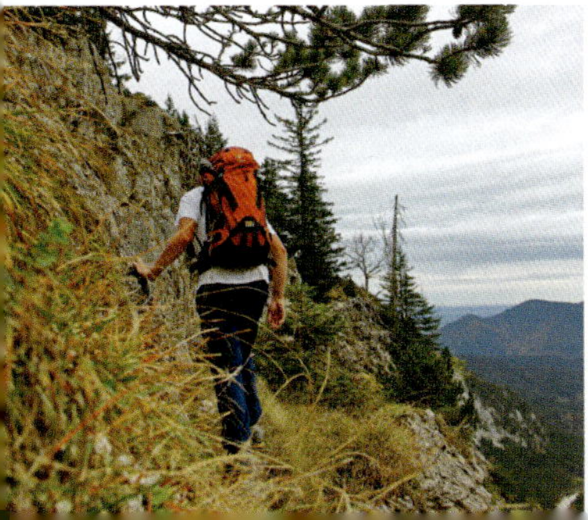

Bei der Bergstation am Tegelberg starten wir die Höhenwanderung ins Ammergebirge.

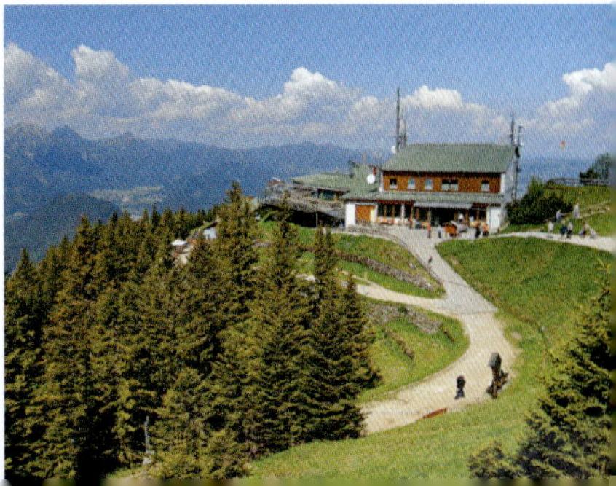

↗ 1330 m | ↘ 1330 m | 13.6 km

12 Säuling, 2048 m

7.15 h

Der Wächter über den Ostallgäuer Königsschlössern

Gleichsam in der »ersten Reihe« über dem Füssener Land aufragend ist der Säuling zweifellos ein (Ost-)Allgäuer Berg, doch die Alpingeografie weist ihm – völlig zu Recht – die Position des westlichen Eckpostens der Ammergauer Alpen zu. Als alpines Wahrzeichen der Region ist der Säuling populär wie kaum ein Zweiter in diesem Gebirge, was womöglich nicht nur mit seinem markanten, felsigen Profil zu tun hat, sondern auch mit der näheren Umgebung und ihrer hochherrschaftlichen Geschichte. Neuschwanstein, das Märchenschloss Ludwigs II. zu Füßen des Säulings, rangiert schließlich in der Liste der berühmtesten deutschen Sehenswürdigkeiten ganz weit oben. Für das Gros der Touristen aus aller Herren Länder bildet der Berg also bloß die passende Bilderbuchkulisse im Hintergrund, von uns Bergsteigern wird er freilich auch eifrig bestürmt. Zwei Routen bieten sich dafür an, die sich mittels einer Umrundung des angegliederten Pilgerschrofens in ihren Kernstücken sogar kombinieren lassen: der Nordanstieg von Hohenschwangau und die Südroute vom tirolerischen Pflach über das Säulinghaus.

Massig wirkt der Säuling von Norden. Die Aufstiegsroute verläuft im rechten Bildteil zur Gamswiese und dann gipfelwärts.

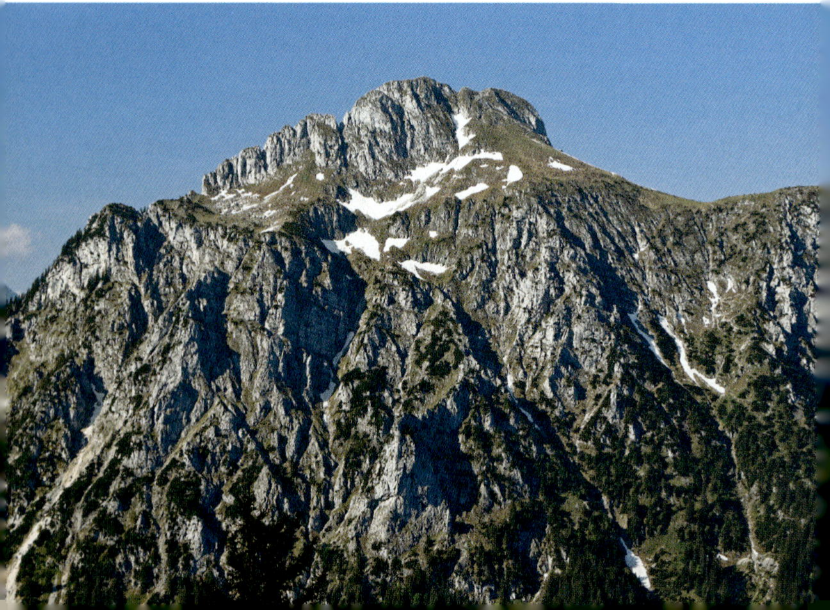

Ausgangspunkt: Hohenschwangau, 820 m, östlich von Füssen. Am besten den Parkplatz P4 vor dem Alpsee anfahren. Buslinie von Füssen.
Anforderungen: T4. Recht anspruchsvolle Bergtour auf streckenweise gesicherten Steigen. Nordseitige Normalroute mit einzelnen Drahtseilen in felsdurchsetztem Gelände, auf der Südseite kurzfristig noch etwas steiler und mit Ketten gesichert. Trittsicherheit und Schwindelfreiheit wichtig, dazu gute Ausdauer. Stellenweise Steinschlaggefahr.
Höhenunterschied: 1230 Hm bis zum Gipfel plus ca. 100 Hm beim Rückweg; insgesamt 1330 Hm.
Einkehr/Unterkunft: Säulinghaus, 1693 m, Tel. +43 676 9413775.
Beste Jahreszeit: Juni bis Oktober.

Von **Hohenschwangau** ❶, 820 m, folgen wir den Hinweisen zum Säuling hinauf zur Haltestelle des Neuschwanstein-Shuttles unweit der Marienbrücke. Eine weitere Forststraße bringt uns mit einigen längeren Schleifen durch den Bergwald bis zur Lichtung beim **Älpele** ❷, 1296 m, wo sich ein Steig anschließt. Mit diesem zunächst rechts haltend zur **Wildsulzhütte** ❸, 1420 m, bei der Gabelung links und auf häufig feuchtem und wurzligem Untergrund höher. Zwischendurch geht der Verlauf mehr in eine Traverse über, ehe – nach Abzweig der Verbindung zur Fritz-Putz-Hütte – wieder kräftig angestiegen wird. Dabei geraten wir in zunehmend felsdurchsetztes Gelände mit einigen gesicherten Passagen, anfangs auch mit einer Leiter. Kurzweilig führt unser Steig hinauf zum plateauartigen, begrünten Sattel, der auch als Gamswiese geläufig ist. Die Südroute über das Säulinghaus kommt hier

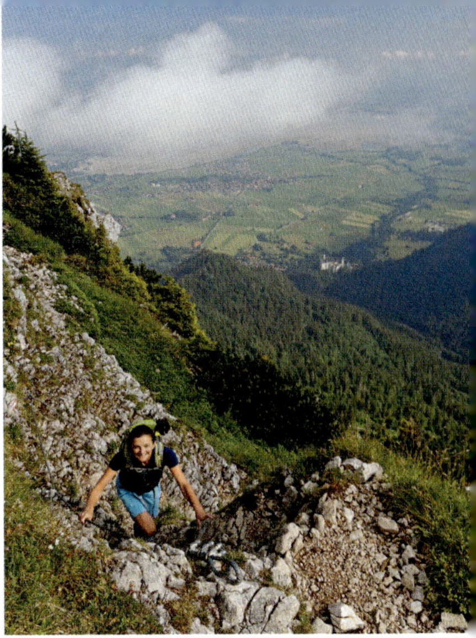

Steile Schrofenpassagen erfordern Konzentration und Trittsicherheit.

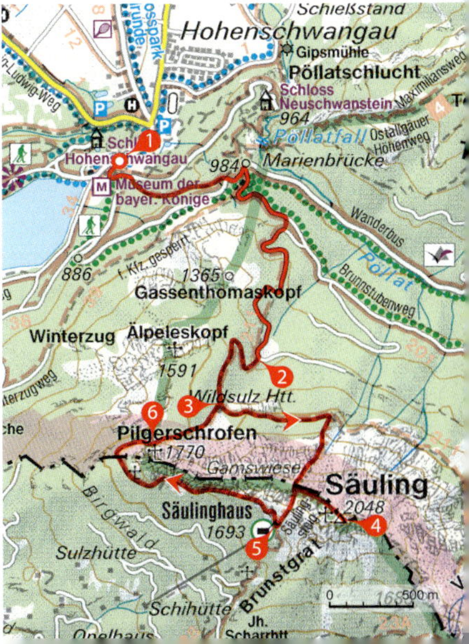

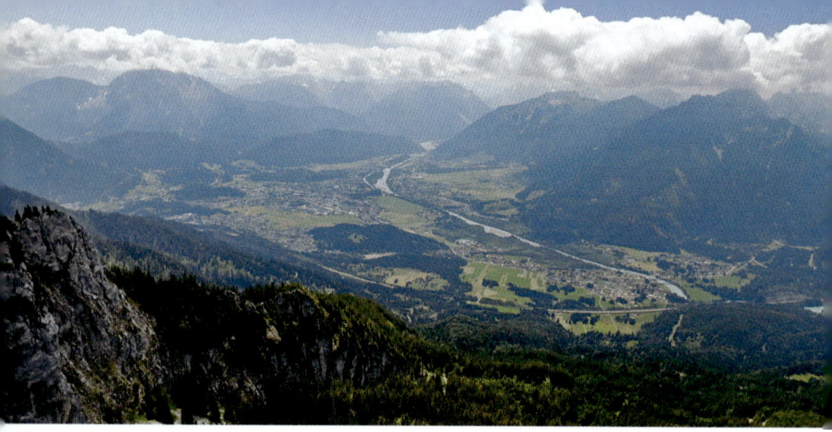

Blick ins Reuttener Talbecken, das vom Lech durchflossen wird.

dazu. Jetzt an den Gipfelaufbau heran, erneut schrofig aufsteilend und zuletzt entweder nach rechts zum großen Kreuz auf dem Westgipfel, 2039 m, oder – meist etwas stiller – links haltend über einen kurzen Felsgrat zum höchsten Punkt des **Säuling** ❹, 2048 m.

Beim Abstieg wenden wir uns im Bereich der Gamswiese auf die Tiroler Südseite, wo das Gelände bald steil abfällt. Ketten entschärfen die anspruchsvollen, exponierten Passagen, die trotz der Felsen aber immer noch steigartig wirken. Man steuert das ständig sichtbare, auf einem breiten Absatz gelegene **Säulinghaus** ❺, 1693 m, an und begibt sich von hier in westlicher Richtung auf die Traverse des Pilgerschrofens, welcher mit dem Säuling durch den zerklüfteten Grat der Zwölf Apostel verbunden ist. Insgesamt leicht abwärts geht es über Schotterreißen und durchs lichte Gehölz, nach Grenzübertritt dann um den Wandsockel herum und mit einer Gegensteigung hinauf zu einer Geländerippe ❻, ca. 1580 m. Jenseits windet sich der Steig im Wald Richtung **Wildsulz** ❸ hinab und stößt dort wieder auf den Hinweg.

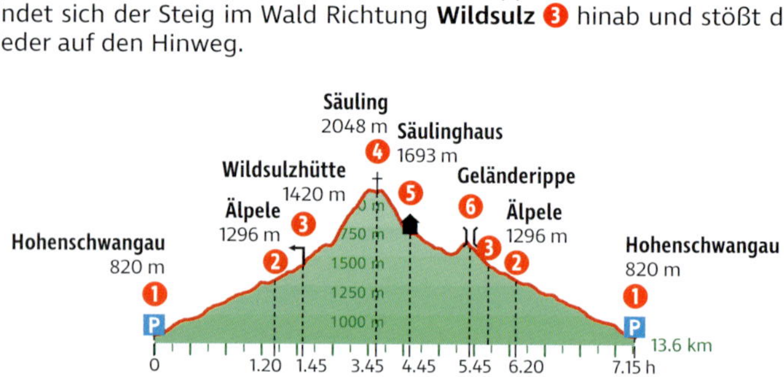

↗ 280 m | ↘ 280 m | 8.7 km

2.45 h

Neuschwanstein und Alpsee

13

Touristischer Hotspot im Revier des Märchenkönigs

Das weltberühmte Neuschwanstein zu preisen, hieße wirklich Eulen nach Athen tragen. Das Märchenschloss König Ludwigs II. zählt zu den herausragenden Touristenattraktionen nicht nur unserer Region, sondern ganz Deutschlands. In der Nähe steht auch Schloss Hohenschwangau, das in teils mittelalterlichem, teils biedermeierlichem Stil errichtet ist und von vielen Besuchern gleich im Verbund besichtigt wird. Zu Füßen bettet sich der malerische, fast zwei Kilometer lange Alpsee in eine waldausgekleidete Wanne und komplettiert im Zusammenspiel mit der Bergkulisse die vollendet kitschige, romantisch verklärte Szenerie. Aber wer möchte sich dagegen wehren: Es ist wirklich wunderschön hier, nur halt nicht ganz einsam …

Ausgangspunkt: Hohenschwangau, 820 m, östlich von Füssen. Am besten den Parkplatz P4 vor dem Alpsee anfahren (gebührenpflichtig). Buslinie von Füssen.
Anforderungen: T1. Rund um den Alpsee auf leichten, nahezu horizontalen Wegen, aber durchaus nicht überall eine Promenade. Harmlose Wanderwege auch Richtung Neuschwanstein hinauf. Gemütliches Wanderprogramm mit Ausflugscharakter.
Einkehr: Zahlreiche Möglichkeiten in Hohenschwangau.
Beste Jahreszeit: Ganzjährig.
Varianten: Die Reihenfolge »zuerst Schloss, anschließend Seerunde« ist ebenso gut umkehrbar. Spannend wäre auch die Einbeziehung der Pöllatschlucht.
Hinweis: Tickets für Schlossführungen sind im Shop in Hohenschwangau zu erwerben!

Die Seerunde bietet ständig wechselnde Perspektiven.

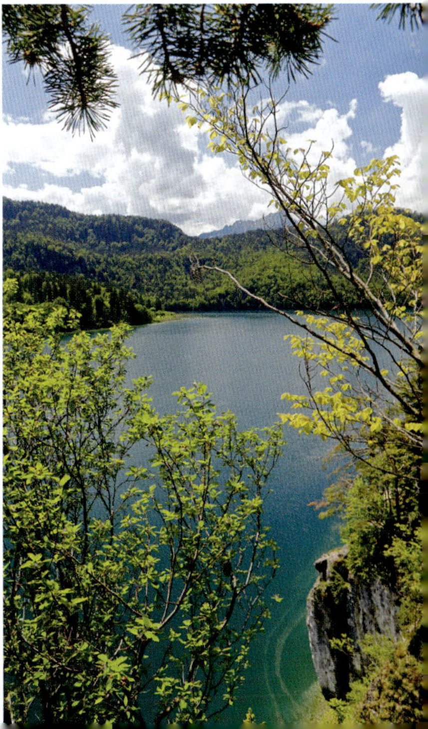

Von den Parkplätzen in **Hohenschwangau** ❶, 820 m, startet man auf der für den öffentlichen Verkehr gesperrten Bergstraße nach Neuschwanstein, verlässt diese aber in Kürze und folgt den ausgeschilderten Waldwegen über knapp 200 Hö-

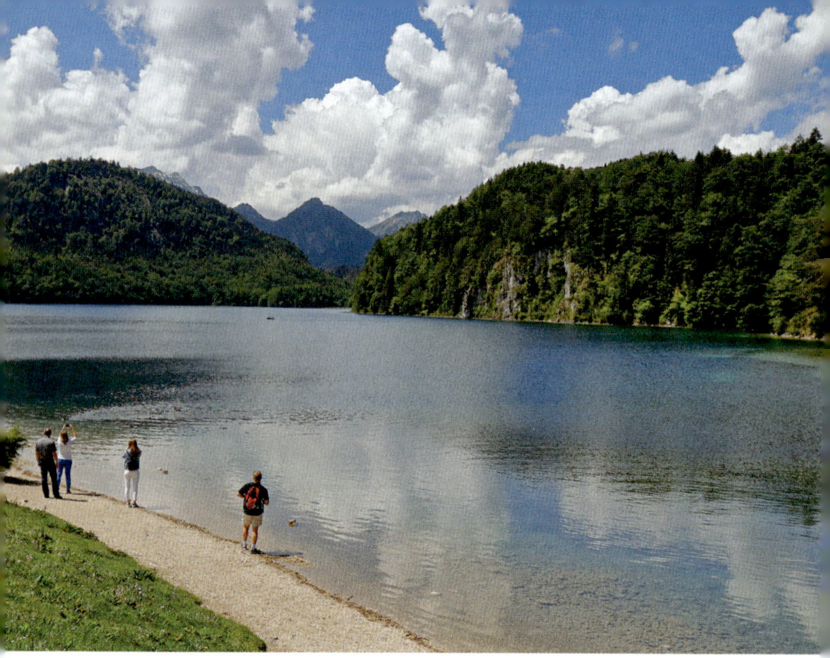

Der waldumkränzte Alpsee – eine Perle des Füssener Landes.

henmeter bis zur Haltestelle des Shuttle-Busses und wenige Schritte weiter zur **Marienbrücke** ❷, ca. 1000 m, hoch über der Pöllatschlucht. Der Blick auf **Schloss Neuschwanstein** ist legendär! Wer Lust auf ein kulturelles Programm hat, kann an einer Schlossführung teilnehmen.

Auch wenn man über den Oberen Winterzugweg Richtung Alpsee wandern könnte, sei doch empfohlen, zunächst wieder nach **Hohenschwangau** ❶ zurückzukehren, um anschließend die komplette Runde am Uferweg zu absolvieren. In Kürze gelangen wir zum Osteck des **Alpsees** und halten uns zunächst rechts an das leicht ansteigende Sträßchen. Bald befindet man sich allerdings auf einem schönen Naturweg, kann den kurzen Stich zum reizvollen Pindarplatz einbauen und begleitet das Nordufer bis zuhinterst

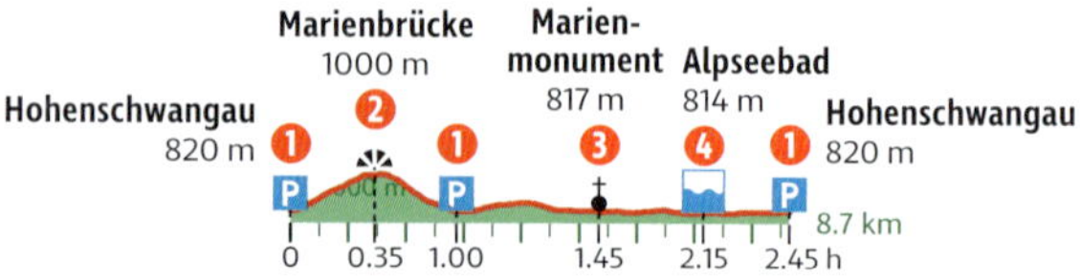

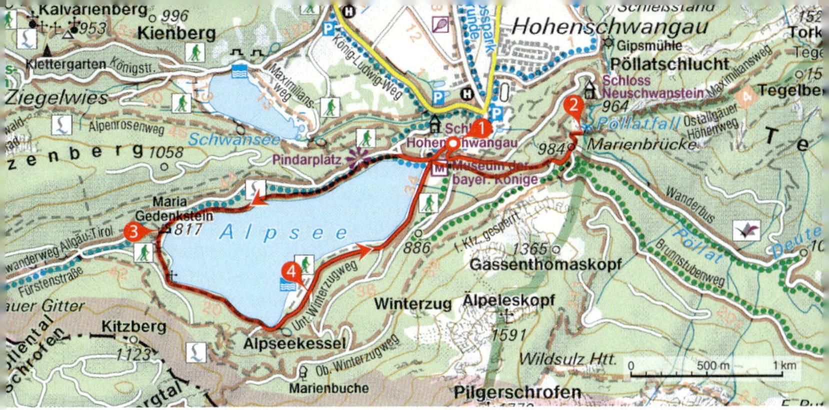

zum **Marienmonument** ❸, 817 m, in der Westbucht. Der Naturweg setzt sich um die Kurve herum fort und wird allmählich wieder breiter. Am Südufer geht es am **Alpseebad** ❹, 814 m, vorbei und gemütlich zurück nach **Hohenschwangau** ❶.

Das »Märchenschloss« Neuschwanstein zieht Tausende von Besuchern aus aller Welt an – und zwar täglich!

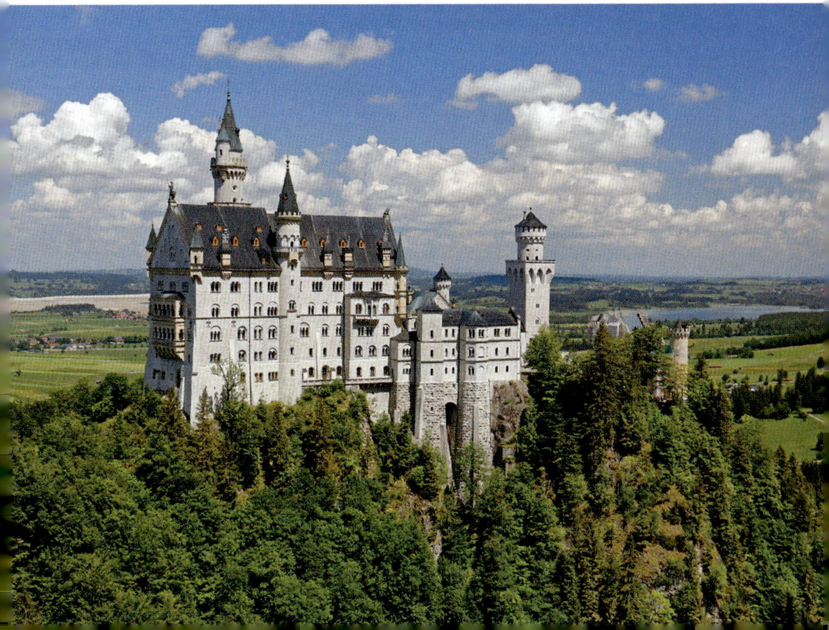

TOP

14 Kalvarienberg und Schwansee

↗ 300 m | ↘ 300 m | 9.4 km

3.00 h

Kultur- und Naturschönheiten zwischen Füssen und Hohenschwangau

Ein gestandener Bergwanderer wird vielleicht abwinken angesichts des talnahen und touristenlastigen Programms dieser gemütlichen Halbtagestour. Aber die diversen und zudem ganz unterschiedlichen Sehenswürdigkeiten sorgen doch für hohe Attraktivität. Da ist zunächst einmal Füssens schmucke Altstadt, die mit dem Hohen Schloss einen buchstäblichen Höhepunkt bekommt. Lohnend ist der Kapellenweg hinauf zum Kalvarienberg, wo man aus erhöhter Perspektive einen wunderschönen Rückblick auf Füssen genießt. Für die Naturliebhaber warten anschließend noch der lauschige Schwansee mit seinen Schilfpflanzen, Seerosen und Wasservögeln sowie der starke Lechfall.

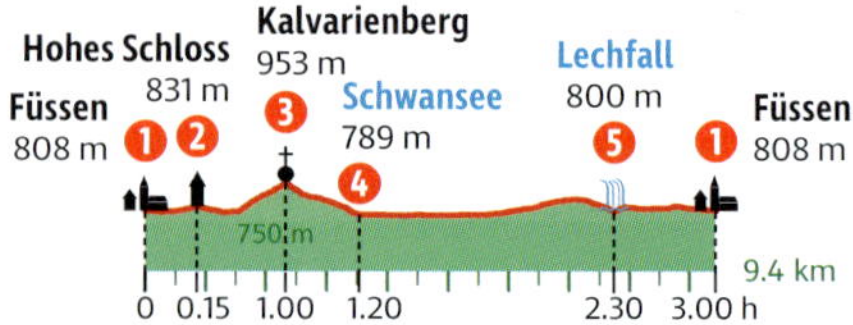

Ausgangspunkt: Bahnhof Füssen, 808 m, bzw. Parkplätze in Altstadtnähe.
Anforderungen: T1–2. Leichte, oft sogar sehr bequeme Wanderwege, nur am Kalvarienberg ein wenig steiler, aber problemlos. Genussvolles Halbtagespensum.
Einkehr: Zahlreich in Füssen, Kiosk am Schwansee, Steakhaus beim Lechfall.
Beste Jahreszeit: Fast ganzjährig.
Variante: Alpenrosenweg oberhalb des Schwansees (jedoch nicht so schön wie am Ufer).

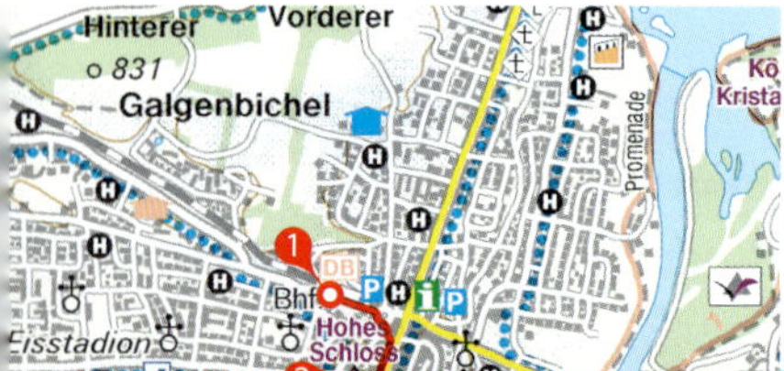

Vom Bahnhof in **Füssen** ❶, 808 m, geht es durch die Altstadt (Fußgängerzone) und am besten erst einmal zum **Hohen Schloss** ❷ hinauf. Anschließend am Kloster links vor-

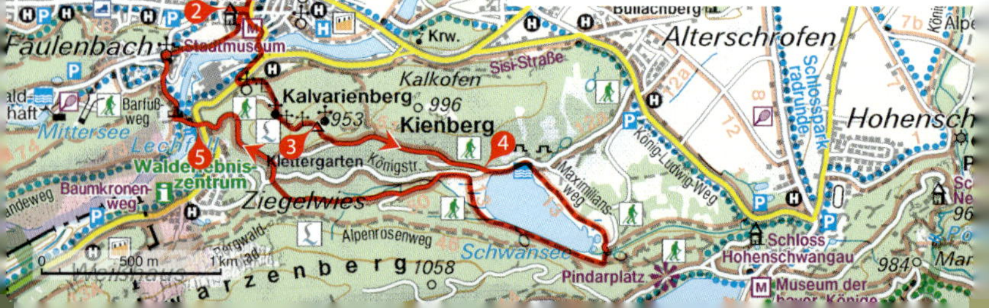

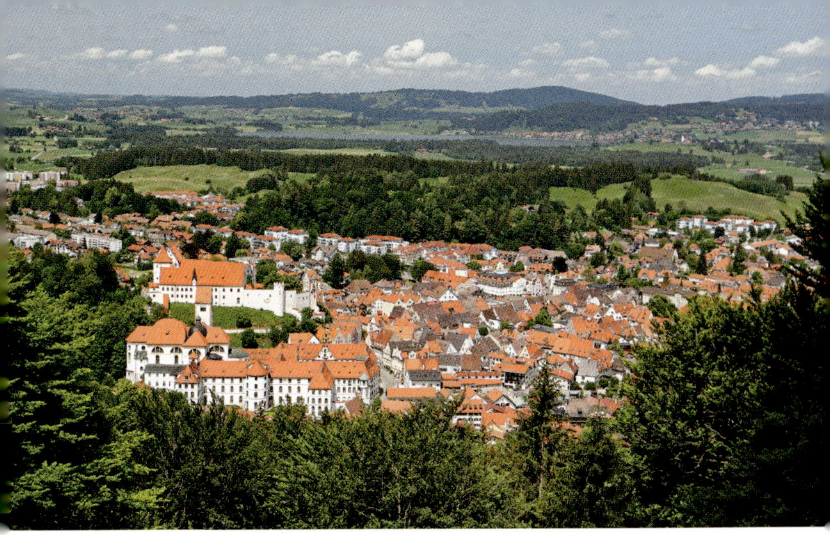

Vom Kalvarienberg bietet sich ein reizvoller Blick auf Füssen.

bei zur Lechbrücke. Rechts versetzt beginnt der Aufstieg zum **Kalvarienberg** ❸, 953 m, kulturell reich begleitet an diversen Kapellen vorbei bis zum Aussichtspunkt auf dem Dach der Kirche! Von dort durch den Waldhang bergab und einer Forststraße folgend Richtung **Schwansee** ❹, 789 m. Die Umrundung dauert je nach Gangart etwa 30 bis 45 Minuten und kann natürlich an vielen reizvollen Stellen noch länger ausgekostet werden. Am Nordufer besteht Bademöglichkeit mit Imbissbetrieb im Sommer, abseits des Weges findet man Sumpfbereiche. Nachdem sich am beschaulichen Südufer entlang der Kreis fast geschlossen hat, biegen wir Richtung Westen ab. Bei der nächsten Gabelung sind beide Wege möglich. Später folgt man dem Hinweis »Lechfall – Maxbrücke« und verliert dorthin an Höhe. Gegenüber dem Steakhaus an der B17 befindet sich das Naturdenkmal des **Lechfalls** ❺. Schließlich auf ufernahen Spazierwegen nach Bad Faulenbach und zurück ins Stadtgebiet von **Füssen** ❶.

Für Freunde von Flora und Fauna hat der Schwansee einiges zu bieten.

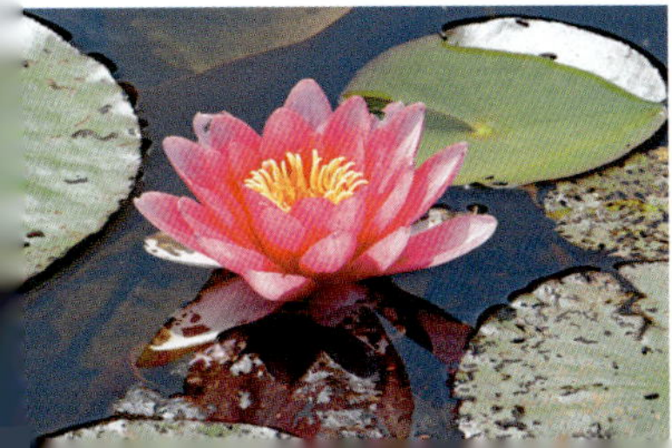

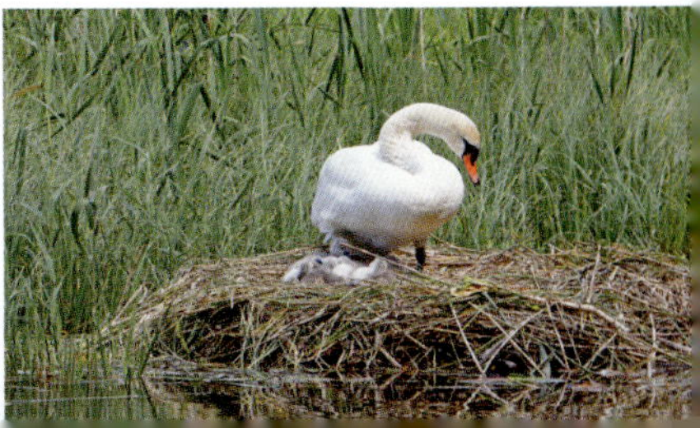

↗ 150 m | ↘ 150 m | 8.8 km

2.20 h

15 Rund um den Hopfensee

Mit Seitensprung zur Burgruine Hopfen

Der seichte Hopfensee wurde während der Würmeiszeit durch den vorrückenden Lechtalgletscher gebildet. Während das Nordufer besiedelt und auch touristisch stark genutzt ist, wird das idyllischere Südufer fast ganz von Schilfflächen eingefasst und geht dann in ein Moor über – ein Refugium für viele Wasservögel. Der gut 7 Kilometer messende Rundweg wird rege begangen respektive mit dem Rad befahren. Gut in die Tour einbeziehen können wir auch die oberhalb gelegene, hochmittelalterliche Burgruine Hopfen.

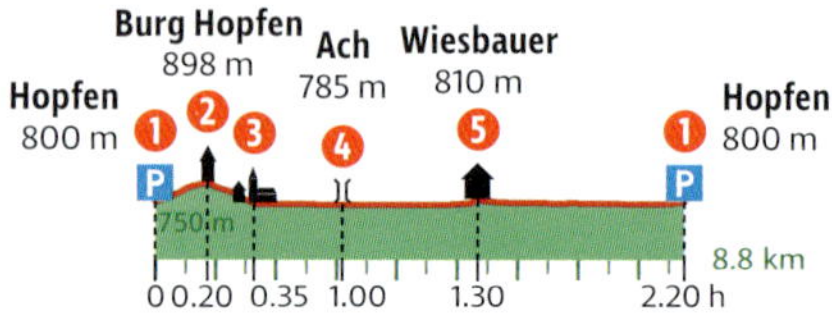

Ausgangspunkt: Hopfen am See, ca. 800 m. Kostenloser Parkplatz im Westen des Ortes (beim Zugang zur Ruine); andere Parkmöglichkeiten an der Uferstraße sind gebührenpflichtig. Buslinie von Füssen.
Anforderungen: T1. Vollkommen leichter Seerundweg auf perfekten Trassen, am Nordufer Hartbelag. Zur Burgruine kurzer, mittelsteiler Auf- und Abstieg.
Einkehr: Viele Betriebe in Hopfen am See, außerdem Landhotel Wiesbauer (Di. Ruhetag).
Beste Jahreszeit: Ganzjährig.

Natürlich gibt es auch ein touristisches Angebot am Hopfensee.

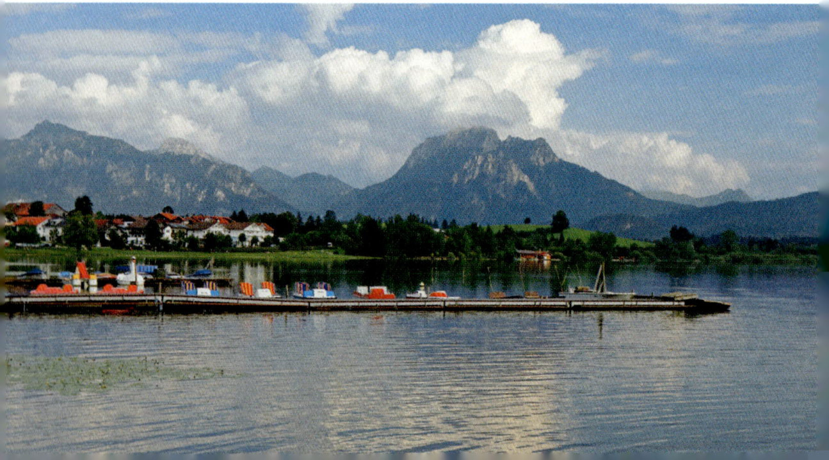

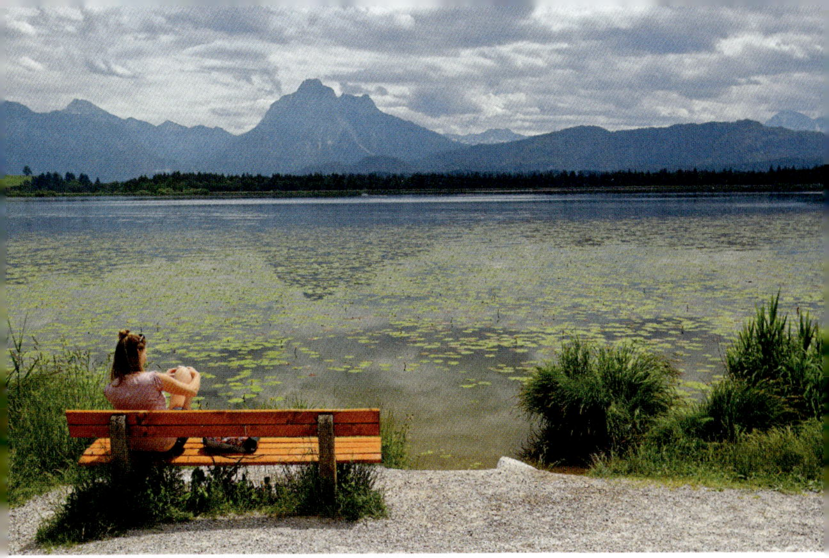

Am Hopfensee kann man die Seele baumeln lassen.

Wir starten am westlichen Ortsende von **Hopfen am See** ❶ mit dem Aufstieg über eine Forststraße zur Ruine der **Burg Hopfen** ❷, 898 m. Dort oben gibt es einen Mini-Rundweg, der auch am schönsten Aussichtspunkt (Seepanorama) vorbeiführt. Danach steigen wir wie ausgeschildert Richtung Ortsmitte von **Hopfen** ❸, ca. 790 m, ab und nehmen dort den Seerundweg im Uhrzeigersinn auf (wer auf die Ruine verzichtet, befindet sich ohnehin schon auf der Strandpromenade). Hinter dem Campingareal gelangen wir allmählich aus dem touristischen Bereich heraus und wandern rechts haltend zur Brücke über die **Ach** ❹, 785 m. Teils bewaldet geht es am Südostufer entlang und dann in der Nähe eines Parkplatzes zur Möglichkeit eines Abstechers zum **Wiesbauer** ❺. Der Gasthof liegt jenseits der Bahntrasse leicht erhöht. Die Fortsetzung begleitet den Hopfensee dann an seiner Westseite, im Schilfgebiet zunächst ein Stück entfernt, später wieder näher am Ufer. Etwas verwinkelt schließt sich der Kreis nach **Hopfen am See** ❶.

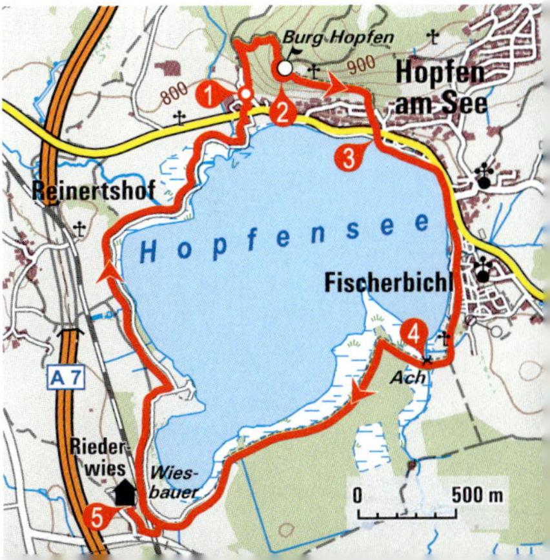

↗ 300 m | ↘ 300 m | 8.0 km

16 Beichelstein und Senkelekopf, 1047 m

2.15 h

Aussichtsreicher Nagelfluhrücken bei Seeg

Das Ostallgäuer Alpenvorland liegt auf einer Durchschnittshöhe von rund 800 Metern. Eine bescheidene Erhebung wie am Beichelstein genügt bereits, um ein wundervolles Panorama wie auf den Präsentierteller gelegt zu bekommen. Die Beliebtheit dieser Wanderung hängt aber wohl auch maßgeblich mit der Einkehrmöglichkeit in der gleichnamigen Alpe zusammen. Leider gibt es jedoch keine ideale Rundwandermöglichkeit – wenig praktikabel die Kombination mit dem von Nordosten kommenden Waldlehrweg, etwas eintönig auf Asphalt hingegen entlang der Straße am Südfuß des Beichelsteins.

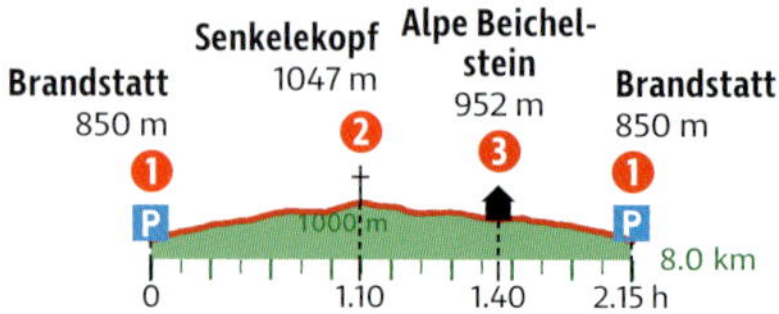

Ausgangspunkt: Parkplatz Brandstatt, ca. 850 m, an der Straße von Seeg über Roßfallen Richtung Langegg. Keine Busanbindung.
Anforderungen: T1. Vollkommen leichte, meist breite Wanderwege. Auch konditionell wenig anstrengende Halbtagestour.
Einkehr: Alpe Beichelstein, 952 m, Tel. +49 8364 397 (Mi. Ruhetag).
Beste Jahreszeit: Ganzjährig, außer bei viel Schnee.
Variante: Vom Gasthaus hinunter zur Straße (Parkplatz bei Unterlangegg) und auf dieser westwärts noch rund 2,5 Kilometer via Unterhalden zurück zum Ausgangspunkt.

Beim Parkplatz **Brandstatt** ❶ zieht ein Sträßchen in östlicher Richtung an einem Geländerücken empor zu den versteckten Anwesen von Goimenen. In der Folge wird der stumpfe, mit kleinen Mulden und Höckern interessant

Die Alpe Beichelstein dient der Einkehr und der traditionellen Viehwirtschaft.

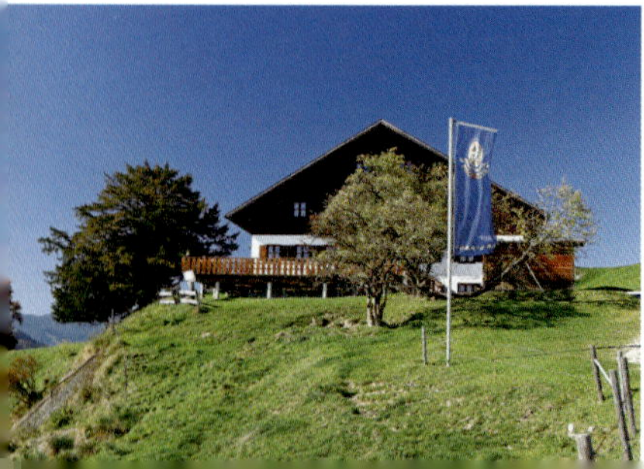

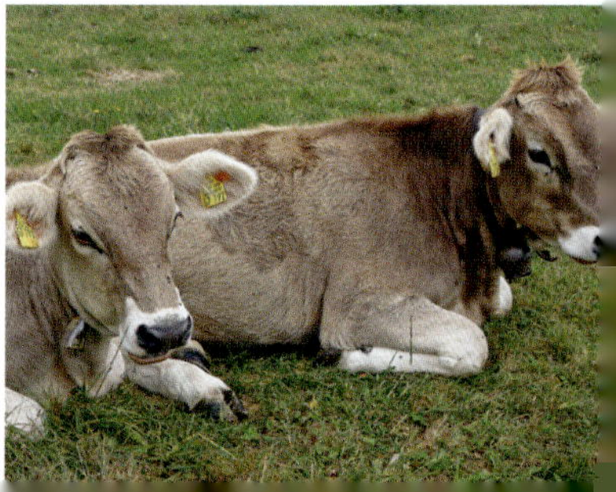

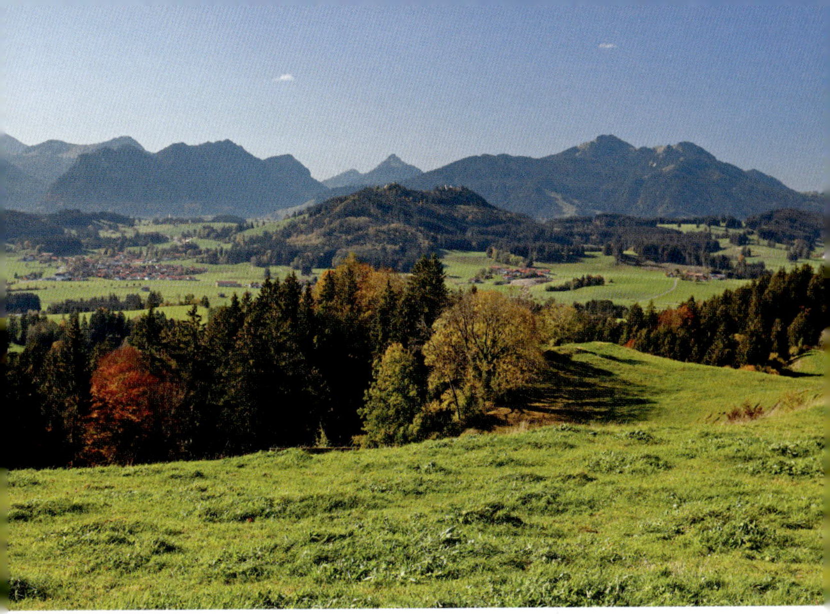

Blick über die Hügelwellen des Alpenvorlandes in die Allgäuer Alpen.

strukturierte Bergrücken freier und gewährt speziell nach Süden zunehmend schöne Blicke. Es führt nach wie vor ein komfortabel breiter Weg dahin. Nach einer Weile passiert man die Abzweigung zur Alpe Beichelstein, hält aber vorerst die Höhe und wandert wechselweise über Weiden sowie durch lichten Wald weiter ostwärts. Hinter der verlassenen Alpe Senkele nochmals merklich ansteigend und zum letzten Stich, der auf den komplett bewaldeten **Senkelekopf** ❷, 1047 m, leitet. Eine bessere Aussicht erhaschen wir indes am Drei-Schlösser-Blick (Rastplatz) etwas unterhalb in der Südflanke. Beim Rückweg gehen wir zwecks Einkehr (mit Panoramaterrasse) in der **Alpe Beichelstein** ❸, 952 m, beim Abzweig scharf links. Davon abgesehen am besten auf der gleichen Strecke retour.

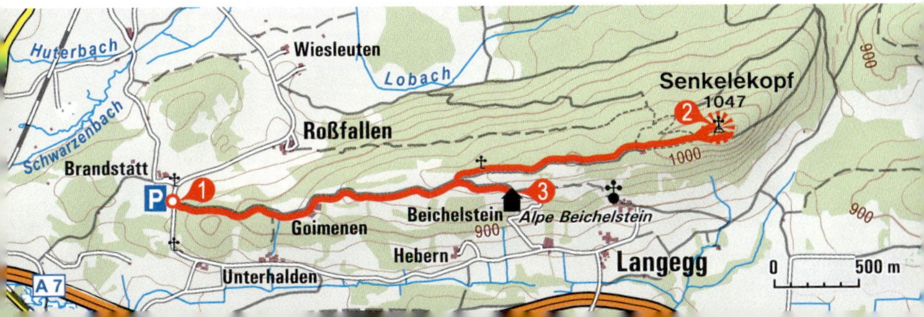

↗ 150 m | ↘ 150 m | 12.0 km

17 Fünf-Seen-Runde bei Seeg

3.00 h

Idyllische Weiher zwischen einsamen Wiesenwellen

Auch die Fünf-Seen-Runde verläuft in der sanft geschwungenen Hügellandschaft vor dem Gebirge – in diesem Fall sogar ein gutes Stück von der Alpenkulisse entfernt. Wie der Name schon vermuten lässt, verleihen eine Handvoll verstreuter Seen und Weiher der Landschaft ihren besonderen Reiz. Am bekanntesten und größten ist hier der Schwaltenweiher – sommers auch ein frequentiertes Ziel für den Badeausflug.

Ausgangspunkt: Seeg, 854 m, Parkmöglichkeit nahe der Kirche oder auch westlich unterhalb der Umfahrungsstraße (von der A7, Ausfahrt Nesselwang, kommend). Seeg besitzt einen Bahnhof an der Strecke nach Füssen.
Anforderungen: T1. Feldwege, abseitige Straßen und einige Pfadabschnitte im Wechsel. In jeder Hinsicht leichte und unkomplizierte Halbtagestour in den Niederungen.
Einkehr: Schwaltenweiher (Restaurant und Seeterrasse), Seeleuten (Landhotel Panorama), Seeg.
Beste Jahreszeit: Ganzjährig.
Varianten:
1. Von Seeg auf einer Parallelroute über St. Rochus, 847 m, nach Albatsried. Das Kirchlein beim ehemaligen Pestfriedhof versteckt sich in einer Baumgruppe.
2. Am Schwaltenweiher lässt sich gleich vorn am Freibad/Restaurant vorbei abkürzen, also nicht westlich um den See herum.

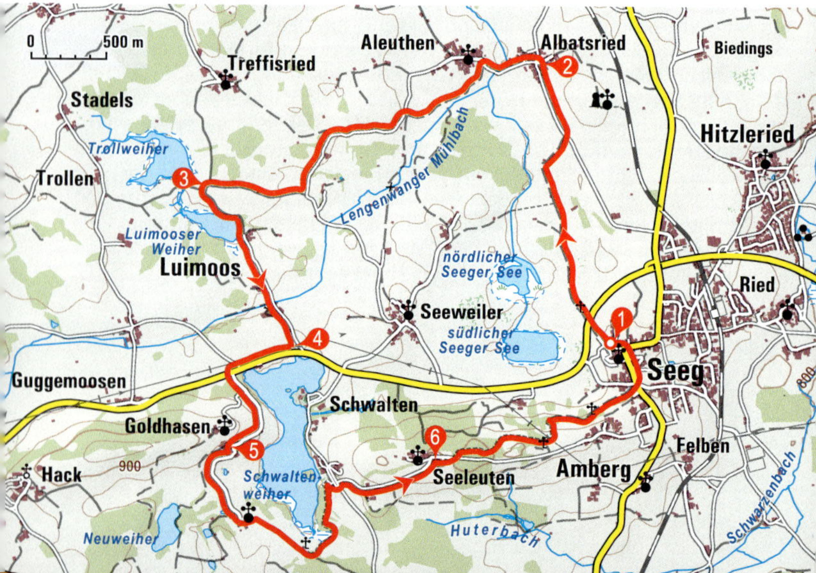

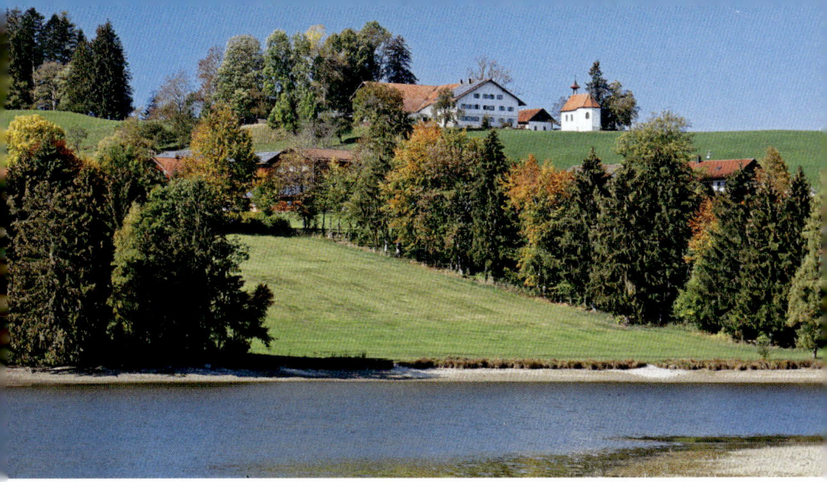

Die meisten Ausflügler zieht der Schwaltenweiher an.

Bei der Kirche in **Seeg** ①, 854 m, achten wir auf das Schild, welches uns am Fünf-Seen-Weg nordwärts hinab in die Feldmark schickt. Unter der Umfahrungsstraße hindurch ins Schleihseemoos, das unmittelbar östlich der Seeger Seen liegt. Später rechts haltend zur Straße, die uns ins nahe Dörfchen **Albatsried** ②, ca. 830 m, bringt. Der benachbarte Weiler Aleuthen wird nur tangiert, indem wir noch vor den ersten Häusern auf einen Feldweg abdrehen. Damit steuert man durch welliges Wiesengelände das Duo von **Trollweiher** und **Luimooser Weiher** ③, 848 m, an. Links vorbei geht es zu den Höfen von Luimoos und zur Landstraße beim **Schwaltenweiher** ④, 839 m. Auf dem Radweg nach rechts am Allgäuer Hof (Camping) vorbei und dahinter links ab Richtung **Goldhasen** ⑤. Vor dem Weiler passiert man die sogenannte Seeterrasse mit Kiosk und Liegewiese über dem Westufer. Wir umwandern den Schwaltenweiher auf Fahrwegen und Pfaden und stoßen gegenüber auf die Straßenverbindung nach Anwanden. Sie wird bloß gekreuzt, womit es auf dem Anrainersträßchen zum Weiler **Seeleuten** ⑥, 899 m, und dem Landhotel Panorama hinaufgeht. Gegen Ende schlagen wir den Waldweg über die Ferdinandhöhe ein und vollenden die Runde Richtung **Seeg** ①.

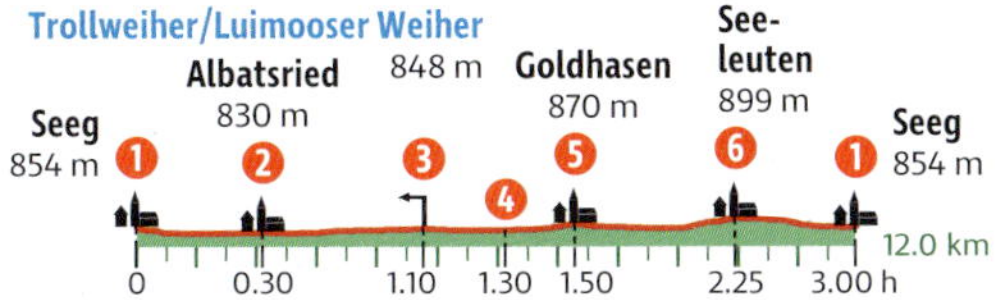

↗ 400 m | ↘ 400 m | 14.9 km

18 Von Attlesee zu den Burgen von Eisenberg

4.00 h

Historisch interessante Ziele im Ostallgäuer Voralpenland

Auch wenn heute nur noch Ruinen auf den Bergkuppen stehen – einen Hauch mittelalterlicher Romantik vermittelt die stattliche Burgengruppe Eisenberg und Hohenfreyberg nördlich von Pfronten zweifellos immer noch. Erbaut wurde Eisenberg um 1315, Hohenfreyberg rund ein Jahrhundert später. Mit dem Dreißigjährigen Krieg war ihr Niedergang bereits besiegelt. Wir integrieren diese sehenswerten Ziele in eine ausschweifende Runde durch die typische Ostallgäuer Hügellandschaft, die sich ringsum ausbreitet. Mit Kögelweiher und Attlesee fehlen auch bei dieser Tour die malerischen Gewässer nicht.

Ausgangspunkt: Attlesee-Dorf, ca. 890 m. Ausgewiesener Parkplatz beim Alpenseehof/Golfplatz (geringe Gebühr). Bus vom Bahnhof Nesselwang.
Anforderungen: T1. Landwirtschaftliche Flurwege, kleine Sträßchen und Wanderwege gemischt, durchgängig sehr leicht. Aufgrund der Strecke braucht es etwas Ausdauer.

Einkehr: Schlossbergalpe, Tel. +49 8363 1748 (Mo. Ruhetag), Alpe Kögelhof, Tel. +49 8363 8615 (Mo./Di. Ruhetag).
Beste Jahreszeit: Praktisch ganzjährig, außer bei viel Schnee.
Variante: Es ließe sich auch der Schweinegger Weiher (Schlossweiher) einbinden, dafür schert man nach dem Abstieg von den Burgen rechts aus.

Von **Attlesee** ❶ wandern wir auf breiten, befestigten Feldwegen zunächst in Ostrichtung – Dederles und Oberreuten sind ausgeschildert. Bei einer Kreuzung trennen sich die Routen. Wir gehen geradeaus weiterhin durch eine leicht gewellte Wiesenflur mit einzelnen Gehölzen dazwischen und erreichen den Weiler **Oberreuten** ❷, 871 m, sowie kurz darauf durch eine

Der Burghügel von Hohenfreyberg.

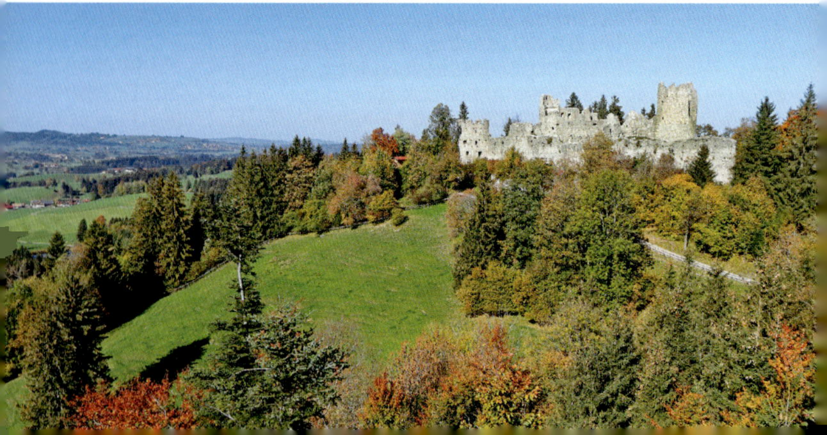

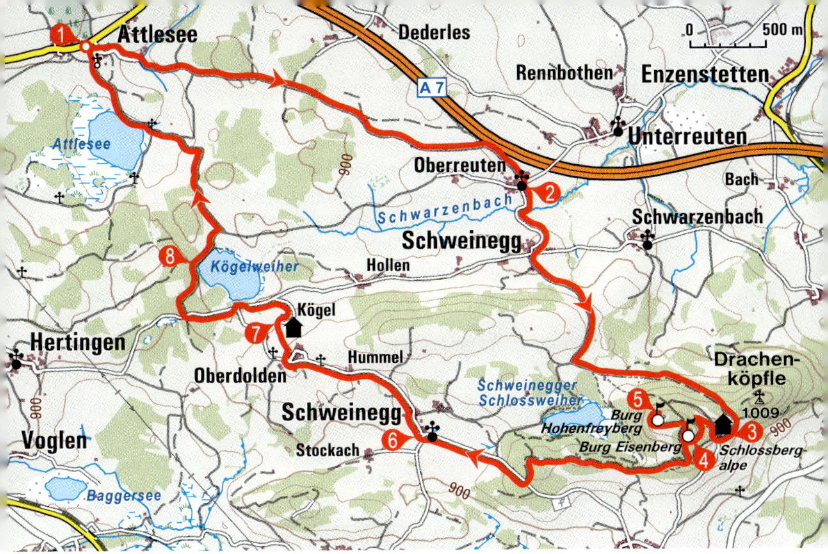

Senke das etwas höher gelegene **Seeger Schweinegg**. Inzwischen auf Südkurs nähern wir uns den Waldkuppen mit den Ruinen, traversieren den Nordhang leicht ansteigend und gelangen dann von Osten über die beliebte **Schlossbergalpe** ❸, ca. 980 m, hinauf. Zunächst besucht man **Burg Eisenberg** ❹, 1055 m, anschließend **Burg Hohenfreyberg** ❺, 1041 m, die beide zu ausgiebiger Erkundung einladen. Zwischendrin setzt der Abstiegsweg nach Süden und später im Bogen gen Westen an. Mit oder ohne Abstecher zum Schlossweiher kommen wir auf das nach **Zeller Schweinegg** ❻, ca. 900 m, führende Sträßchen. Danach rechts über die Anhöhe bei Oberdolden hinweg und dort auf den »Fußweg« zum nahen **Kögelhof** ❼, ca. 920 m, achten (Einkehr). Den knapp unterhalb gelegenen **Kögelweiher** ❽, 889 m, passieren wir von einem Sträßchen abzweigend linksseitig auf schönem Wanderweg und kommen mit einem Linksabzweig schließlich zum **Attlesee**, 874 m, voran (Bademöglichkeit). Zurück ins Dorf verbleiben dann nur noch 10 Minuten.

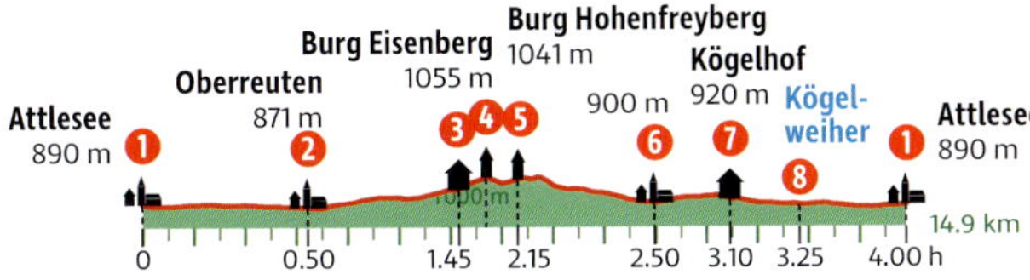

↗ 670 m | ↘ 670 m | 12.0 km

19 Reuterwanne, 1542 m

3.30 h

Wiesenkuppe in der ersten Reihe

Die Reuterwanne markiert den nordwestlichsten Punkt im Einzugsbereich dieses Wanderführers. Da es sich um einen Alpenrandberg in allererster Reihe handelt, ist die Aussicht entsprechend kontrastreich. Im Norden beeindruckt vor allem der stattliche Grüntensee vor der Weite des Alpenvorlandes, während man gen Süden tief ins kulissenartig gestaffelte Gebirge blickt. Im Rahmen einer Rundtour bestehen auch diverse Einkehrmöglichkeiten, wobei die Stubentalalpe knapp auf Tiroler Boden liegt, und zwar in der Exklave Jungholz.

Ausgangspunkt: Parkplatz, 911 m, knapp westlich der Feriensiedlung Reichenbach bei Nesselwang. Das von der Deutschen Alpenstraße abzweigende Bergsträßchen ist mautpflichtig ausgeschrieben – man parkt am besten dort und geht zu Fuß. Bushaltestelle bei Reichenbach (Verbindung vom Bahnhof Nesselwang).

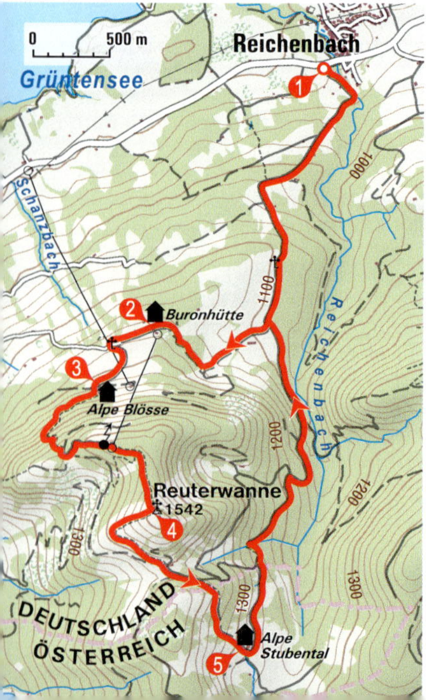

Anforderungen: T2. Im oberen Bereich Steige im Wiesengelände (bzw. teils Wald), sonst breite Wirtschaftswege, bis Haslachalpe asphaltiert. Keine besonderen Anforderungen, allenfalls bei Nässe rutschige Stellen. Halbtagestour.
Einkehr: Buronhütte, Tel. +49 8365 290, Alpe Blösse, Tel. +49 160 96255872 (Mo./Di. Ruhetag), Stubentalalpe, Tel. +49 151 26240692 (Mi./Do. Ruhetag).
Beste Jahreszeit: Vom Frühling bis zu ergiebigeren Schneefällen im Winter.
Variante: Abkürzung vor der Stubentalalpe möglich, als Erweiterung hingegen ein Abstecher zum Pfeifferberg, 1457 m.

Vom Parkplatz nahe **Reichenbach** ❶, 911 m, geht es auf dem Teersträßchen zunächst eine ganze

Die Stubentalalpe wird beim Rückweg mitgenommen.

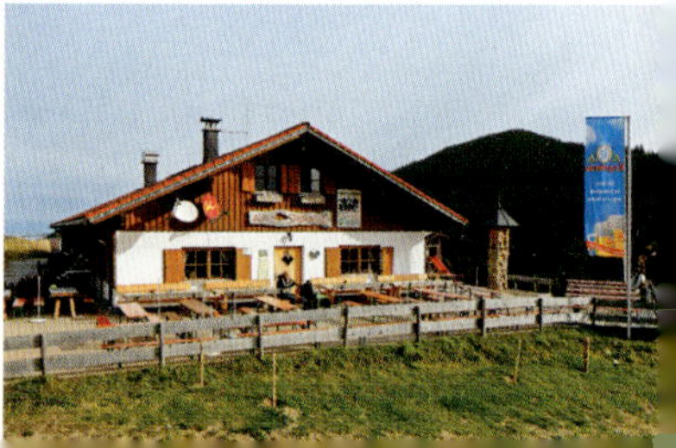

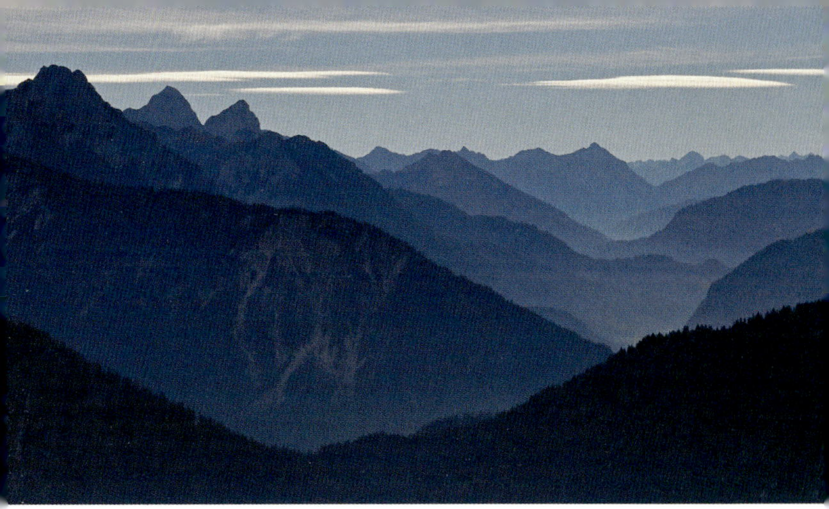

Wie Scherenschnitte präsentieren sich die Gipfelkulissen Tirols.

Weile bis zur Haslachalpe hinauf. Bei der Gabelung kurz davor halten wir uns rechts und erreichen über einen Wirtschaftsweg die **Buronhütte** ❷, ca. 1175 m. Die Route nach Hinterreute wird bergwärts verlassen, womit man in Kürze bei der ebenfalls bewirtschafteten **Alpe Blösse** ❸, ca. 1230 m, vorbeikommt. Hier beginnt nun ein Steig. Er leitet ein Stück weit in die bewaldete Nordwestflanke und steilt dann auf. Man gewinnt einen Absatz mit alter Skiliftstation, taucht nochmals kurz ins Gehölz ein und ersteigt schließlich von Norden her den Gipfel der **Reuterwanne** ❹, 1542 m.
Der Abstieg wird südwestseitig am freien Wiesenrücken eingeleitet. Mit einem scharfen Linksknick zur Oberen Reuterwanne Alpe, 1387 m, und bei der Wegkreuzung auf die Fortsetzung Richtung **Stubentalalpe** ❺, 1284 m, die leicht absteigend erreicht wird. Dort wenden wir uns nordwärts, begehen zunächst eine breite Trasse, dann einen Steig quer durch einen Grabeneinschnitt und anschließend wieder eine Forststraße. Ab Haslachalpe ist die Route identisch mit dem Hinweg.

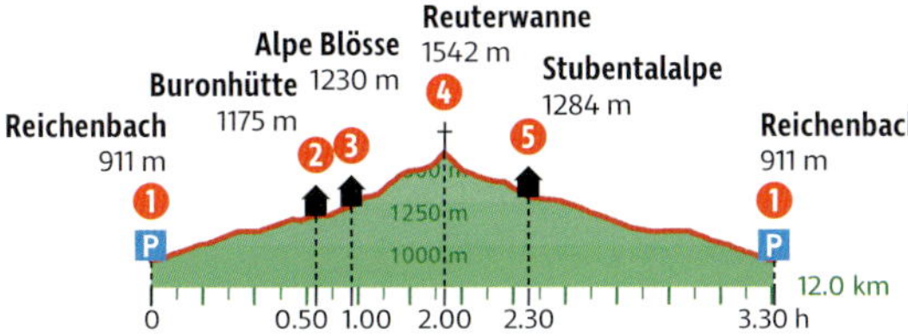

↗ 850 m | ↘ 850 m | 11.1 km

20 Alpspitz, 1575 m, und Edelsberg, 1630 m

4.15 h

Vorposten der Allgäuer Alpen

Die Hausberge des Marktes Nesselwang heißen Alpspitz und Edelsberg – ihr Umfeld ist touristisch gut erschlossen, vor allem natürlich mit der Alpspitz-Kombibahn. Wir wollen aber keine Spritztour daraus machen, sondern uns die nördlichsten Gipfel der Allgäuer Alpen redlich verdienen. So holen wir im Aufstieg über den seltener begangenen Westgrat aus und kommen im Bergab später bei der aussichtsreichen Kappeler Alp sowie der Bergkirche Maria Trost, einem stattlichen Barockbau, vorbei.

Ausgangspunkt: Talstation der Alpspitzbahn, ca. 900 m, bei Nesselwang. Große Parkplätze oberhalb des Ortsgebietes; Zufahrt über die Straße »An der Riese«. Nesselwang besitzt Bahnanschluss (von Kempten).
Anforderungen: Maximal T2+. Meist leichte Bergwanderwege, auf kürzeren Teilstücken auch mal Forststraßen. Etwas Trittsicherheit vor allem am Alpspitz vorteilhaft (kurzfristig Grenzfall zu »rot«, kann ausgelassen werden). Konditionell maßvolle Tagestour.
Einkehr: Sportheim Böck, ca. 1450 m, Tel. +49 8361 3111. Kappeler Alp, 1341 m, Tel. +49 8361 9251751 (Do. Ruhetag).
Beste Jahreszeit: Mai bis Spätherbst.
Varianten:
1. Auf- und/oder Abstieg mit der Alpspitzbahn (2 Sektionen individuell nutzbar). Damit sind die Gipfel prinzipiell rasch erreichbar.
2. Bei der Verzweigung »Alpenlichten« links haltend Richtung Mittelstation (Enzianstüble).
3. Abstieg ab Maria Trost über Ruine Nesselwang und Wasserfallweg (etwas komplizierterer Verlauf).

Reizvoll ist der Wegabschnitt hinab nach Maria Trost.

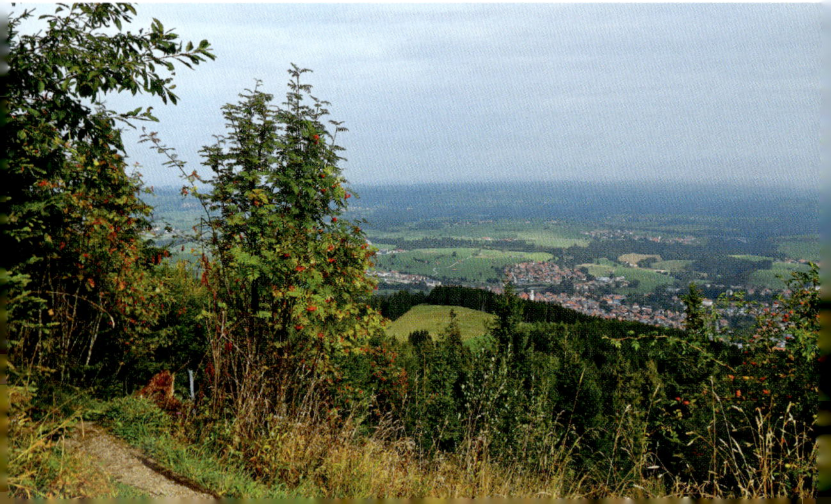

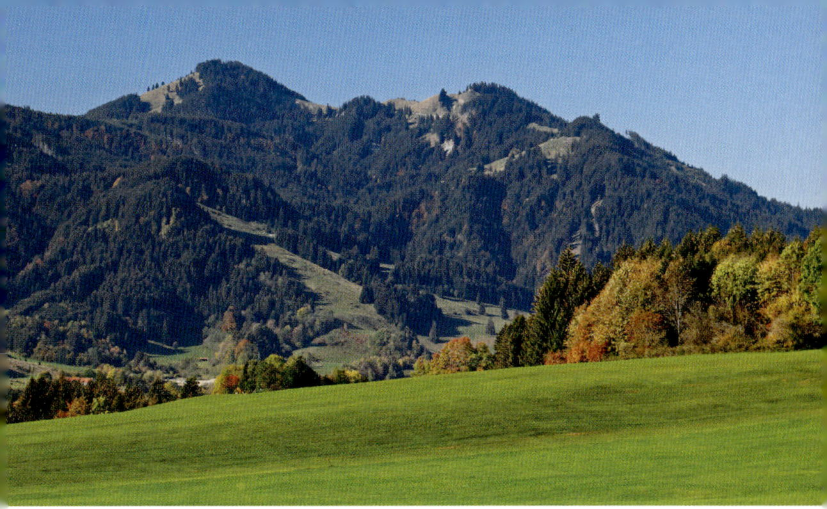

Edelsberg und Alpspitz stehen in erster Reihe am Ostallgäuer Alpenrand.

Von der Talstation in **Nesselwang** ❶ zunächst westwärts ausholend Richtung Bayerstetten. Man gelangt über einen Waldpfad auf eine große Wiesenfläche und lässt den Weiler damit unterhalb liegen. In einen Fahrweg einmündend orientieren wir uns bergwärts in den Wald. Bei **Alpenlichten** ❷, ca. 1130 m, gabelt sich die Route und bietet uns zwei Möglichkeiten Richtung Alpspitz an. Wir gehen rechts und erreichen im Schräganstieg durch teils lichten Wald die Stelle **»Auf dem Grat«** ❸, ca. 1330 m. Gemeint ist damit der Alpspitz-Westgrat, der nun den weiteren Aufstieg vermittelt – zwischendurch mit reizvollen Ausblicken und gegen Ende etwas steiler. Auf einem vorgelagerten Kopf wird eine Jagdhütte passiert, ehe die vergleichsweise anspruchsvollsten Stellen am felsdurchsetzten Gipfelaufbau warten. 5 Minuten später steht man schon auf dem **Alpspitz** ❹, 1575 m. Wir überschreiten kurz in Ostrichtung und drehen alsbald in

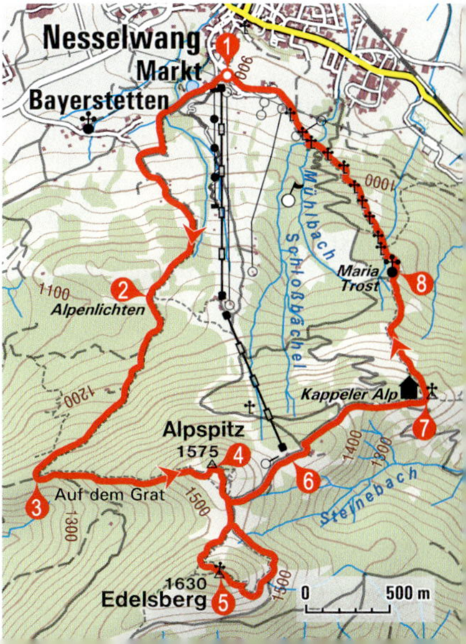

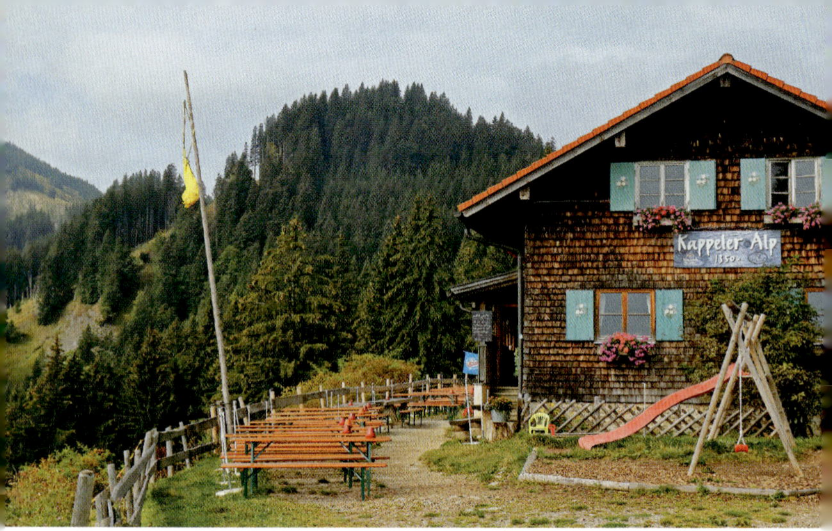

Beim Abstieg können wir in der Kappeler Alp einkehren.

die südlich gelegene Wiesensenke ab. Ein komfortabel angelegter Weg zieht anschließend mit einigen Schleifen bis auf den **Edelsberg** 5, 1630 m. Dort finden wir auch den 2014 wiedererrichteten Pavillon (Wetterschutz). Auf der Ostseite geht es über bald freie Wiesen zur privaten Fichtelhütte hinab. Mit einer Traverse der Edelsberg-Nordostflanke kommen wir wieder zum Sattel zwischen beiden Gipfeln und folgen jetzt der breiten Trasse abwärts zur Bergstation der **Alpspitzbahn** 6, 1455 m. Beim nahen **Sportheim Böck** achten wir auf die Beschilderung zur Kappeler Alp, folgen zunächst einer Forststraße und dann dem Rechtsabzweig zur herrlich aussichtsreichen **Kappeler Alp** 7, 1341 m. Nordwärts führt in meist bewaldeter Umgebung ein gut ausgebauter Weg (öfters Stufen) zur Wallfahrtskirche **Maria Trost** 8, 1122 m, und in der Fortsetzung am Kreuzweg (gemauerte Bildstöcke) weiter talwärts. Zuletzt am riesigen Explorer Hotel vorbei zurück zur Talstation 1.

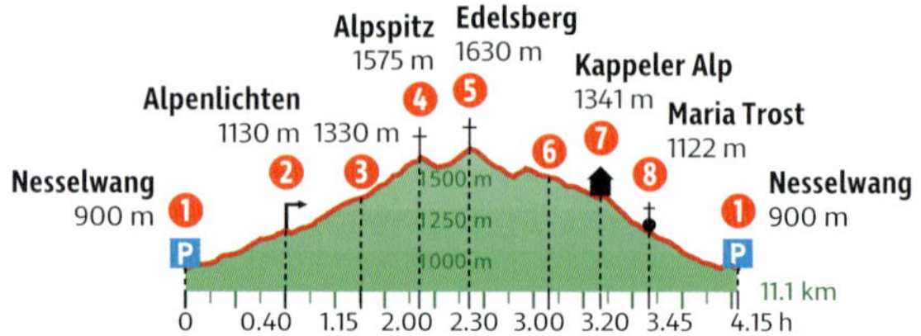

↗ 880 m | ↘ 880 m | 10.7 km

5.30 h

Über den Kienberg, 1536 m

21

Urtümliche Überschreitung am Pfrontner Hausberg

Der Kienberg erstreckt sich als meist bewaldeter, mit einigen Felsblößen gespickter und kaum erschlossener Bergrücken unmittelbar westlich von Pfronten. Der recht raue, urwüchsige Charakter ist wohl verantwortlich dafür, dass es hier keine offiziellen Routen gibt. Gleichwohl entdecken wir einen durchgängigen Pfad, der eigentlich kaum verfehlt werden kann und während der Überschreitung sogar einigen Genuss aufkommen lässt. Das anspruchsvollste Gelände liegt am mehrgipfligen östlichen Ausläufer, der auch den eigenständigen Namen Pfrontner Berg trägt. Insbesondere der erste Aufstieg ist recht knackig und verlangt einen absolut sicheren Tritt, weshalb die Ost-West-Richtung zu bevorzugen ist.

Ausgangspunkt: Pfronten, Parkplatz unterhalb des Milchhäusle, beim Landhotel Christina in der Kienbergstraße, ca. 875 m. Ab Bahnhof Pfronten-Ried ca. 1 km Anmarsch.

Anforderungen: T3–4. Kleine, häufig auch verwachsene Steige, weithin im Waldgelände, doch kaum Hindernisse durch Windbruch und auch passabel mit roten Punkten signalisiert (allerdings nicht beschildert und auch in Karten nicht verzeichnet). Der Aufstieg zum Pfrontner Berg ist sehr steil, die Schlüsselstelle gesichert, bei Nässe heikel. Im weiteren Verlauf nur noch kurze anspruchsvollere Stellen, meist normales Gehgelände. Trittsicherheit und Schwindelfreiheit wichtig, insgesamt an der Grenze zu »schwarz«! Normales Tagespensum.

Höhenunterschied: Etwa 880 Hm.

Einkehr: Bergcafé Milchhäusle in Pfronten, Tel. +49 8363 6782, Gasthof Fallmühle, Tel. +49 8363 481.

Beste Jahreszeit: Mai bis November.

Variante: Ab Himmelreich über den Kesseweg entlang der Nordseite des Bergzuges insgesamt leicht fallend zum Milchhäusle – eine gleichwertige Alternative für den Rückweg.

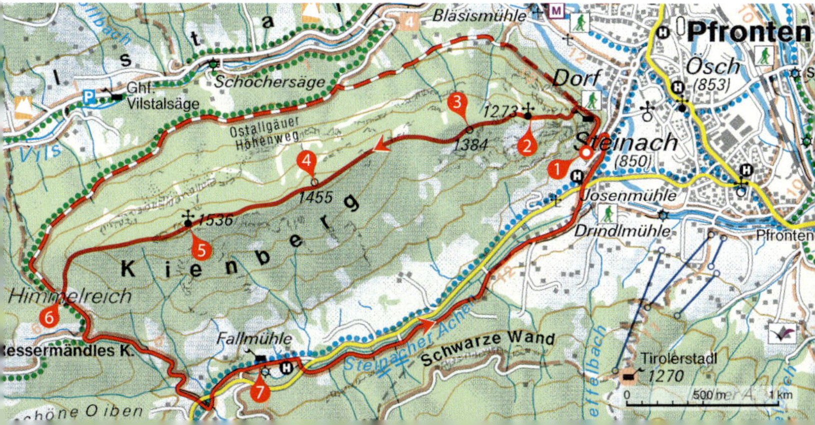

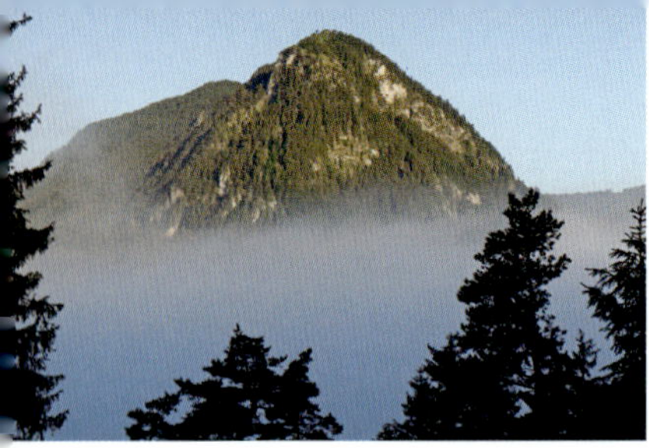

Aus morgendlichen Nebelschwaden ragt der Kienberg in die Sonne.

Vom kleinen Parkplatz beim Landhotel Christina in **Pfronten** ❶ geht es in 10 Minuten zum **Milchhäusle**, 925 m, hinauf. Direkt bei der Einfahrt zum Gasthaus spüren wir den unbeschilderten Waldpfad am Steilhang auf. Er schraubt sich beeindruckend zünftig in die Höhe – ohne die Bäume wäre das Gefühl der Ausgesetztheit wohl beträchtlich. Ab und zu können einige Wurzeln als Griffe dienen. Weiter oben kommen wir von links her zu einer Stufe, die etwas Kraxelei (I) erfordert. Auch die folgende Linkstraverse auf schmaler Spur gebietet Vorsicht. Sie führt unter einer kleinen Felsbarriere entlang und am Ende scharf rechts zu einer sehr steilen Schrofenrampe. Diese Schlüsselpassage ist exponiert und mit solidem Stahlseil gesichert. Oberhalb erreichen wir den **Rast- und Aussichtspunkt am Pfrontner Berg** ❷, 1273 m, mit Kreuz und schöner Rückschau ins Pfrontner Talbecken. Der grasige Ostgipfel, 1297 m, wird gleich im Anschluss überschritten. Dahinter gewahrt man eine nach links hinabziehende, von einigen Kiefern bestandene Grasrinne mit Zickzackspur, die einen vorzeitigen Abstieg ermöglicht. Wir setzen die Tour indes zum nahen Mittelgipfel fort. Jenseits am schmalen Grat mit einer abdrängenden Stelle ziemlich steil bergab in den nächsten Sattel und mit dem anschließenden Gegenanstieg auf Grastritten zum Hauptgipfel des **Pfrontner Berges** ❸, 1384 m, den ein schlichtes Kreuz ziert.

Der Weiterweg in die weitläufige Kammsenke namens Krenge fällt nun deutlich gemäßigter aus. Erst geht es durch Wald, dann zwischen umgestürzten Bäumen hindurch. An der Krenge setzt die lang gestreckte Gegensteigung entlang dem mehr oder minder dicht bewaldeten Kamm Richtung Schnalskopf an. Wir achten auf die hilfreiche rote Signalisierung, die sich um allfällige Hindernisse schlängelt. Einigen Felsen wird in der Regel links ausgewichen, so auch am **Schnalskopf** ❹, 1455 m, der kurz ausgesetzt erklettert werden kann. Dahinter wenig abwärts, an einem markanten »Gendarm« mittels Durchschlupf links vorbei, über ein kleines schrofiges

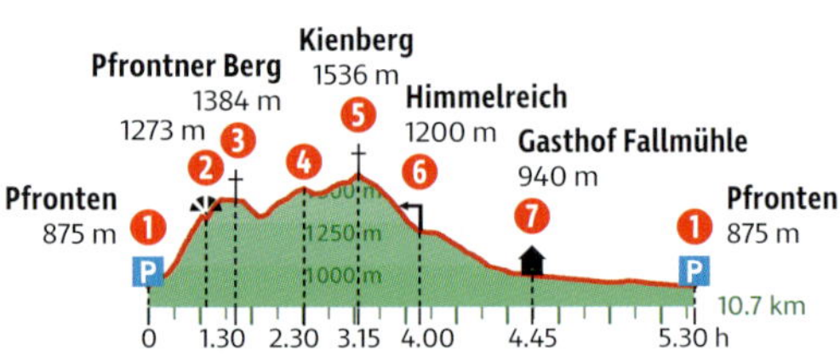

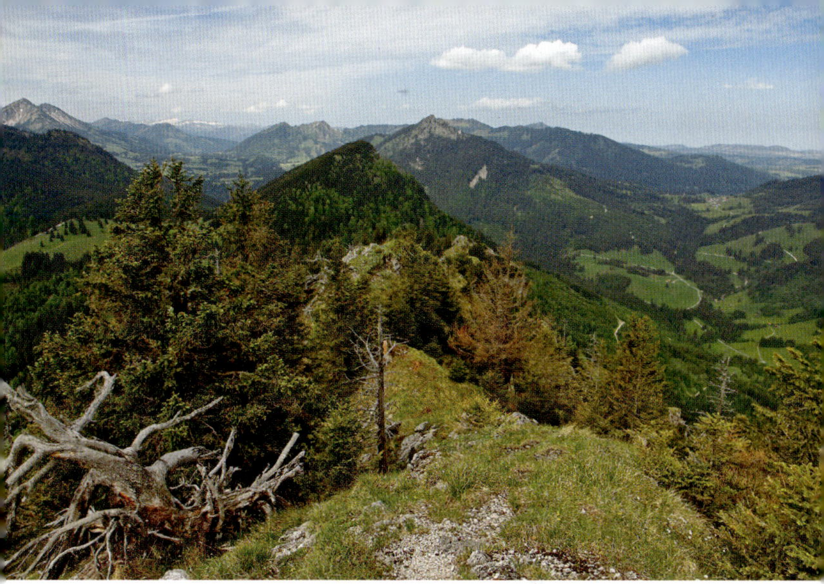

Phasenweise wird es am urwüchsigen Kienberggrat durchaus luftig.

Gratstück und dann ein letztes Mal deutlich aufwärts zum Kienbergkreuz. Wenige Schritte weiter befindet sich der höchste Punkt am **Kienberg** 5, 1536 m. Man sollte sich erst hier niederlassen und nicht beim Kreuz, wo die Aussicht eingeschränkter ist.

Der obere Teil des Westgrates gehört nun zu den reizvollsten Abschnitten. Dabei wird man von den roten Punkten bald an einem luftigen Gratstück links vorbeigeleitet – wer trittsicher und absolut schwindelfrei ist, kann auch eleganter auf der Schneide bleiben (I). Auch im weiteren Verlauf einigen Hindernissen teils links ausweichend, teils die Kammlinie tangierend. Der Baumbewuchs wird dichter, während unser Pfad eine steilere Partie mit einigen Kehren überwindet, danach nicht zu hinderlich durch etwas verwachsenes Gelände mit umgestürzten Bäumen laviert und schließlich flacher zur Forststraße am **Himmelreich** 6, ca. 1200 m, ausläuft.

An diesem Punkt stehen zwei mögliche Rückwege zur Auswahl, entweder mit dem Kesseweg (Forststraße) nördlich um den Kienberg herum oder wie folgt: Man wandert südwärts über die Lichtung und hält sich bei der nächsten Gabelung links ins Achental. Unten über die Brücke und hinter der Straßenunterführung entlang der Ache zum **Gasthof Fallmühle** 7, wo sich einkehren lässt. Man kreuzt den Fluss nochmals auf die rechte Seite und begleitet ihn weiter hinaus Richtung Pfronten. Bei Drindlmühle zur Straße hin, links in die Kienbergstraße und zum Parkplatz Milchhäusle 1.

↗ 820 m | ↘ 820 m | 13.3 km

22 Schönkahler, 1688 m

4.30 h

Mit Abstecher zur Bärenmoosalpe

Der Schönkahler steht etwas im Schatten des profilierteren Einstein, gehört aber ebenso zu den reizvollen Aussichtswarten zwischen der Pfrontner und der Tannheimer Gegend. Als sanfter, typisch voralpiner Almberg legt er uns keinerlei Hürden in den Weg, obwohl es speziell auf der Nordseite auch unzugängliches Gelände gibt. Zumal die Pfrontner Alpe keine Einkehrmöglichkeit bietet, kann die Tour mit der Schleife über die bewirtschaftete Bärenmoosalpe noch lohnend erweitert werden. Sie liegt auf einer großen Lichtung am Westerkienberg.

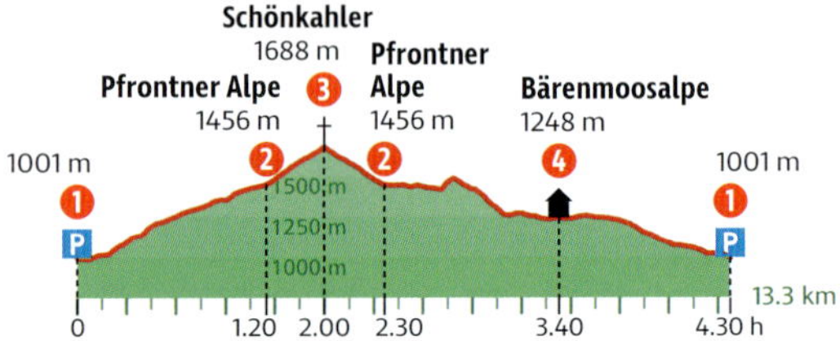

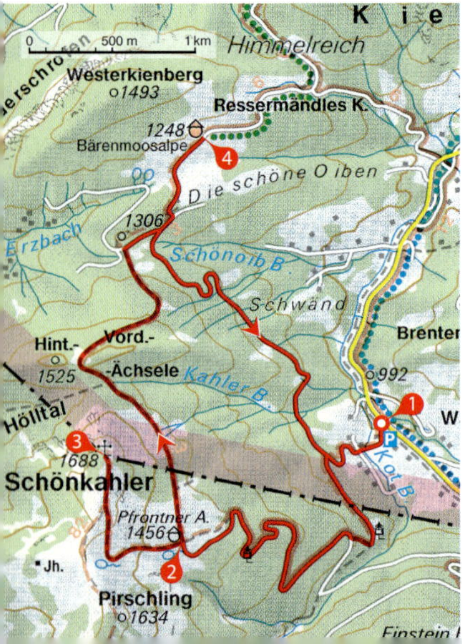

Ausgangspunkt: Parkplatz Schönkahler, 1001 m, im Achental zwischen Pfronten und Grän.
Anforderungen: T2. Forststraßen und leichte Wiesensteige zum Schönkahler. Übers Ächsele teils kleinere Bergpfade (etwas Trittsicherheit schadet nicht), später wieder Forststraßen. Moderates Tagespensum.
Einkehr: Bärenmoosalpe, 1248 m (im Juni/Juli Mo. Ruhetag).
Beste Jahreszeit: Frühjahr bis Spätherbst, zum Schönkahler bei wenig Schnee eventuell auch im Winter.
Variante: Südseitiger Zustieg zum Schönkahler von Zöblen im Tannheimer Tal über die Almflächen am »Alten Hof« und den vorgelagerten Pirschling.

Am Parkplatz 1 beginnen wir auf einer Forststraße im Wiesenbereich. Schon nach 10 Minuten bei der Gabelung links und auf einem Wald-

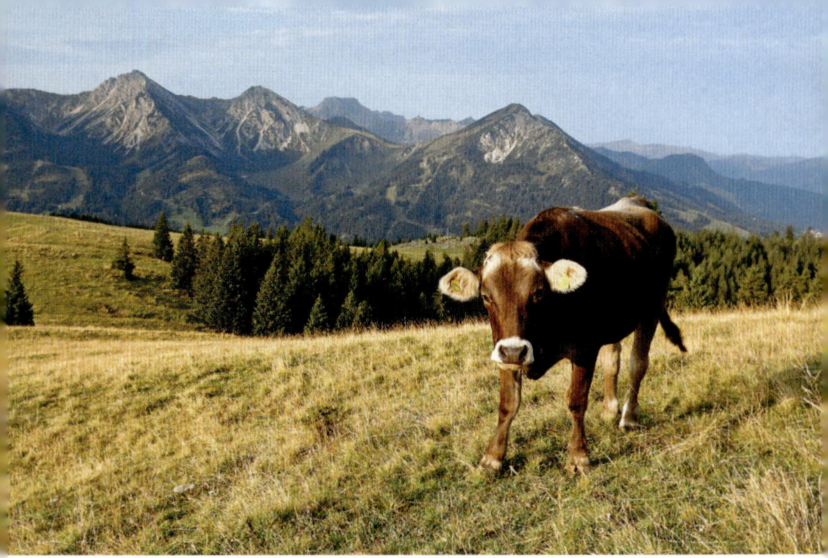

Am Gipfelrücken des Schönkahler findet das Vieh gute Weidebedingungen.

weg hinauf zu jenem Wirtschaftsweg, der mit einer Serie weit ausholender Schleifen das Gebiet der **Pfrontner Alpe** ❷, 1456 m, mitunter auch Schönkahleralpe genannt, erschließt. Direkt bei der Hütte nehmen wir einen Wiesensteig auf und gelangen damit auf den breiten Geländerücken zwischen Pirschling und **Schönkahler**. Rechts haltend verläuft auch das letzte Stück zum Gipfel ❸, 1688 m, ganz sanft und harmlos.

Zurück bei der **Pfrontner Alpe** ❷ wenden wir uns nordwärts auf einen hangparallelen Pfad, der sich bald besser ausprägt. Hinter der Kahlerbachrinne wird er dann aber schmal und zieht etwas verwachsen zur Kammhöhe zwischen Vorderem und Hinterem Ächsele empor. Jenseits schräg rechts bergab, allmählich in dichteren Wald und zur Forststraße am Urfallköpfle. Die Waldkuppe wird ostwärts tangiert, womit man auf die Zufahrt zur Bärenmoosalpe stößt. Über eine kleine Anhöhe in das offene Weidegebiet und zur Jausenstation der **Bärenmoosalpe** ❹, 1248 m, wo man gern noch verweilen wird. Der Rückweg erfolgt zur Gänze auf dem breiten Ächsele-Forstweg, in recht gleichmäßigem Gefälle gegen das Achental hinab und zurück zum Parkplatz ❶.

Prächtiger Schwalbenwurz-Enzian.

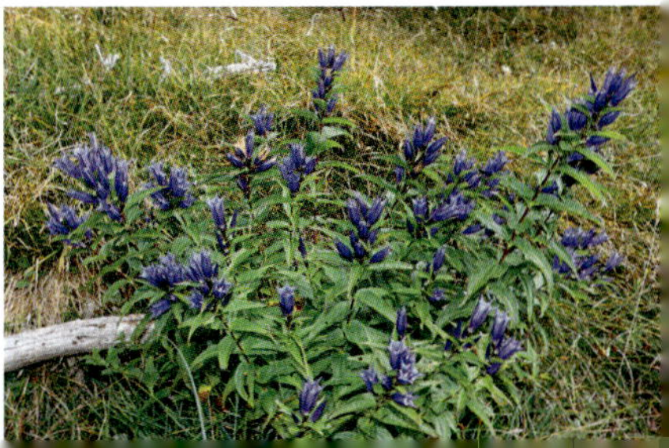

↗ 850 m | ↘ 850 m | 7.3 km

4.15 h

23 Einstein, 1866 m

Tannheimer Wächter in markanter Einzelposition

Aufgrund seiner isolierten Lage ist der Einstein – trotz vergleichsweise bescheidener Höhe – ein sehr auffälliger Gipfel über dem Tannheimer Tal und wird daher auch häufig besucht. Im großen Halbrund spannt sich ja das gesamte Panorama dieser Talschaft vorzüglich auf. Einen Zugang gibt es indes auch von der Nordseite, zudem nicht ohne Vorteile: Die Route ist ruhiger, im Sommer meist auch nicht so aufgeheizt und der Überraschungseffekt, wenn man zum Gipfelgrat kommt, wirkt stärker. Leider ist eine Überschreitung logistisch etwas umständlich.

Ausgangspunkt: Parkplatz Achental, ca. 1020 m, an der Straße zwischen Pfronten und Grän (im Sommer auch Haltestelle des Wanderbusses).
Anforderungen: T3. Über weite Strecken eher leichte (»blaue«) Bergwanderung auf Wald- und Wiesenwegen, im Gipfelbereich allerdings steileres Schrofengelände, das Trittsicherheit erfordert. Konditionell gemäßigte Tagestour.

Einkehr: Keine.
Beste Jahreszeit: Mai oder Juni bis zu den Schneefällen im Spätherbst.
Variante: Der südseitige Normalweg beginnt beim Tannheimer Ortsteil Berg. Zunächst mäßig steil durch Waldschneisen bergauf, später mit vielen Kehren durch aufsteilendes Gelände gegen den Gipfelgrat hinan und zuletzt gemeinsam mit der Nordroute zum Kreuz. Aufstieg gut 2 Std.

Der Wegweiser beim Parkplatz **Achental** ❶ lotst uns über eine Wiese in den nahen lichten Wald, wo es auf erdigem Steig bergauf geht. Nach einer halben Stunde erreichen wir auf knapp 1200 Metern eine Forststraße, folgen dieser ein Stück weit nach rechts und beachten dann stets die Hinweise zum Einstein (an sämtlichen Verzweigungen beschildert). Auf einer Lichtung empfängt uns die **Einsteinhütte** ❷, ca. 1330 m. Über Wiesen weiter in den Geländeeinschnitt, später rechts haltend und an der Ostflanke unseres Berges in Kehren bzw. später schräg bergauf. Man gelangt zu

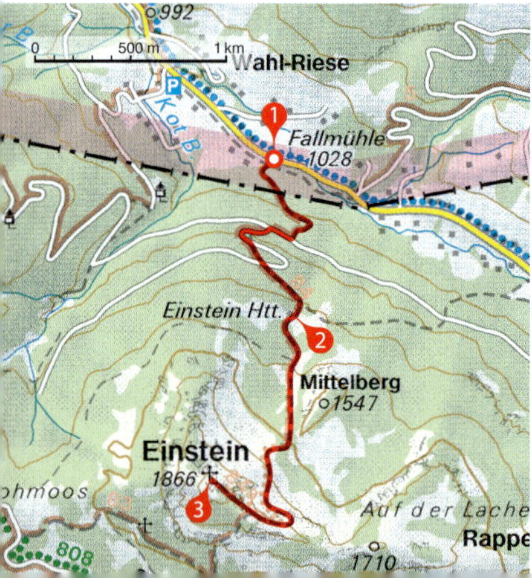

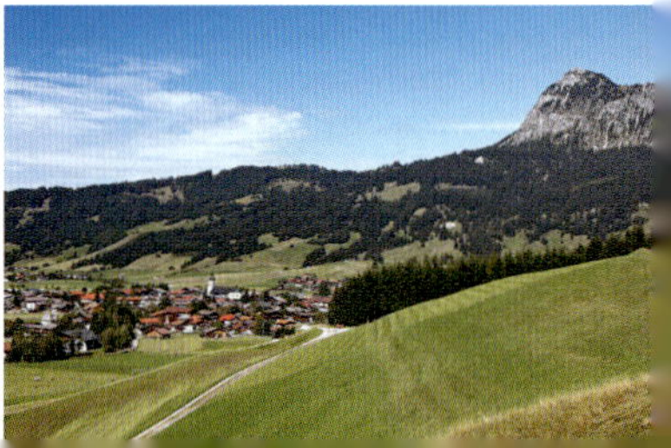

Der Einstein ist einer der Hausberge Tannheims.

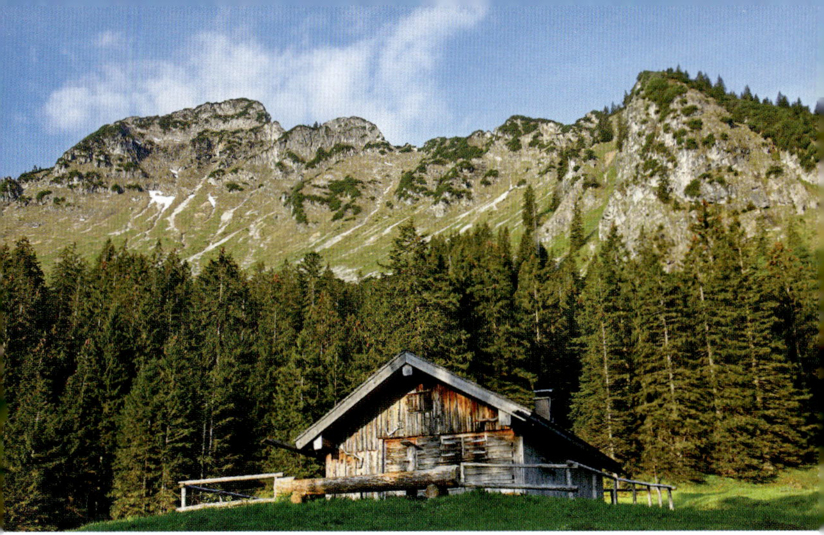

Nach einer Stunde erreichen wir die Einsteinhütte.

schrofigen Passagen, die mit Fixseilen entschärft kurzfristig anspruchsvoller zum Südostgrat, ca. 1730 m, emporleiten. Dieser bildet nun die Leitlinie. Wo ein wenig nach links ausgewichen wird, kommt der stärker ausgetretene Normalweg von Tannheim dazu. Über Wurzeln und Schrofen erklimmt man recht steil den höchsten Punkt am **Einstein** 3, 1866 m, muss dabei aber kaum nochmals die Hände zur Hilfe nehmen. Der Abstieg verläuft gleich.

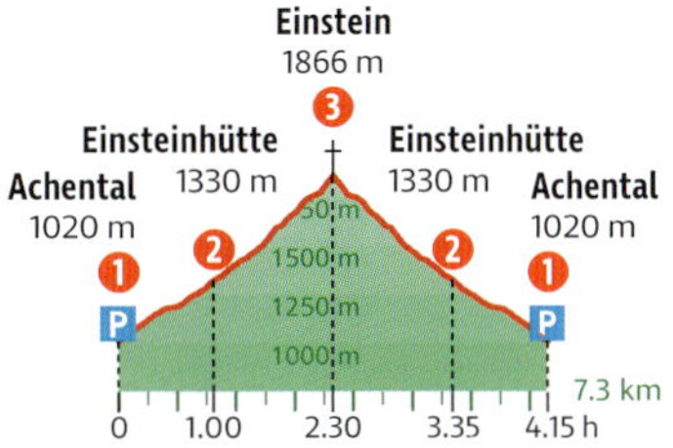

Logenplatz: Blick über das Tannheimer Tal in die Vilsalpseeberge.

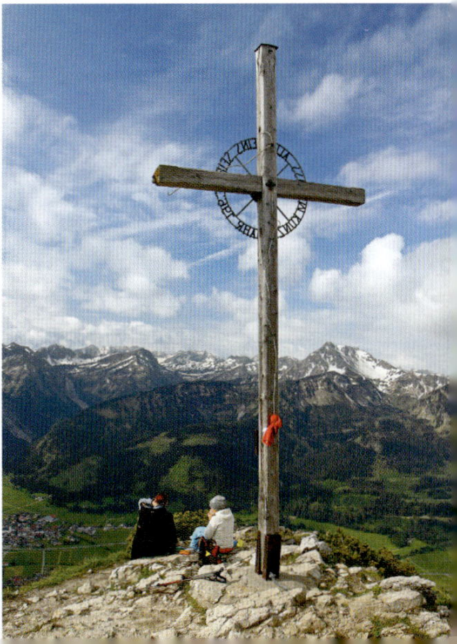

TOP

24 Burg Falkenstein und Zirmgrat, 1292 m

↗ 780 m | ↘ 830 m | 16.1 km

5.20 h

Über den Grenzkamm von Pfronten nach Füssen

Zu den reizvollsten Touren am unmittelbaren Alpenrand gehört die Überschreitung des schmalen Salober- bzw. Falkensteinkamms. Sie beginnt in Pfronten mit dem Aufstieg zur Burgruine Falkenstein, wird im Bereich des Zirmgrates richtig schön urwüchsig, nimmt im Verlauf zur Saloberalpe noch zwei feine Aussichtspunkte mit und klingt via Alat-, Ober- und Mittersee schließlich gemütlich Richtung Füssen aus. Die mittelalterliche Burg Falkenstein wollte König Ludwig II. zu einem Märchenschloss nach Art von Neuschwanstein ausbauen, möglichst noch pompöser. Doch blieb es in diesem Fall beim Traum – das Geld fehlte. Ein erfüllter Traum für jeden Landschaftsgenießer ist indes der Blick auf die Nordfront der Tannheimer Berge ...

Ausgangspunkt: Pfronten, 853 m, entweder beim Bahnhof Pfronten-Ried oder alternativ beim Parkplatz Alpbad in der Falkensteinstraße.
Endpunkt: Bahnhof Füssen, 808 m. Per Bus zurück nach Pfronten (i.d.R. stündlich).
Anforderungen: T2–3, ab Saloberalpe T1. Bis zur Saloberalpe überwiegend Waldpfade, die phasenweise auch mal steil ausfallen. Elementare Trittsicherheit vorteilhaft. Das Schlussdrittel verläuft auf leichten Wanderwegen. Tagfüllende Tour.
Einkehr: Hotel Schlossangeralpe, Burghotel Falkenstein, Saloberalpe, Gasthaus Alatsee, Waldwirtschaft Mittersee sowie weitere in Füssen.
Beste Jahreszeit: April bis Spätherbst, solange schneefrei.
Varianten:
1. Etwas kürzerer Anstieg zum Falkenstein ab Ortsteil Meilingen.
2. Ab Alatsee über den Kobelweg nach Füssen (dauert länger).

Vom **Bahnhof Pfronten-Ried** ❶ marschieren wir Richtung Falkensteinstraße und folgen beim **Alpbad** ❷, 885 m, den rot-weißen Hinweisen auf einen Querweg. Im Ortsteil Meilingen gibt es einen gelben Wegweiser, der die Variante ausweist. Wir setzen hingegen die Querung nach rechts fort (kleine Gräben), bis wir auf den Weg am **Manzengrat** ❸, ca. 950 m, stoßen. Nun in Kehren kräftig bergauf, ab und zu mit netten Ausblicken aus dem Wald heraus garniert (Rastbänke). Ein leichter Zwischenabstieg führt in die Mulde beim noblen **Hotel Schlossangeralpe** ❹, ca. 1100 m.

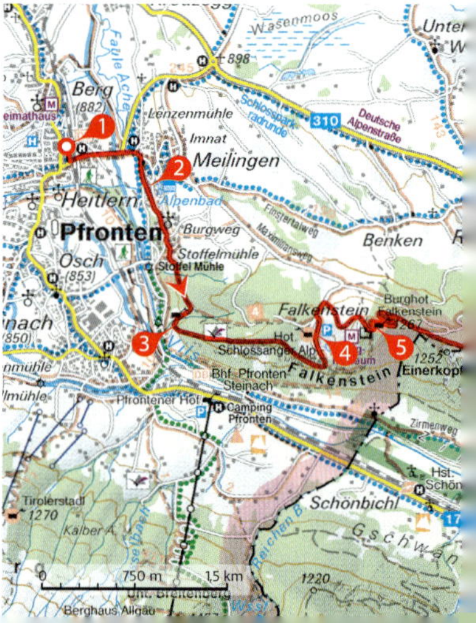

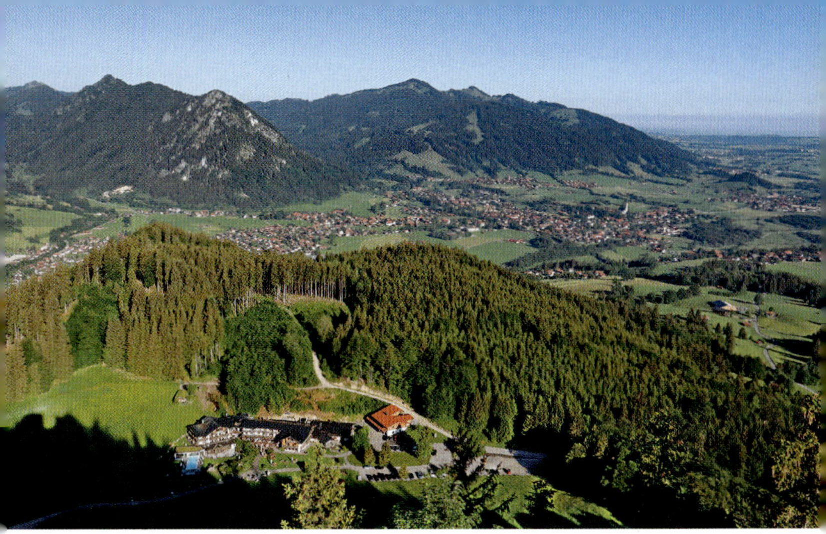

Über die Schlossangeralpe schweifen die Blicke auf die Umgebung von Pfronten.

Bei den Parkplätzen nehmen wir den Zickzackweg auf, der sich recht steil zum Burghotel und zur **Ruine Falkenstein** ❺, 1267 m, hinaufwindet. Für den folgenden Abstieg nutzt man soweit möglich den Steig neben der Zufahrtsstraße und gelangt in einen Waldsattel. Die Gegensteigung weicht der Kammlinie anfangs linksseitig aus, bevor es oben licht bewal-

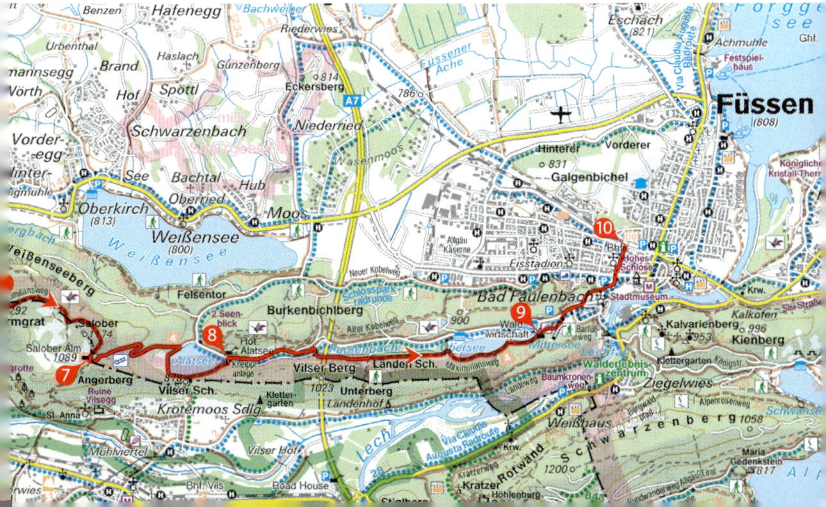

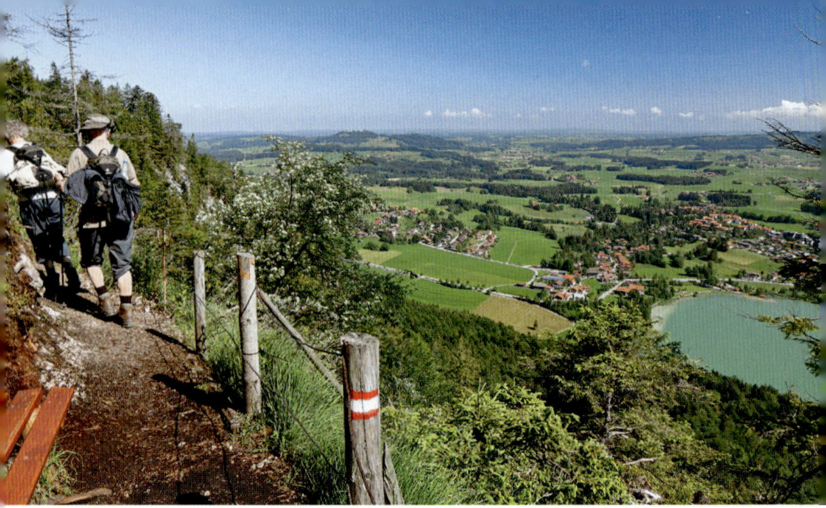

Am Panoramapunkt hoch über dem Weißensee.

det dem Kulminationspunkt am **Zirmgrat** 6, 1292 m, entgegengeht. Die schönste Aussicht erhascht man bereits knapp davor. Im Zuge der Überschreitung kommen wir zu einer Gabelung mit zwei Varianten zur Saloberalpe. Wir sollten links gehen, denn nur hier passieren wir während zweier kleiner Gegenanstiege sowohl den »Weißensee-Panoramablick« als auch den »Vier-Seen-Blick«. Danach senkt sich unser Weg ins Weidegebiet der **Saloberalpe** 7, 1089 m, ab (Jausenstation).
Auf bayerischer Seite bringt uns eine Forststraße bergab zum **Alatsee**. Man kann gleich vorn entlangwandern, reizvoller gestaltet sich allerdings die 10 Minuten längere Umrundung des Südufers. Beim **Gasthaus Alatsee** 8, 868 m, wählen wir dann den Fußweg Richtung Obersee/Bad Faulenbach mit insgesamt nur leichtem Gefälle durch die Eintalung. Wir passieren den **Obersee** rechts, ebenso den **Mittersee**, und finden an seinem Ende erneut eine Einkehrmöglichkeit 9. Kurz darauf treffen wir in Bad Faulenbach ein und beenden die Tour entweder durch die Altstadt oder kürzer zuvor links haltend durch die Morisse und die Ottostraße zum **Bahnhof Füssen** 10.

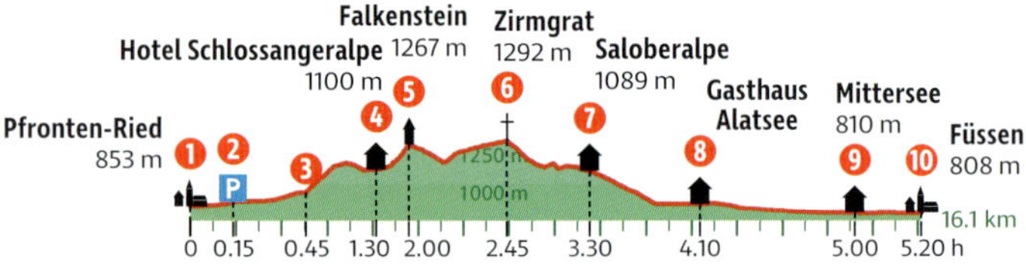

↗ 30 m | ↘ 30 m | 6.1 km

1.45 h

Rund um den Weißensee 25

Eine Perle des Ostallgäus

Unter den wirklich zahlreichen Seen im Ostallgäu gilt der Weißensee als einer der schönsten. Sein rustikales Südufer klebt regelrecht am Steilhang und ist mitunter sogar felsgespickt, während auf der anderen Seite unberührte Schilfzonen mit einzelnen Spots für Badebetrieb und Wassersport abwechseln. Für kurzweilige Gegensätze ist auf der gut sechs Kilometer messenden Runde also gesorgt. Nur die große Einsamkeit darf man nicht erwarten; speziell am Nordufer sind auch die Radler zahlreich unterwegs.

Ausgangspunkt: See, ca. 790 m, Parkplatz und Haltestelle der Buslinie Füssen – Pfronten beim Strandbad. Alternativ kann man auch im Ort Weißensee starten oder beim Parkplatz am Ostufer (Saloberstraße).
Anforderungen: T1. Nahezu ebene Seerunde, teils auf Radweg (Nordufer), teils auf wurzligem Naturweg (Südufer). Bequeme Genusswanderung für höchstens einen halben Tag.
Einkehr: In Oberkirch und Weißensee.
Beste Jahreszeit: Ganzjährig.

Beim Strandbad in **See** ❶ steigen wir in die Seerunde ein und nehmen den Weg am Westufer bei Oberkirch auf. Man nähert sich dem Steilabfall des

Auch Wassersportler kommen auf ihre Kosten.

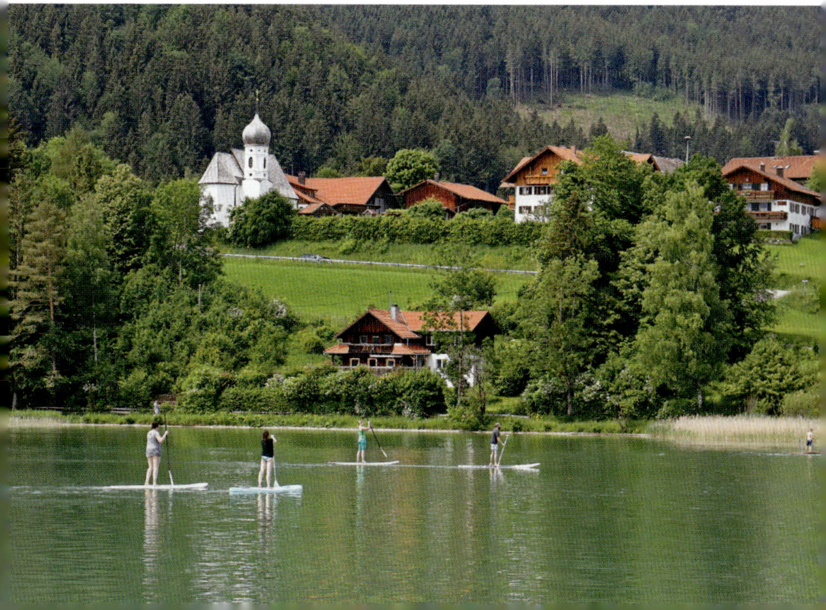

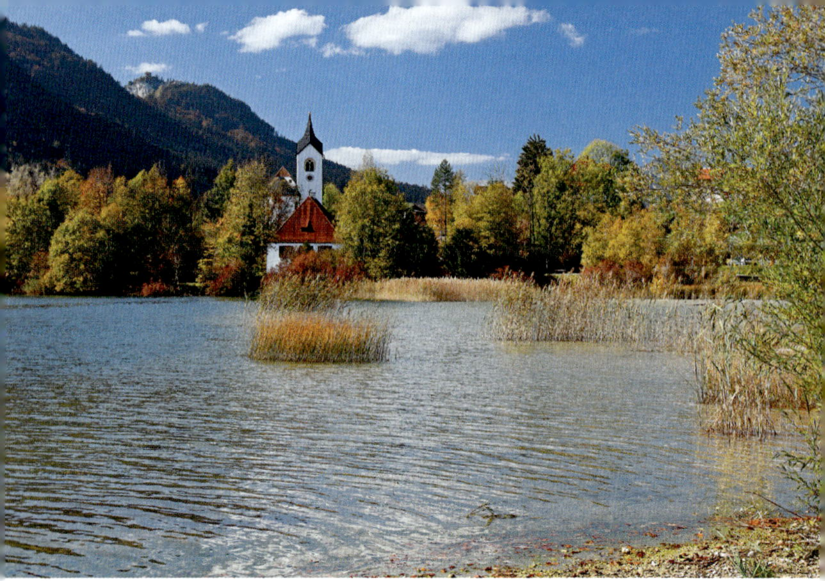

Pittoresk wirkt die Kirche des Ortes Weißensee über dem Seeufer.

Weißenseeberges, der unserer Trasse phasenweise nur ganz wenig Platz lässt. Eine ehedem ungangbare Passage an Felsen entlang ist in den 1950er-Jahren sogar extra aufwendig ausgebaut worden. Nachdem es am Südufer ein Weilchen über Stock und Stein dahingeht, schlüpfen wir gebückt durch ein kleines **Felsentor** ❷. Bald darauf wird der Untergrund komfortabel. An einem Unterstand vorbei zum Parkplatz am **Ostufer** ❸, ein Stück weit entlang der Zufahrt und noch vor der Hauptstraße auf den Radweg, der nun das gesamte Nordufer begleitet. Eine kleine Bucht ausgehend kommen wir zum Ort **Weißensee** ❹, 800 m, mit sehenswerter Kirche und vollenden die Runde mit vielen pittoresken Blicken zurück zum Ausgangspunkt ❶.

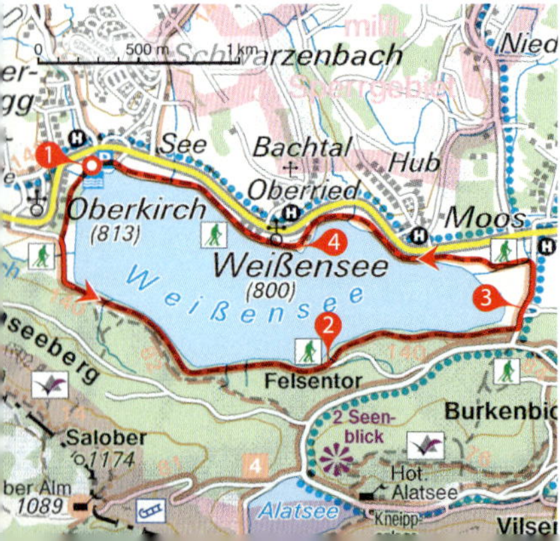

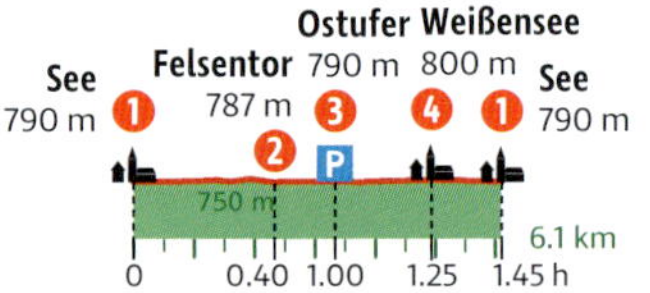

↗ 750 m | ↘ 750 m | 8.1 km

4.10 h

Aggenstein, 1987 m, und Breitenberg, 1838 m

26

Der Eckzahn und sein Vorposten im Norden der Tannheimer Berge

Dieser Tourenvorschlag beinhaltet zwei Gipfelziele für unterschiedliche Ansprüche, sodass man sie eigentlich eher getrennt behandeln müsste. Mit Seilbahnhilfe ist der Anstieg zur Ostlerhütte am Breitenberg, dem nördlichsten Vorposten der Tannheimer Gruppe, freilich kaum mehr als ein Katzensprung und wird auch von wenig wanderaffinen Ausflüglern gern unternommen. Der kantige, unverwechselbare Aggenstein ist hingegen von anderem Kaliber – darüber wird schon im Angesicht des steilen Felsrecken kein Zweifel aufkommen. Die klassische Überschreitung führt nordseitig am sogenannten »Langen Strich« empor und jenseits über die herrlich gelegene Bad Kissinger Hütte und den gar nicht so garstigen »Bösen Tritt« im Bogen zurück zur Breitenbergbahn. Schlüsselpassage sind die gesicherten Felsen am Gipfelaufbau. Wer den Aggenstein zuerst packen möchte und den Breitenberg als optionale Zugabe ansieht, wird eher die umgekehrte Richtung erwägen.

Ausgangspunkt: Bergstation der Breitenbergbahn, 1500 m, von Pfronten-Steinach. Betriebszeiten in der Sommersaison zwischen Anfang Mai und Anfang November täglich von 9 bis 17 Uhr. Die Talstation mit kostenfreien Parkplät-

Form und Lage stempeln den Aggenstein zu einem Paradegipfel der Region.

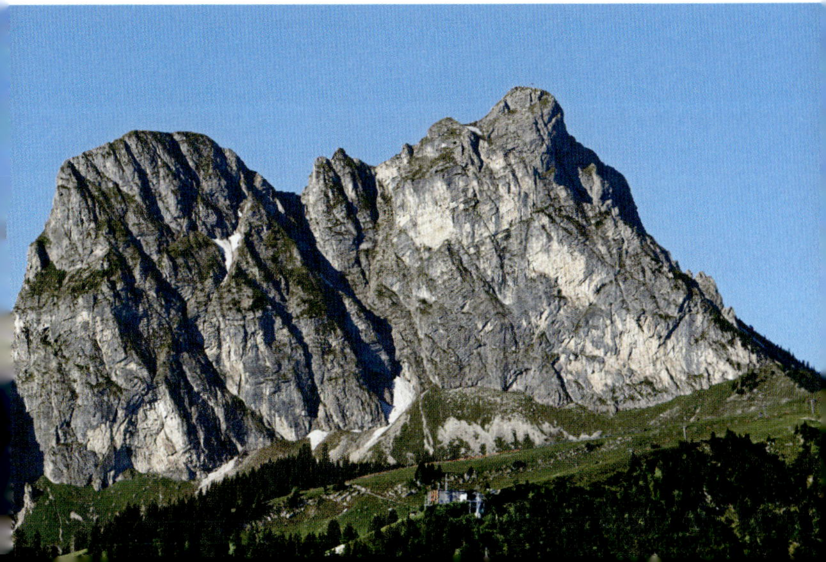

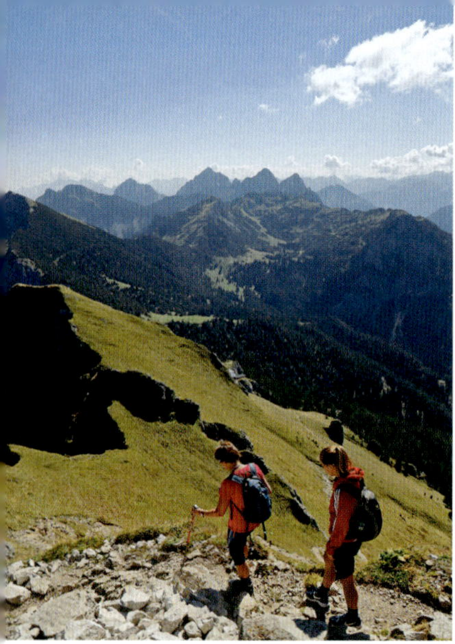

Für trittsichere Wanderer ist die Aggenstein-Überschreitung eine Idealtour.

zen befindet sich unweit des Bahnhofs Pfronten-Steinach.

Anforderungen: Bis T3+ am Aggenstein, nur T1 am Breitenberg. Auf der Aggenstein-Tour zumeist Schrofensteige, zuoberst Felspassagen mit Sicherungen; Trittsicherheit und Schwindelfreiheit unbedingt nötig. Zur Ostlerhütte am Breitenberg ganz leichter Schotterweg. Zusammen ein moderates Tagesprogramm.

Einkehr/Unterkunft: Ostlerhütte, 1838 m. Bad Kissinger Hütte, 1792 m, Tel. +43 676 3731166. Berghaus Allgäu, 1500 m, Tel. +49 8363 486 (derzeit im Umbau). Hochalphütte, 1509 m, Tel. +49 151 68147208.

Beste Jahreszeit: Juni bis Oktober (am »Langen Strich« sollte kein Schnee liegen).

Variante: Zum Breitenberg führen auch Routen von Pfronten durch den Nordhang (via Tiroler Stadl) sowie aus dem Achental (Gasthof Fallmühle) über den langen Westgrat.

Nach der Bergfahrt mit der **Breitenbergbahn** ❶, 1500 m, kann je nach Belieben auch der Sessellift der **Hochalpbahn** noch genutzt werden, oder man wählt den Wanderweg zur höchsten Bergstation ❷, 1668 m, die sich am begrünten Kammrücken befindet. Ein geschotterter Fahrweg führt in Serpentinen weiter bergauf und erreicht binnen einer halben Stunde die **Ostlerhütte** ❸, 1838 m, am Breitenberg.

Zum Aggenstein tangieren wir von der Hochalpbahn eine seichte Kuppe, verlieren ein paar Meter und steigen dann gegen den »Langen Strich« auf. So wird die schrofige Rampe rechts von der ausgeprägten Gratkante ge-

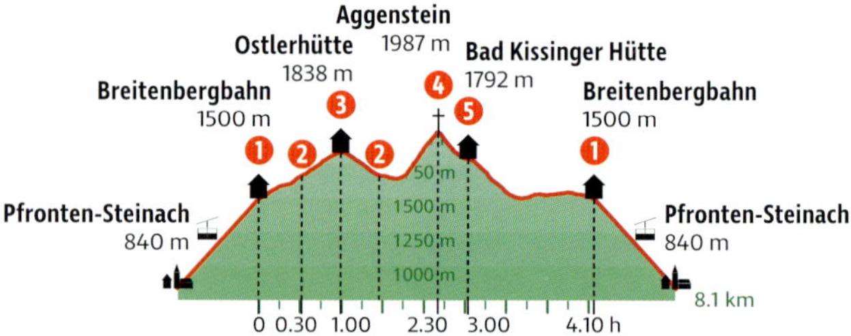

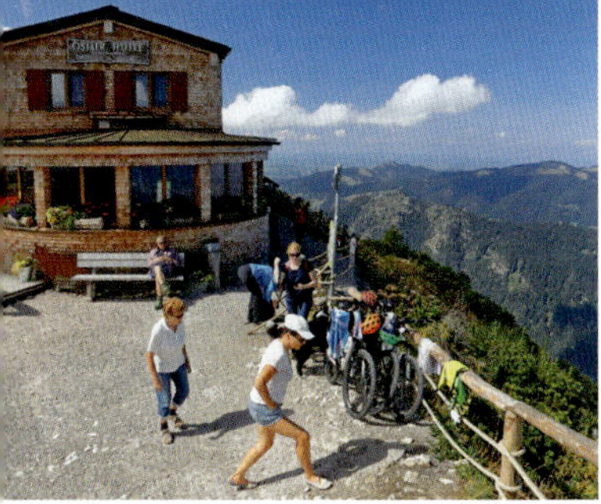

Zuoberst auf dem Breitenberg hat die Ostlerhütte ihren Platz.

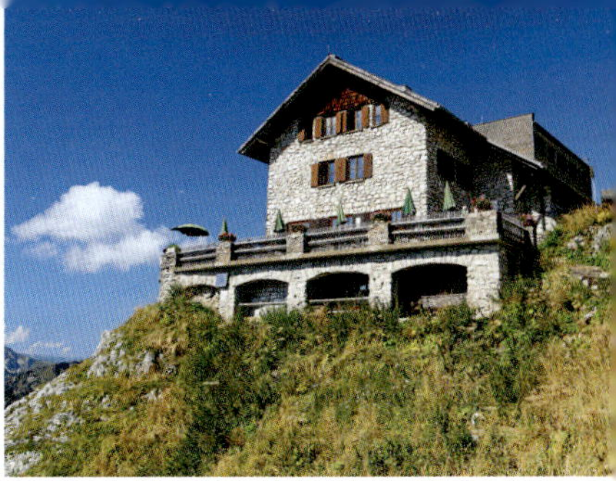

Ein echter Sonnenbalkon: die Bad Kissinger Hütte auf der Aggenstein-Südseite.

nannt. In steileren Partien helfen einige Drahtseile – davon abgesehen führt ein solide angelegter Zickzackkurs in die Höhe und bringt uns bis auf die Ostschulter des Gipfelaufbaus. Auf der Rückseite mittels kurzen Quergangs zur Verbindung mit der Südroute und zu den etwas abgegriffenen Felspassagen, die an Drahtseilen erklommen werden. Vom **Aggenstein ❹**, 1987 m, genießt man eine großartige Rundschau!

Über die ausgesetzten oberen Felspartien müssen wir auch wieder hinunter – anschließend setzt ein normaler Steig ein, dem wir zur **Bad Kissinger Hütte ❺**, 1792 m, folgen. Einige Gehminuten unterhalb wird der Einstieg zum »Bösen Tritt« ausgewiesen. Wir entschwinden über die Gratkante in die Nordflanke. Trotz der einen oder anderen Felsstufe gibt es auf dem windungsreichen Steig keine größeren Schwierigkeiten. Später links haltend zu einer Jagdhütte und am Wandsockel entlang in die Aggensteinwanne. Wir umkurven den nächsten Waldrücken, gehen eine weitere Hangmulde aus und kommen über den letzten kleinen Geländerücken hinweg zurück zur Hochalphütte und zur Bergstation der **Breitenbergbahn ❶**.

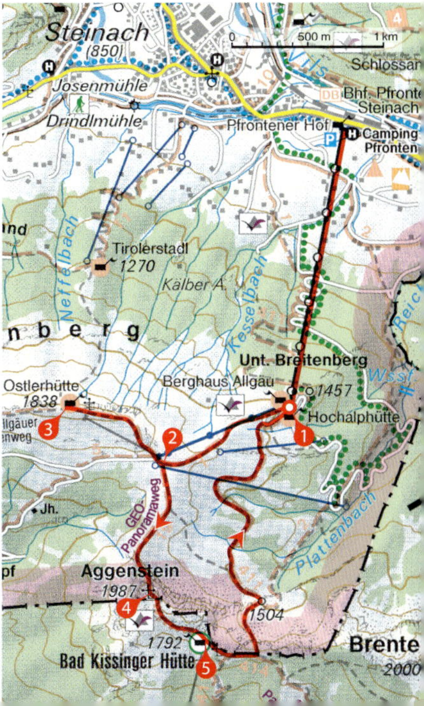

↗ 1130 m | ↘ 1130 m | 14.0 km

27 Brentenjoch, 2000 m

5.45 h

Aussichtsreiches Gipfelziel über der Vilser Alm

Geht es am Aggenstein häufig kunterbunt zu, so ist am benachbarten Brentenjoch die Schar der Gipfelstürmer meist deutlich kleiner. Dabei bietet dieser Berg eine ähnlich tolle Schau und knackt sogar exakt die 2000-Meter-Marke. Die klobige Form des Brentenjochs macht halt nicht so viel Eindruck wie der Aggenstein, und der Name ist weniger geläufig. Zudem hat man durch das Vilser Alptal ein ordentliches Steigpensum zu leisten, lernt damit aber auch einen wirklich idyllischen Winkel der Tannheimer Berge kennen.

Ausgangspunkt: Parkplatz Kühbachbrücke, 872 m, bei Vils. Zufahrt von der L69 (Allgäuer Straße) in den Fallweg abzweigend. Mit Öffis muss man im Ort starten (Bahnhof der Außerfernbahn).
Anforderungen: T2–3. Bis Vilser Alm Fahrweg, anschließend ordentlicher Bergsteig ohne besondere Hindernisse, nach oben hin leicht schrofig. Solide Ausdauer für eine tagfüllende Tour.
Einkehr/Unterkunft: Vilser Alm, 1226 m, Tel. +43 720 205181 (Di. Ruhetag).
Beste Jahreszeit: Juni bis Oktober.
Varianten:
1. Wer die Tour noch aufpeppen möchte, kann am Westgrat absteigen (nicht markiert, aber durchgängig gepfadet, stellenweise etwas ausgesetzt, sonst häufig Latschengassen) und eventuell der Bad Kissinger Hütte einen Besuch abstatten. Rückkehr über den nördlichen Abschnitt des Tannheimer Höhenweges mit kurzer

Nebelschwaden wabern um das Brentenjoch im Frühlicht.

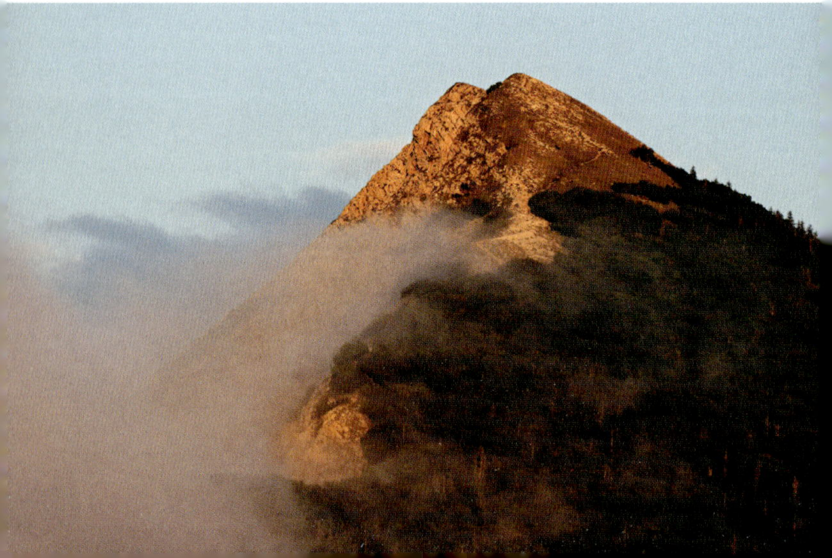

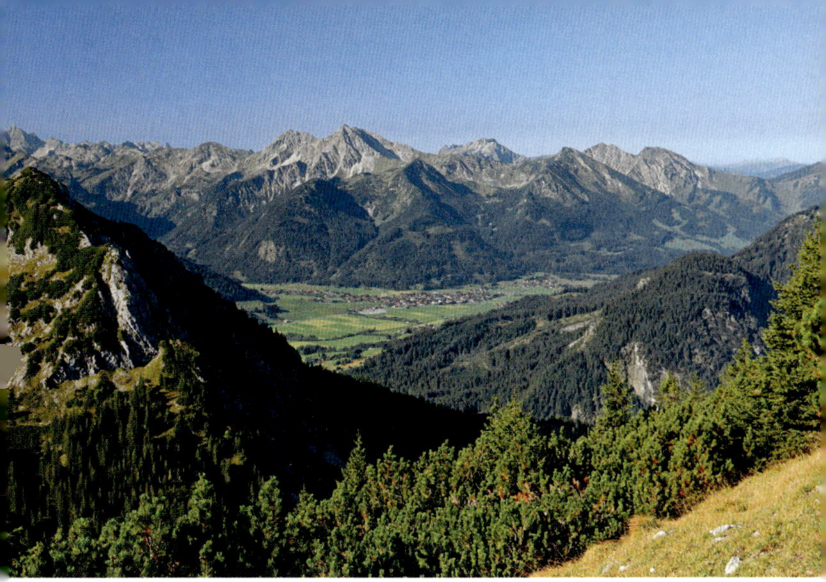

Das Tannheimer Panorama mit der Gipfelkulisse um Hochvogel (ganz links hinten), Geißhorn (Mitte) sowie Ponten/Bschießer (rechts).

Gegensteigung zum Vilser Jöchl. Bewertung T3 (am Westgrat), Mehraufwand etwa 1.15 Std.

2. Unternehmungslustige gehen vielleicht auch zum östlich vorgeschobenen Rossberg, 1945 m, hinüber.

Vom Parkplatz bei der **Kühbachbrücke** ❶ absolvieren wir zu Beginn einige Schleifen westlich vom Steinbruch, erhaschen aus erhöhter Position einen aufschlussreichen Einblick und wandern danach schnurstracks ins bewaldete Alptal hinein. Der breite Wirtschaftsweg wechselt beim Alpstrudelfall die Bachseite und bringt uns zur **Vilser Alm** ❷, 1226 m, in manchen Karten auch nach Allgäuer Mundart »Alpe« geschrieben. Jetzt noch ein Stück

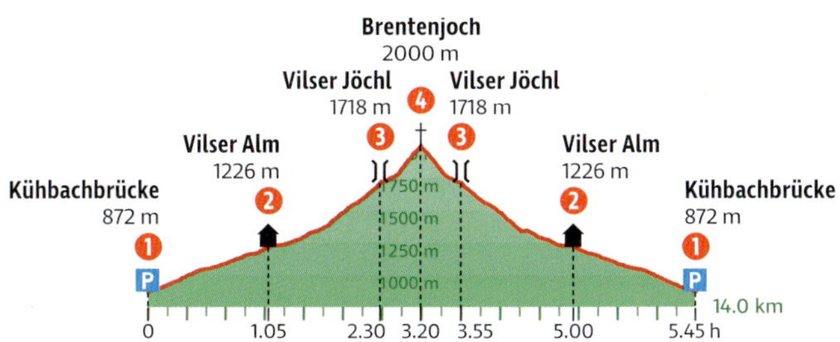

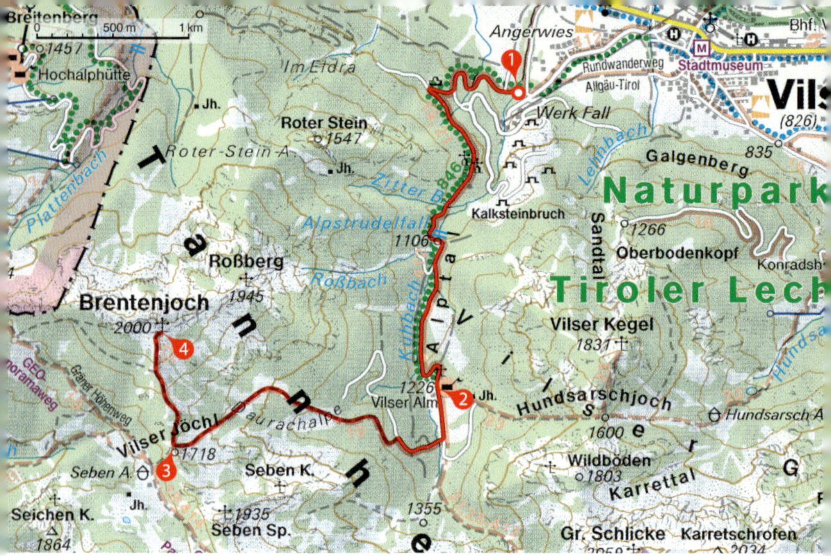

weit flach in den Talschluss und bei der Gabelung nach rechts. Obacht, die Forststraße müssen wir alsbald verlassen! Der abzweigende Steig führt ins lichte Gelände der Daurachalpe und weiter in die ausgedehnte Hangmulde, die links von Sebenkopf und Sebenspitze flankiert wird, auf der rechten Seite von Rossberg und Brentenjoch. Dort geht es auf gut angelegter Trasse beständig mäßig steil bergauf, erst kurz vor dem **Vilser Jöchl** ❸, 1718 m, etwas kräftiger. Rechter Hand begeben wir uns an den stumpfen Südrücken unseres Berges, wobei eine unbedeutende Kuppe anfangs seitlich passiert wird. Nach oben hin wird ein gleichförmiger Hang mit einigen Kehren bis zum Gipfel des **Brentenjochs** ❹, 2000 m, begangen. Der Abstieg ist vorbehaltlich der Variante normalerweise identisch.

Stimmungsvoll staffeln sich Bergketten.

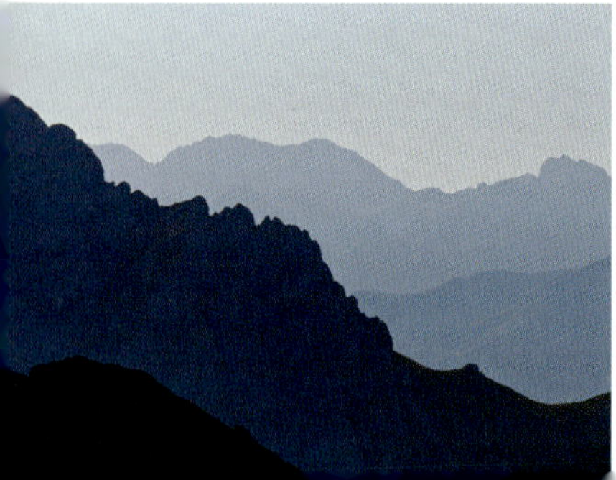

Ausblick nach Westen am Vilser Jöchl.

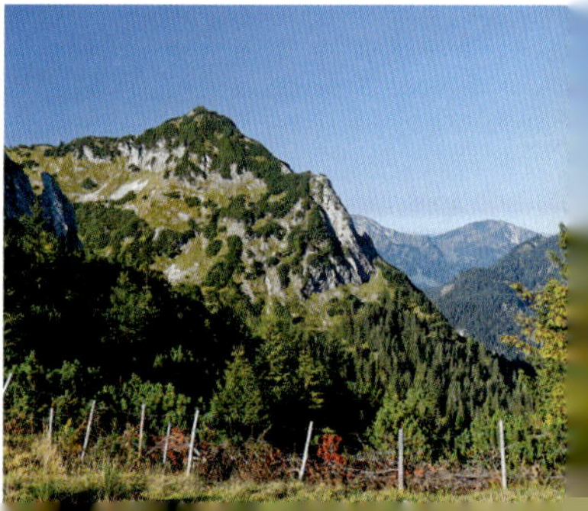

↗ 1020 m | ↘ 1020 m | 12.2 km

5.10 h

Vilser Kegel, 1831 m

28

Panoramakanzel am Nordrand der Tannheimer Berge

Der Vilser Kegel, düster bewaldet und von grauslichen Schrofenrinnen zerfurcht, vermittelt sicher kein ausnehmend schönes Kulissenbild direkt im Süden der Kleinstadt Vils, zumal der Kalksteinbruch »Fall« zusätzlich noch eine große Wunde in die Landschaft gerissen hat. Die Lehrtafel verspricht zumindest »einen interessanten Blick in die Erdgeschichte, ein Fenster zum Verständnis des geologischen Aufbaus der Nördlichen Kalkalpen«. Für den Wanderer kommt zuoberst die wesentlich anmutigere Gipfelperspektive ins Spiel, hinüber zu den Spitzen der Tannheimer Gruppe, vor allem aber hinaus ins Füssener Seenland und über die Ostallgäuer Voralpenberge. Die Scharte mit dem derben Namen »Hundsarschjoch« verknüpft zwei verschiedene Zugänge, die wir zu einer Rundtour zusammenlegen können. Wer eine Einkehrmöglichkeit gegen Ende hin wünscht, wähle die Ostroute durchs Hundsarschtal fürs Bergauf, denn im westseitigen Alptal steht die Vilser Alm für einen beschaulichen Ausklang zur Verfügung.

Am Vilser Kegel liegt uns das Ostallgäuer Alpenvorland zu Füßen. Unten das Städtchen Vils.

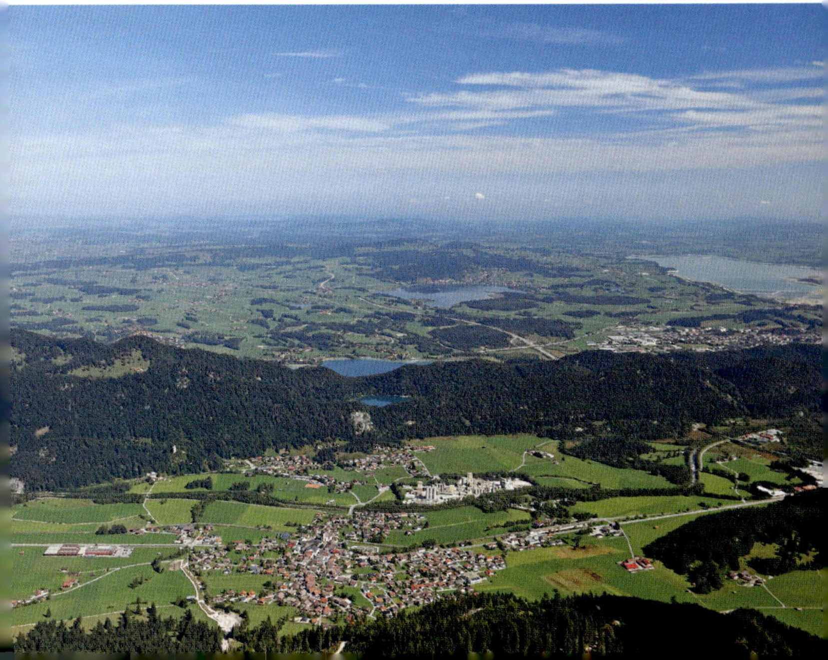

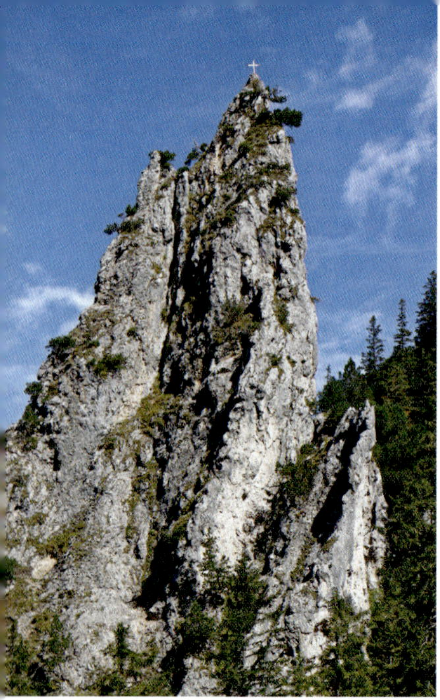

Dieser Felszacken verblüfft uns beim Abstieg vom Hundsarschjoch.

Ausgangspunkt: Parkplatz Galgenberg, 835 m, bei Vils. Zufahrt über den Obweg; mit Öffis muss man im Ort starten (Bahnhof der Außerfernbahn).
Anforderungen: T3. Über das Hundsarschjoch gewöhnliche Bergwege, die streckenweise etwas holprig ausfallen. Zum Gipfel hingegen steilerer Schrofenpfad; Trittsicherheit und an zwei Stellen leichte Händeunterstützung nötig. Normales Tagespensum.
Einkehr/Unterkunft: Vilser Alm, 1226 m, Tel. +43 720 205181 (Di. Ruhetag).
Beste Jahreszeit: Von Mai oder Juni bis in den Spätherbst.

Wir starten am Parkplatz **Galgenberg** ❶, 835 m, auf dem Sträßchen zur Konradshütte (Lift) und folgen dem Forstweg mit einem nach rechts ausholenden Bogen oder gehen gegebenenfalls auch weglos geradeaus über die Skiwiesen. Später stößt man auf einen Bach und setzt den Aufstieg jenseits am Steig fort. Wir bewegen uns in einem grabenartigen Einschnitt, kreuzen über einen weiteren Forstweg hinweg und gewinnen die Verflachung bei der **Hundsarschalpe** ❷, ca. 1370 m. An der kleinen Hütte vorbei noch eine Weile durch lichten Wald, dann über einen flachen Boden und hinauf ins **Hundsarschjoch** ❸, 1600 m, welches unseren Gipfel nördlich absetzt. Nahe dem Südgrat geht es nun durch Latschen sowie über schrofige Stellen empor. Wegen zerklüfteter Hindernisse weicht man bald mehr in die rechtsseitige Flanke aus, absolviert einige

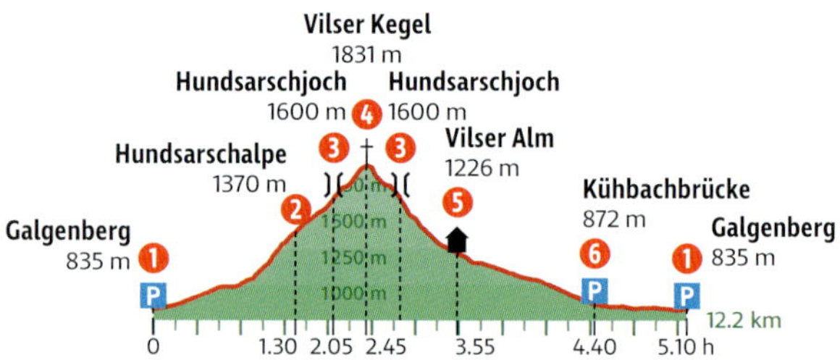

Schleifen und erreicht durch eine schwach ausgeprägte Rinne das Gipfelkreuz auf dem **Vilser Kegel** 4, 1831 m. Der allerhöchste Punkt befindet sich allerdings ein paar Gehminuten weiter links am Grat.

Zurück am Durchschlupf des **Hundsarschjochs** 3 wenden wir uns auf die Westseite und folgen auch dort einem mitunter recht holprigen Steig bergab. Rechter Hand zeigt sich ein ganz spitzer Felszacken – Clou der wilden Erosionsformen in diesem Terrain. Wir verbleiben stets links vom tiefsten Graben und lassen die Schritte an einer Jagdhütte vorbei durch die Waldwiesen Richtung **Vilser Alm** 5, 1226 m, auslaufen. Nach der Einkehr im Gasthaus geht es auf dem befestigten Forststräßchen durchs Alptal hinaus. Dem riesigen Steinbruch wird links haltend in Schleifen ausgewichen, ehe man beim Parkplatz **Kühbachbrücke** 6, 872 m, ankommt. Um den Kreis zu schließen, müssen wir zuletzt noch rund 2 Kilometer in den Ortsrandlagen von Vils hinter uns bringen, und zwar vom Fallweg abzweigend in den Lehbachweg, später durchs Obertor in den Römerweg und damit zum Parkplatz **Galgenberg** 1.

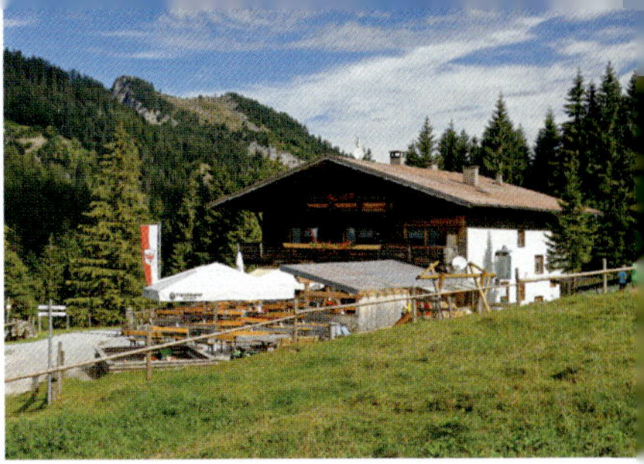

Die Vilser Alm lädt zur Schlusseinkehr.

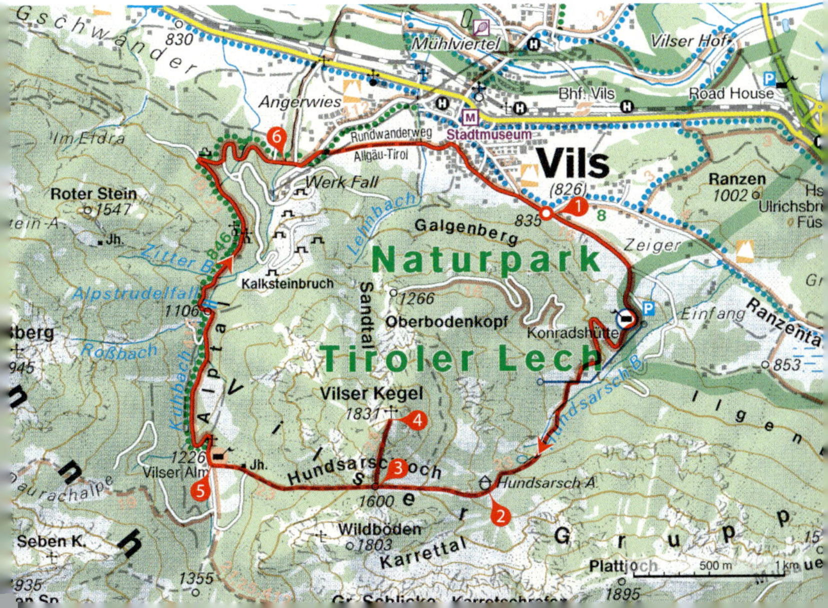

TOP

29

↗ 1530 m | ↘ 1530 m | 20.2 km

Große Schlicke, 2059 m, und Schartschrofen, 1968 m

8.45 h

Wanderberge über dem großartigen Raintal

Schon der frühmorgendliche Eintritt ins Raintal (in manchen Karten: Reintal), wenn die Nordabstürze von Köllenspitze und Co. ins Blickfeld treten, nimmt sich verheißungsvoll aus. Unsere Ziele liegen freilich auf der anderen, zugänglicheren Seite, obgleich dieser Tourenvorschlag eher für den gestandenen, ausdauernden Bergwanderer infrage kommt. Die Große Schlicke verlangt schon etwas Durchhaltevermögen, belohnt die Mühen aber mit einem exzellenten Rundblick, der die Gipfelwelt des Außerfern ebenso zur Geltung bringt wie das nördliche Alpenvorland. Sehr lohnend erscheint, anschließend auf dem Höhenweg in den hinteren Bereich des Raintals vorzudringen und noch ein, zwei weiteren Gipfeln die Aufwartung zu machen. Dabei ist die kecke Läuferspitze mit einer kurzen Klettersteigeinlage gewürzt. Die Einstufung »schwarz« soll Aspiranten im Hinterkopf sein, in die Gesamtbewertung jedoch (ausnahmsweise) nicht einfließen, da der Abstecher bloß optional ist und der vorherrschende Charakter im Sinne eines Auswahlkriteriums damit verzerrt würde. Für den Schartschrofen passt der Anspruch »mittelschwer« dann wieder, zumindest wenn man sich auf den nordseitigen Normalweg beschränkt und den Friedberger Klettersteig an der Südkante den komplett ausgerüsteten Experten überlässt. Gelegenheitswanderer – das sei an dieser Stelle nicht verschwiegen – begnügen sich ohnehin häufig mit der gänzlich harmlosen Hüttenwanderung und dürfen sich dabei zwischen drei Einkehrmöglichkeiten entscheiden …

Die Musauer Alm liegt am Eintritt ins Raintal.

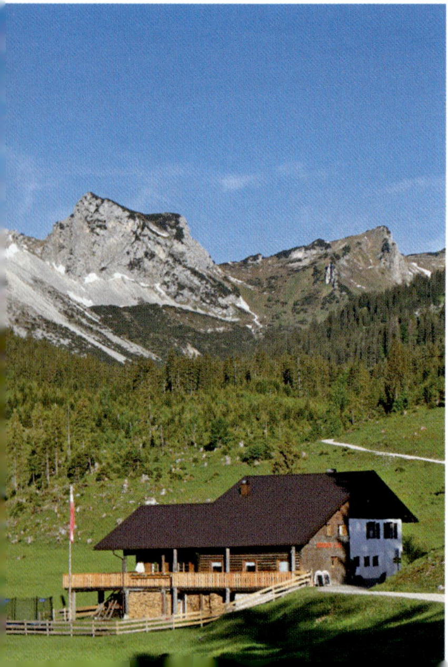

Ausgangspunkt: Parkplatz Bärenfalle, ca. 890 m. Zufahrt von der Straße Musau – Pflach kurz nach Roßschläg beim Gasthaus Bärenfalle auf die Forststraße und bis zum Fahrverbot. Mit Öffis müsste man in Roßschläg oder ggf. beim Bahnhaltepunkt Musau starten.
Anforderungen: T3 für Große Schlicke und Schartschrofen, an der Läuferspitze kurzzeitig T4 (schwarz!). Bergwege

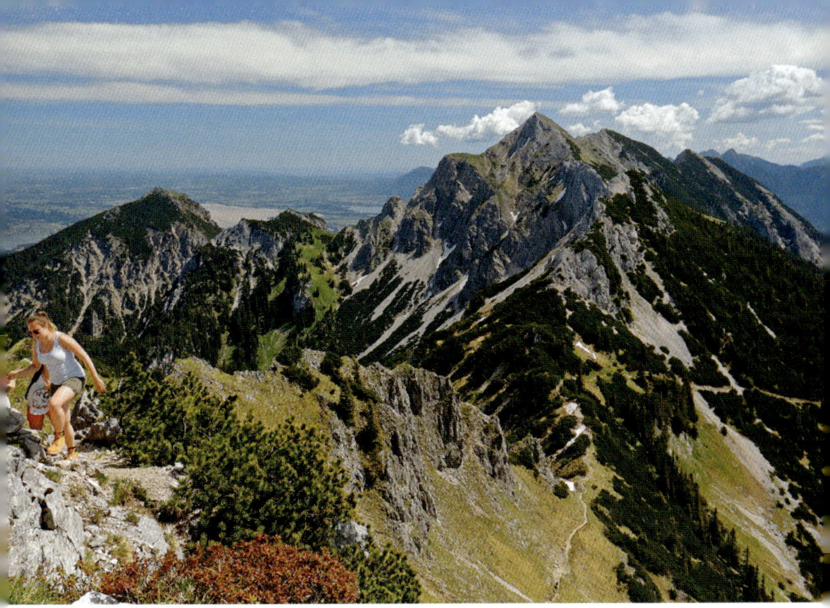

Von der Läuferspitze schweift der Blick zurück zur Großen Schlicke.

unterschiedlicher Beschaffenheit, teils klein wie von der Musauer Alm Richtung Schlicke, teils besser ausgetreten. Immer wieder mal schrofig, aber keine Kletterei. Ausnahme ist der Abstecher zur Läuferspitze (kurzer Klettersteig im Grad B). Im Raintal breiter Wirtschaftsweg bis zu den Hütten (blau). Sehr großes Tagespensum, das aber abgespeckt oder auf zwei Etappen verteilt werden kann.
Einkehr/Unterkunft: Musauer Alm, 1290 m, Tel. +43 650 2100226. Otto-Mayr-Hütte, 1528 m, Tel. +43 5677 8457. Füssener Hütte, 1535 m, Tel. +43 664 3472980 (Mo. Ruhetag). Alle drei Hütten etwa von Anfang Mai bis Ende Oktober bewirtschaftet.
Beste Jahreszeit: Mitte/Ende Mai bis in den Oktober, solange schneefrei.
Varianten:
1. Bei Start in Musau gelangt man über den recht steilen Achselsteig ins Raintal.
2. Mit Direktabstieg von der Großen Schlicke zur Otto-Mayr-Hütte ergibt sich ein Tagespensum von 1170 Hm und 6.30 Std.
3. Sowohl Große Schlicke als auch Läuferspitze/Schartschrofen lassen sich schneller vom Füssener Jöchle (Seilbahn von Grän) aus ersteigen.

Vom Parkplatz **Bärenfalle** ❶ auf der Forststraße mit einigen Schleifen über die erste steilere Geländestufe. Auf einer Höhe von rund 1100 Metern erwartet uns ein Flachstück; bei der **Sababachbrücke** ❷, 1099 m, mündet von rechts der Achselsteig ein. Wir gehen geradeaus weiter und wandern meist unmittelbar neben dem Bachlauf, der auch mehrmals gekreuzt wird. Wo sich das Raintal öffnet, empfängt uns in Bälde die **Musauer Alm** ❸,

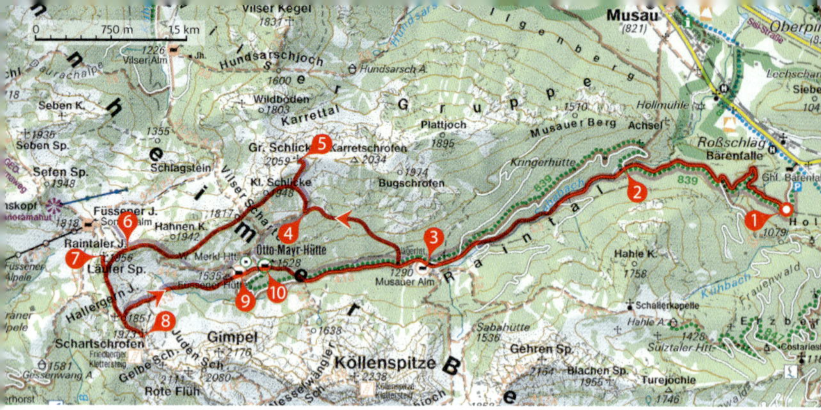

1290 m. Wenige Schritte dahinter rechts auf den Steig zur Schlicke. Über die ersten freien Hänge kommen wir in eine Aufforstungszone, wo der Pfad in Zukunft eventuell etwas erschwert passierbar sein könnte. Insgesamt schräg links bergauf und später in eine offene Hangmulde inmitten der Südflanke. Man entsteigt ihr nach links auf eine Art Schulter und trifft in Kürze auf den Zugang von der Otto-Mayr-Hütte ❹ auf gut 1800 Metern. Nach etlichen Kehren zu einer weiteren Einmündung und schließlich rechts haltend zunehmend schrofig, jedoch ohne Hand anlegen zu müssen, bis auf den Gipfel der **Großen Schlicke** ❺, 2059 m.

Bei der ersten Gabelung unterhalb folgen wir anschließend dem Höhenweg nach rechts. Dieser beschreibt eine leicht fallende Linie durch die teils latschenbewachsene Flanke. Man tangiert die Vilser Scharte und umgeht den unbedeutenden Hahnenkopf unter weiterem Höhenverlust. Nachdem noch zwei Abzweigungen zu den Hütten im Raintal passiert sind, geht es Richtung **Raintalerjoch** ❻, ca. 1850 m, wieder ein Stück bergauf. Hier ist wegen der nahen Seilbahn meist eine Menge los. Nur leicht ansteigend zieht ein Steig hinüber zum Sattel südlich der Läuferspitze. Wer einen zünf-

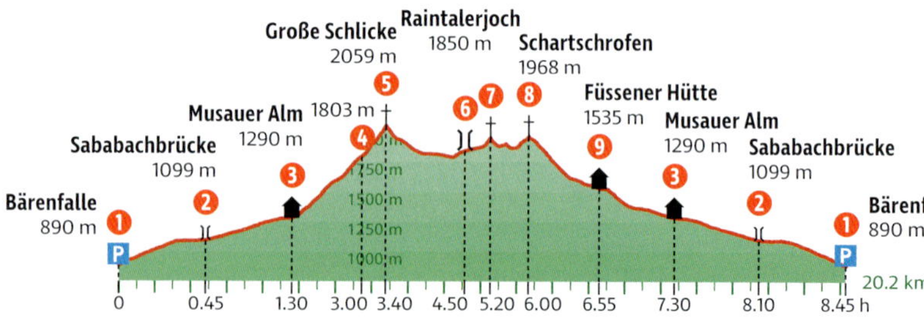

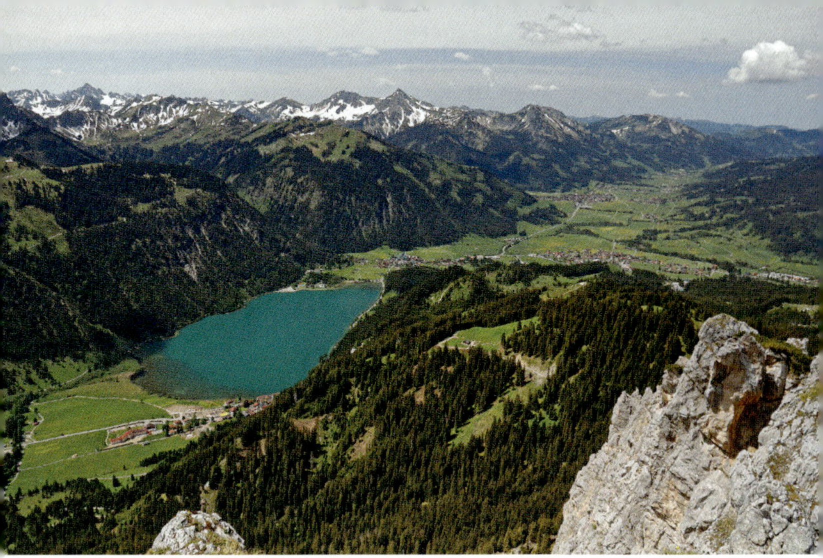

Blaues Auge: der Haldensee im Tannheimer Tal, aufgenommen vom Schartschrofen.

tigen Abstecher nicht scheut, kann dem Schrofensteig gipfelwärts folgen, wird später am steileren Hang unterhalb einer Felsbarriere mit losen Untergrund konfrontiert und schließlich noch mit einer Klettersteigeinlage: aus einer Minilücke über ein senkrechtes Wandl (mehrere Bügel) und mit weiteren Drahtseilen am Grat entlang zum Gipfel der **Läuferspitze** 7, 1956 m. Vom Sattel in die Gegenrichtung wird hingegen der krummholzbestandene Haller Schrofen rechtsseitig passiert – ein Stück bergauf und wieder bergab ins **Hallergehrenjoch**, 1851 m. Schließlich in wechselnd steilem Gelände auf gutem Pfad hinauf zum **Schartschrofen** 8, 1968 m.

Im Abstieg begeben wir uns am Hallergehrenjoch auf die Ostseite und müssen hier mit ein paar erodierten Passagen zurechtkommen. Weiter unten läuft der Steig auf flache Böden aus, durchquert lichtes Gehölz und trifft dann zuerst bei der **Füssener Hütte** 9, 1535 m, und wenige Minuten später bei der **Otto-Mayr-Hütte** 10, 1528 m, ein. Von dort hinunter in den Grund des Raintals und auf dem breiten Fahrweg über die **Musauer Alm** 3 zurück zum Parkplatz 1.

Mitreißende Kulisse: die Nordfront von Roter Flüh, Gimpel, Köllenspitze und Gehrenspitze (von rechts nach links).

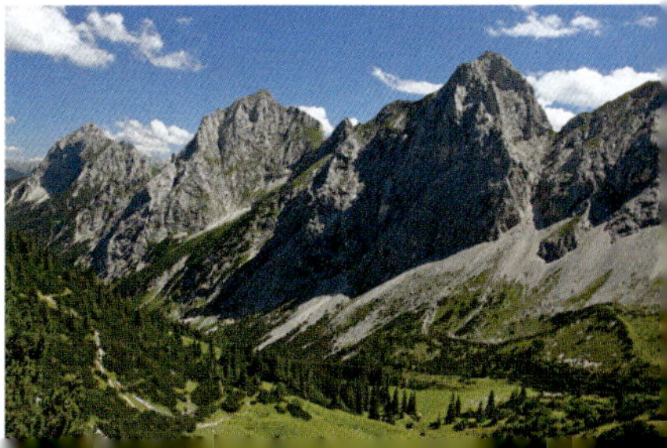

↗ 980 m | ↘ 980 m | 9.7 km

30 Koflerjoch, 1863 m

4.40 h

Im Schatten des Säuling

Am bayerisch-tirolerischen Grenzkamm der Ammergauer Alpen erhebt sich gleich neben dem eindrucksvollen Säuling das Koflerjoch, und zwar so unscheinbar, dass der Berg gar nicht richtig auffällt. Wem es nicht ums Prestige geht, der setzt das Ziel trotzdem aufs Programm – und das sind offenbar gar nicht so wenige. Die Vorzüge: Das Koflerjoch, manchmal übrigens auch Dürrenberg oder auf bayerischer Seite Jochberg genannt, besitzt ein gut verträgliches Pensum von rund 1000 Höhenmetern, kann als Rundtour mit Einkehrmöglichkeit angelegt werden und vermittelt neben lauschigen Fleckchen auch eine tolle Aussicht, etwa ins Becken von Reutte. Nicht zuletzt zeigt sich der benachbarte Säuling besonders schneidig!

Ausgangspunkt: Parkplatz Säulinghaus, ca. 895 m, bei Pflach. Zufahrt vom Südende des Ortes links über die Gleise und auf dem Sträßchen über die B179 hinweg bis zum Fahrverbot. Mit Öffis startet man beim Bahnhaltepunkt Pflach.
Anforderungen: Maximal T3 auf beiden Routen. Normale bzw. streckenweise eher kleinere Bergsteige mit einigen steileren Abschnitten. Für elementar Trittsichere jedoch ohne besondere Hindernisse; oft licht bewaldet, zuoberst ein paar Latschen. Relativ moderate Tagestour.
Einkehr: Dürrenbergalpe, 1438 m, Tel. +43 664 5339772 (Mo. Ruhetag).
Beste Jahreszeit: Mai bis Spätherbst.

Der Beginn ab Parkplatz ❶ ist asphaltiert, doch schon bald zweigen wir rechts auf einen Steig ab, der sich links vom großen Grabeneinschnitt emporschraubt. Nach einer guten Stunde gabeln sich die Routen Nr. 28 zum Säulinghaus und Nr. 23A Koflerjoch ❷, ca. 1300 m. Nächstes Ziel ist das **Pflacher Älpele** ❸, 1433 m, mit der jagdlichen Scharrhütte. Kurzzeitig sind wir nochmals auf breiter Trasse unterwegs, abgelöst durch einen kurvigen Pfad, der sich durch lichten Wald gegen die Kammhöhe zwischen Säuling und Koflerjoch hinaufschlängelt. Dort nach rechts und teils etwas in die Flanke ausweichend durch Latschen und Wiesenflecken weiter bergauf.

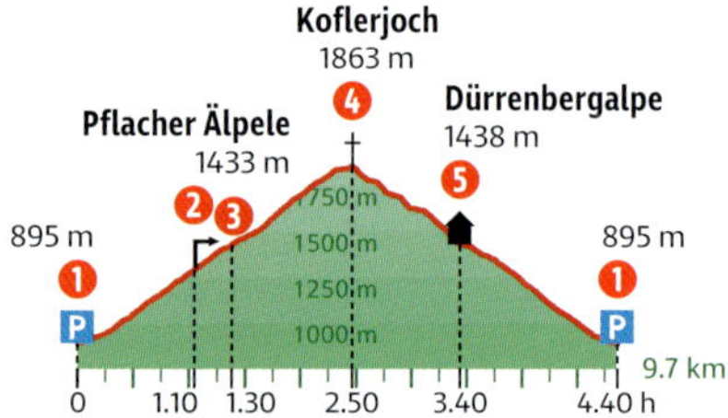

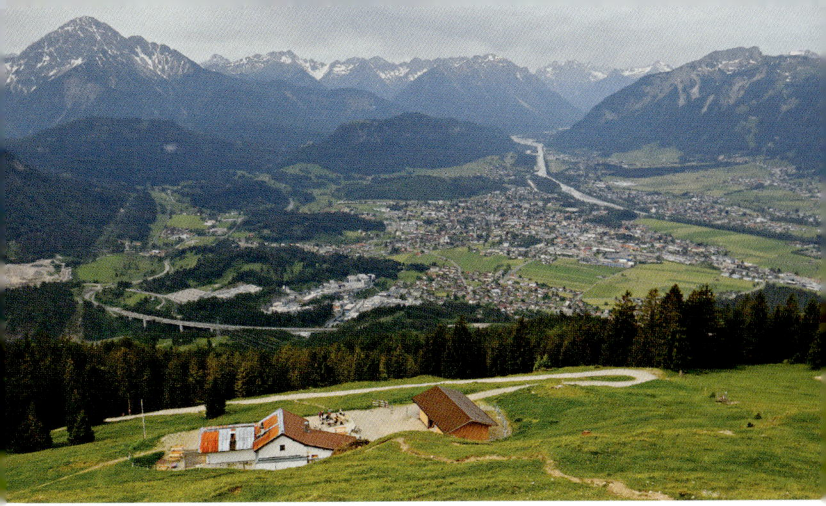

Logenplatz: die Dürrenbergalpe hoch über dem Becken von Reutte.

Schließlich über eine nördlich vorgelagerte Kuppe hinweg zum **Koflerjoch** ❹, 1863 m.

Der Abstieg nach Süden ist anfangs ziemlich steil. Ein sehr schöner Bergpfad führt via Oberer und Unterer Sattelkopf tiefer, später an der Sattelberghütte (Jagdhaus) vorbei zur großen **Dürrenbergalpe** ❺, 1438 m – ideal gelegen für eine Einkehr. Direkt bei der Hütte geht es mit Zaunüberstieg und Wegweiser »Pflacher Älpele« rechts weiter. Wir folgen einem breiten Weg und ignorieren den nächsten Rechtsabzweig. Stattdessen nun unbeschildert geradeaus zur Falzkopfhütte (Unterschlupf und Brunnen). Rote Punkte an den Bäumen markieren das weitere Bergab am Rand des Wassertals, wobei der Pfad stets gut verfolgbar und begehbar bleibt. Unten kreuzt man mehrmals eine Forststraße und kehrt mit dieser zuletzt über den Bach zurück zum Parkplatz ❶.

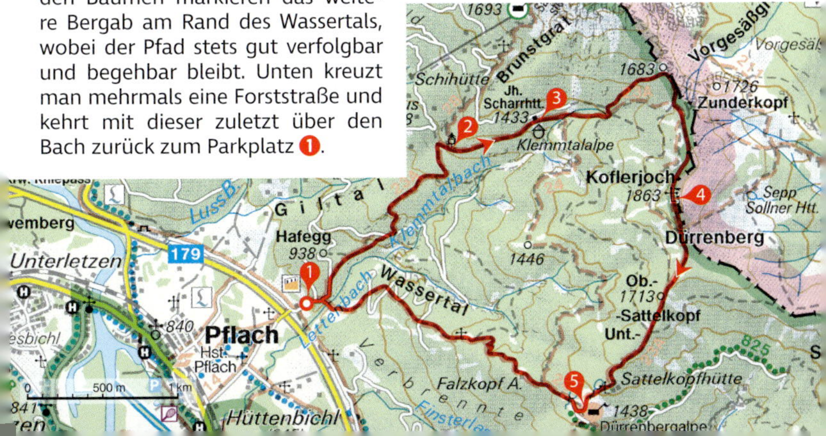

↗ 1350 m | ↘ 1350 m | 14.7 km

31 Rund um die Gehrenspitze mit Hahlekopf, 1758 m

7.00 h

Stille Pfade für Entdeckungslustige

Wenn ein markanter Berg umrundet wird, darf man sich gewöhnlich auf vielseitige Impressionen freuen. Das ist auch auf dieser Tour im Bannkreis der schneidigen Gehrenspitze der Fall. Erstaunlich allerdings, dass von dieser Option nur relativ wenige Wanderer Gebrauch machen – sie ist fast noch ein Geheimtipp. Wer den Rundkurs als zu lang empfindet, kann sich freilich auch mit dem Hahlekopf im Hin- und Rückweg begnügen (eventuell ab Frauensee). Der rinnenzerfurchte Latschenkopf über dem Raintal ist gewiss der beste Aussichtspunkt unterwegs.

Ausgangspunkt: Parkplatz Hinterbichl, ca. 860 m, an der Zufahrt von Lechaschau Richtung Frauensee. Mit Öffis startet man am besten in Wängle (Bus vom Bahnhof Reutte).
Anforderungen: Knapp T3. Wald- und Wiesengelände gemischt, dabei auch einige steilere Abschnitte und manchmal etwas spärlich gepfadet. Zum Hahlekopf führt ein Latschensteig, der etwas Trittsicherheit verlangt (schwierigstes Stück). Gute Kondition für eine längere Tagestour.
Einkehr/Unterkunft: Gehrenalpe, 1611 m, Tel. +43 650 7513905.
Beste Jahreszeit: Juni bis Mitte Oktober.
Variante: Am Beginn kann man auch über den Frauensee ausholen.

Vom Hahlekopf zeigen sich die Berge rund ums Raintal (unten) ebenso wie die Ammergauer Alpen jenseits des Tiroler Lechtals (nächste Seite).

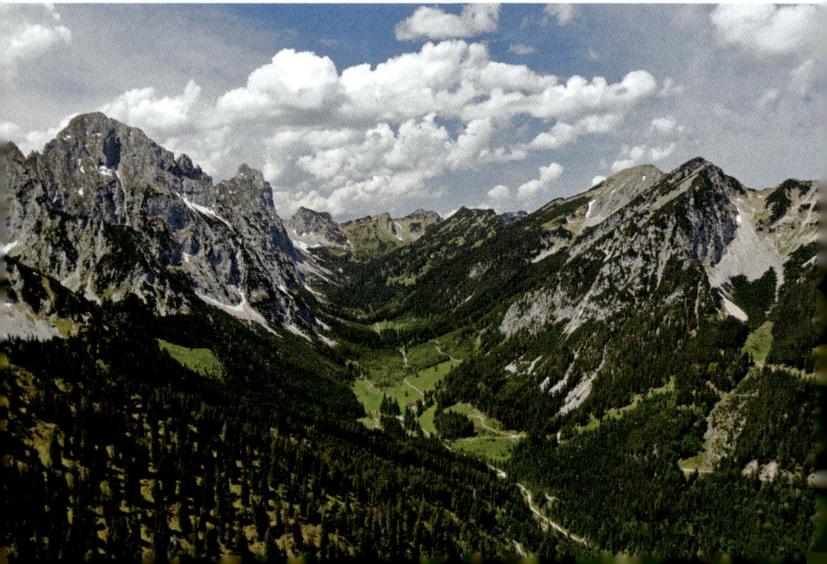

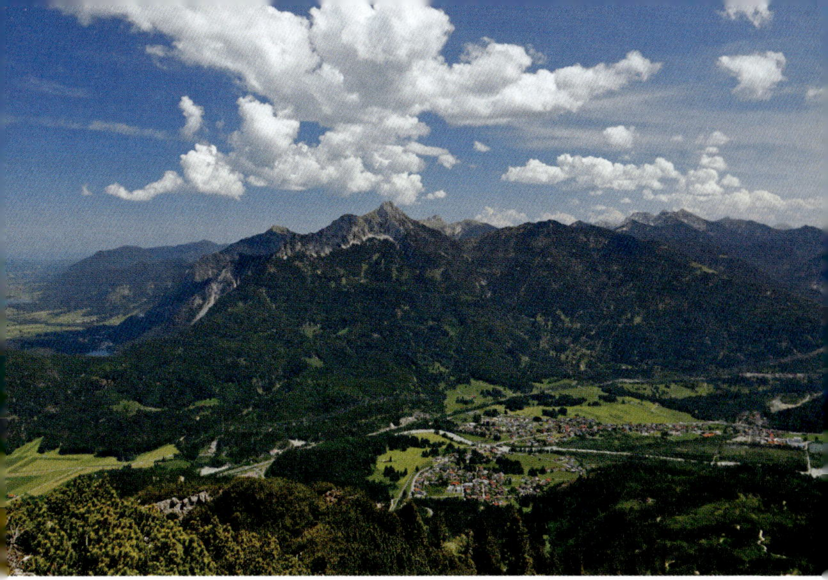

Vom Parkplatz bei **Hinterbichl** ❶ anfangs auf der Straße zum Frauensee, nahe dem Kuhbichl links durch ein Gatter und etwas verwinkelt hinauf zu einer Forststraße, die man nach einer scharfen Linkskehre wieder verlässt, um auf steilem Waldsteig zur **Costarieskapelle** ❷, 1157 m, aufzusteigen. Das fromme Kleinod liegt unmittelbar an der Hangkante »Auf den Koppen« und bietet eine nette Aussicht in den Reuttener Talkessel. Nun auf einer Forststraße bzw. allfälligen Abkürzungen, die aber nicht immer gut ersichtlich sind, weiter aufwärts. Später müssen wir auf den Anschluss des Steiges achten, passieren kurz darauf die Lichtung mit der **Sulztaler Hütte** ❸, 1428 m, und treten auf Höhe der **Hahlealpe** aus dem Wald ins Freie. Auf knapp 1700 Metern empfängt uns die **Schallerkapelle** ❹ mit dem

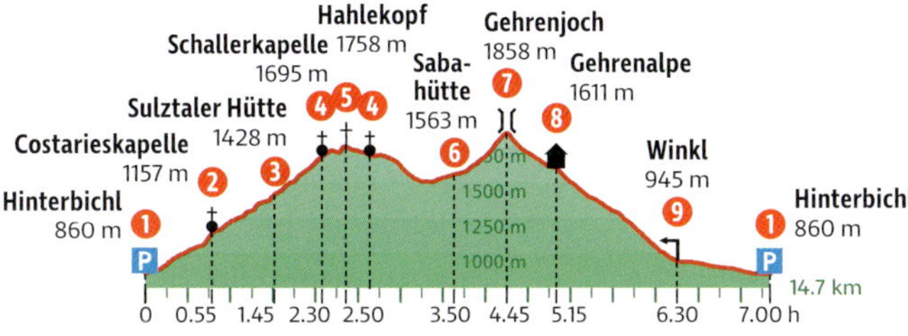

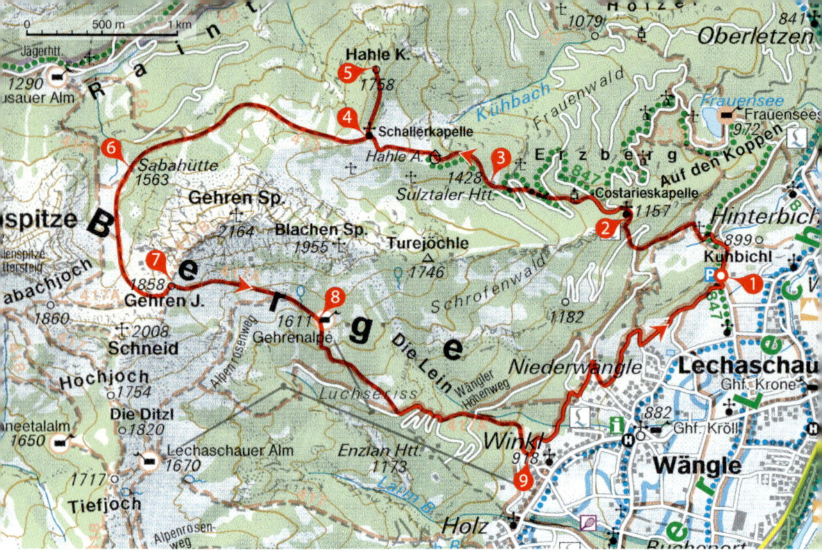

Abzweig zum Hahlekopf. Der Pfad führt über die Wiesen ins kammnahe Latschengelände. Über eine vorgelagerte Kuppe hinweg und etwas verschlungen sowie passagenweise steil bis zum Kreuz auf dem **Hahlekopf** 5, 1758 m.

Zurück in Nähe der Schallerkapelle orientieren wir uns scharf rechts über das weitläufige Hahlejoch und sehen derweil die Gehrenspitze direkt über uns aufragen. Der Steig senkt sich zunächst sachte, im aufgelockerten Wald dann steiler bergab. Später quert man durch eine Hangmulde am Fuß der Nordwand, ignoriert einen Abzweig ins Raintal und kommt auf verschwiegener Route Richtung **Sabahütte** 6, 1563 m, voran. Es öffnet sich ein ausgedehnter Boden, wo die Spuren undeutlich werden. Weiter rechts verläuft der Steig von der Musauer Alm hinauf zum Sabachjoch. Allerdings wenden wir uns anhand spärlicher Punkte bereits davor bergwärts und bewältigen allmählich steilere Hänge. Der Steig wird wieder deutlicher und dreht schließlich links zum **Gehrenjoch** 7, 1858 m, ab.

Jenseits über ähnliches Mattengelände abwärts zur Waldgrenze, wo uns die bewirtschaftete **Gehrenalpe** 8, 1611 m, empfängt. Am steilen Hang leitet ein gut angelegter Kehrenweg tiefer. Unweit der Materialseilbahn trifft man auf eine Forststraße, doch lässt sich die Route effektiver auf dem Steig fortsetzen. Weiter unten bestehen mehrere Möglichkeiten. Wir kommen in die Nähe des Weilers **Winkl** 9, wandern dann auch oberhalb von Wängle entlang und folgen dem ausgeschilderten »Panoramahöhenweg« zurück zum Parkplatz 1.

↗ 1250 m | ↘ 1250 m | 10.2 km

6.30 h

Gehrenspitze, 2164 m

Auf den Eckzahn der Tannheimer Berge

Die Gehrenspitze kann nicht nur wie im vorigen Kapitel beschrieben umrundet, sondern auch auf einer markierten Route bestiegen werden. Angesichts des schroffen Felsprofils wird man freilich keine »normale« Wanderung erwarten. Wer sich indes als bergsteigender Wanderer genügend Erfahrung auch im ausgesetzten Gelände erworben hat, darf die Gehrenspitze durchaus aufs Programm setzen und damit eine besondere Gipfeltrophäe einheimsen. Das Felsszenario zuoberst ist eindrücklich, ebenso die Schau vom höchsten Punkt. Das Talbecken von Reutte liegt uns quasi zu Füßen, vis-à-vis die Ammergauer und Lechtaler Alpen sowie direkt nebenan auch die dominante Köllenspitze als Hauptgipfel der Tannheimer Berge.

Ausgangspunkt: Winkl, 918 m. Zufahrt von Reutte über Lechaschau und Wängle, auch per Bus.
Anforderungen: T4-5. Bis ins Gehrenjoch normaler Bergweg, anschließend zunächst kleiner, abschüssiger Pfad, nach oben hin zunehmend Schrofen- und Felskletterei (recht anhaltend und teils ziemlich ausgesetzt, aber technisch niemals schwieriger als I. Grad). Keinerlei Sicherungen! Entsprechende Bergerfahrung sowie absolute Trittsicherheit und Schwindelfreiheit erforderlich. Konditionell gut durchschnittliche Anforderungen.
Einkehr/Unterkunft: Gehrenalpe, 1611 m, Tel. +43 650 7513905.

Wer die anspruchsvolle Gehrenspitze erklimmt, wird mit einer famosen Gipfelschau belohnt.

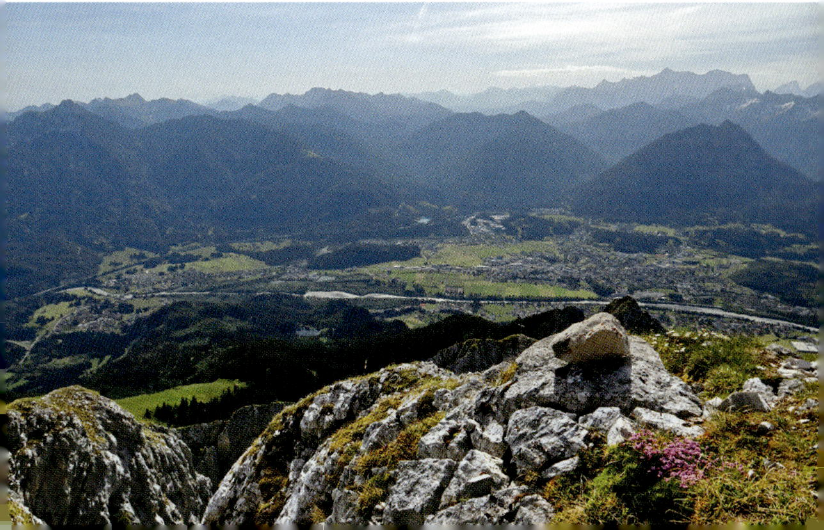

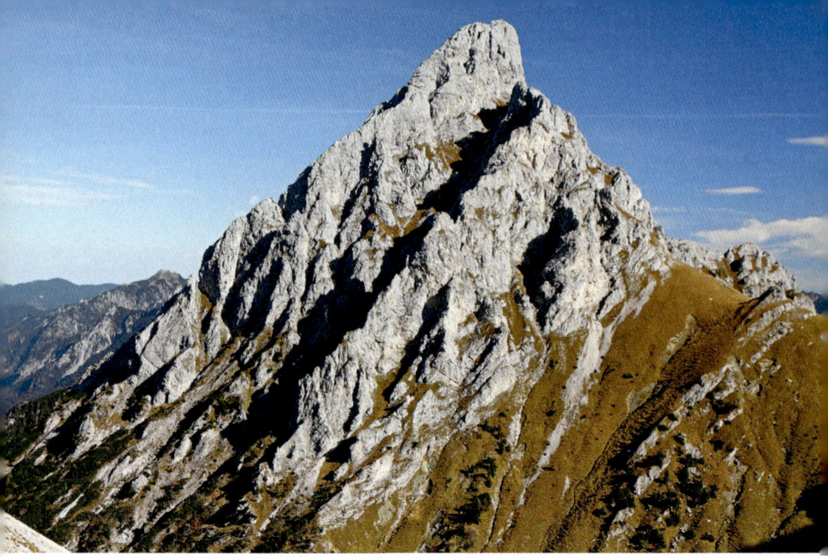

Aus gewisser Perspektive erscheint die Gehrenspitze in eleganter Pyramidenform.

Beste Jahreszeit: Bei trockenen Bedingungen zwischen Juni und Oktober.
Variante: Vom Gehrenjoch über die Schneid ins Hochjoch und zur Lechaschauer Alm am Alpenrosenweg, der wieder zurück zur Gehrenalpe führt.

Von **Winkl** ❶, 918 m, an den Bergfuß und links neben der Lein aufwärts. Es existiert auch eine Forststraße (Kreuzung z.B. bei Mösla), doch kommt man auf dem Steig zügiger voran. Allerdings scheint es darüber hinaus noch einige abkürzende wilde Pfadabschnitte zu geben. Kurz vor der Materialseilbahn wird der Kehrenverlauf angenehmer. Wir erreichen die **Gehrenalpe** ❷, 1611 m, und lassen den Wald nun hinter uns. Auf teils erodiertem Wiesensteig steuert man das **Gehrenjoch** ❸, 1858 m, an, wo links die

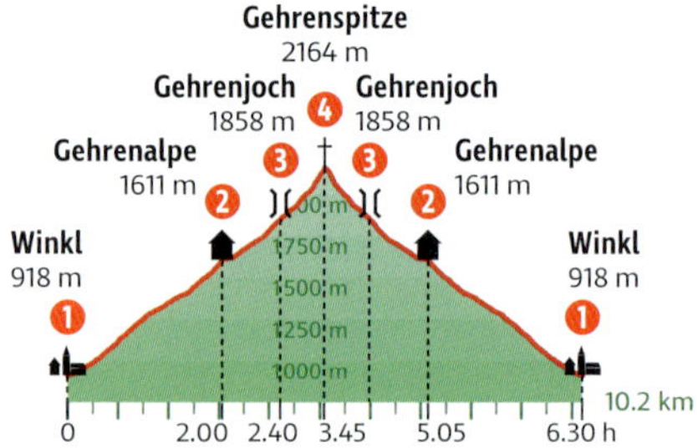

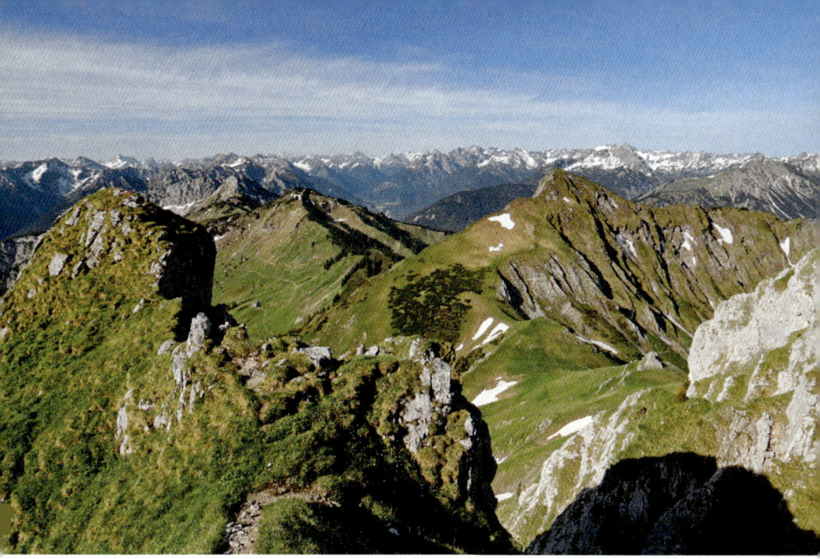

Panoramablick gen Südwesten: Den gesamten Horizont nehmen die Lechtaler Alpen ein.

Schneid und rechts die Gehrenspitze ausgewiesen werden. Die Matten am Sattel gehen bald in abschüssigeres, schrofig durchsetztes Gelände über. Mit Quergängen und kurzen Steilstücken überschreitet man mehrere kleine Grasrippen und nähert sich einer Rinne am Fuß des Gipfelaufbaus. Diese steile, etwas brüchige Schrofenrinne muss jetzt durchstiegen werden. Vom Ausstiegsschärtchen zunächst auf die andere Seite, wo stetig Kletterpassagen in gut gestuftem und zum Glück ziemlich festem Fels warten. Zuoberst gelangen wir direkt auf den Westgrat und über die letzten Hürden zum Gipfel der **Gehrenspitze** 4, 2164 m. Der Abstieg verläuft gleich.

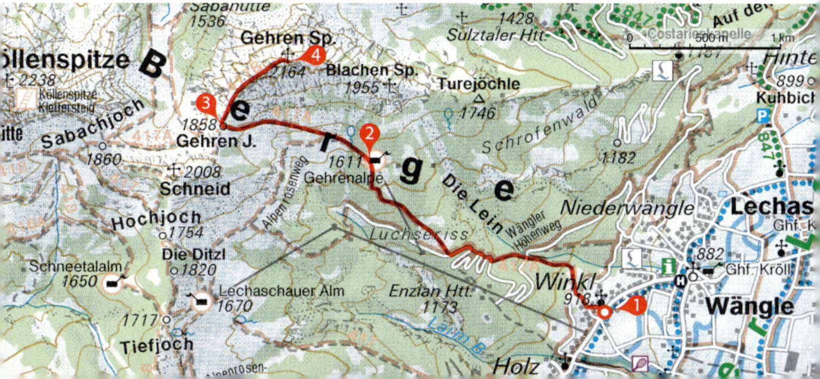

↗ 600 m | ↘ 600 m | 8.1 km

33 Gaichtspitze, 1988 m, und Hahnenkamm

3.40 h

Rund um die Reuttener Bergbahn

Im südlichen Winkel der Tannheimer Berge dockt die Reuttener Bergbahn (Hahnenkammbahn) an und eröffnet den Genusswanderern ein feines Betätigungsfeld. Die meisten bewegen sich dann am komfortablen Alpenrosenweg quer durch die Hänge, erklimmen vielleicht den Hahnenkamm und suchen eine der bewirtschafteten Almhütten auf. Daran mangelt es ja nicht. Vielleicht mag aber auch die ganz nach Süden vorgeschobene Gaichtspitze zu locken: ein exzellenter Aussichtsberg! Doch Vorsicht, die vermeintliche Spritztour hat eine ernste Passage in petto ...!

Ausgangspunkt: Bergstation der Hahnenkammbahn, 1730 m, von Höfen. Betriebszeiten von Mitte Mai bis Ende Oktober, täglich zwischen 9 und 16.30 Uhr. Die Talstation erreicht man von der B198 (Lechtaler Straße) in die Bergbahnstraße abzweigend (auch Busanschluss vom Bahnhof Reutte).
Anforderungen: T3–4 an der Gaichtspitze, sonst maximal T2–3. Gaichtspitze mit richtiger Schlüsselstelle, die unbedingte Trittsicherheit verlangt (felsig mit Sicherungen). Davon abgesehen deutlich leichtere Bergwege im Wiesengelände, zwischen Lechaschauer und Höfener Alm sogar gänzlich harmlos. Mit Seilbahnunterstützung konditionell gemäßigt.
Einkehr/Unterkunft: Lechaschauer Alm, 1670 m, Tel. +43 677 64001151. Höfener Alm, 1670 m, Tel. +43 676 9301389. Panorama-Restaurant bei der Bergstation.
Beste Jahreszeit: Juni bis Oktober.

Das Talbecken von Reutte liegt wie auf dem Präsentierteller.

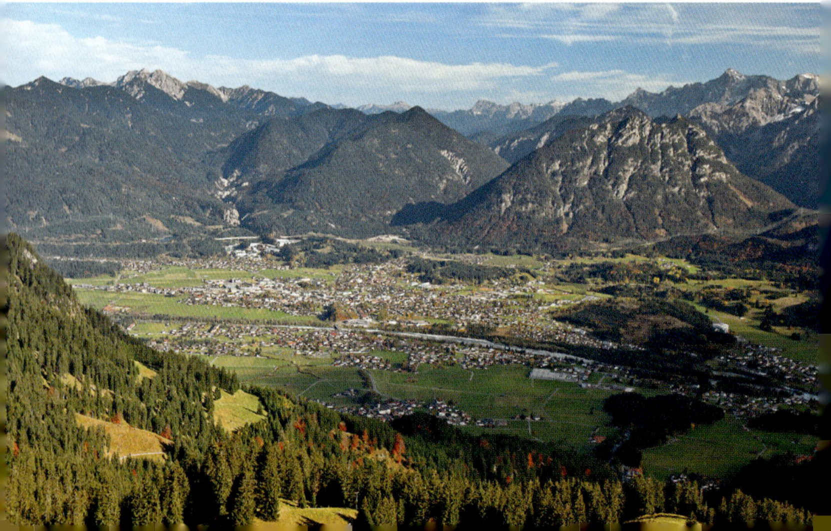

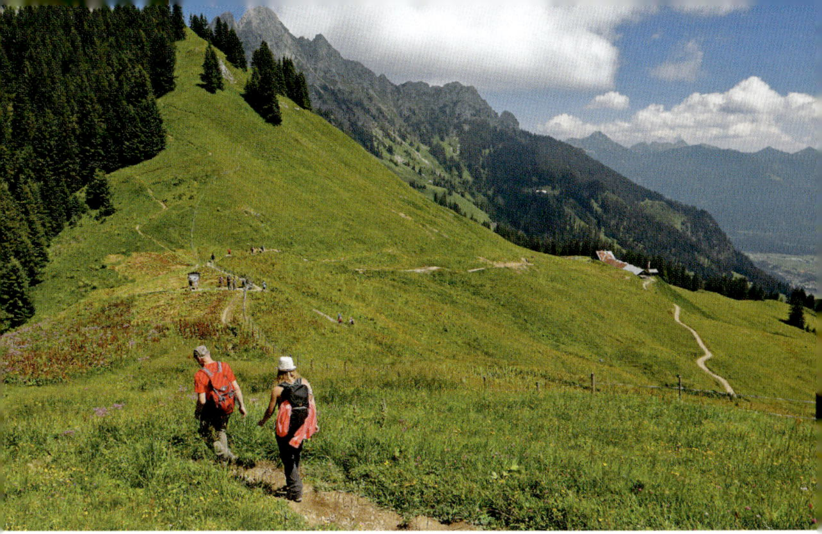

Beim Abstieg zur Lechaschauer Alm.

Variante: Gelegenheitswanderer lassen die Gaichtspitze aus, können dafür aber noch dem Alpenrosenweg bis zur Gehrenalpe, 1611 m, folgen: hinter der Lechaschauer Alm allmählich schmaler und geländebedingt etwas auf und ab.

Nachdem uns die Gondel bei der **Bergstation** ❶, 1730 m, ausgeworfen hat, orientieren wir uns ein paar Meter bergab in die südlich gelegene Wiesenhangmulde und nehmen dort den Zugang zur Gaichtspitze auf. Wir überschreiten den unbedeutenden Alpkopf durch einige Latschenbestände und nähern uns der steilen Felsbarriere unter dem Gipfelaufbau. Etwas links haltend wird diese im Bereich einer Verschneidung mit Drahtseilhilfe erklommen (eventuell feucht, da schattseitig). Vom Ausstieg wenig abwärts

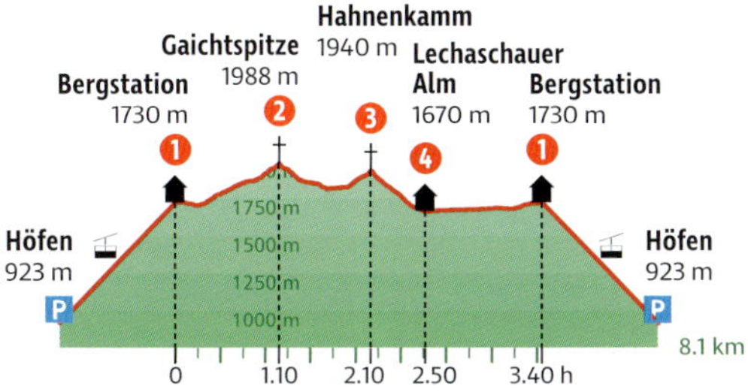

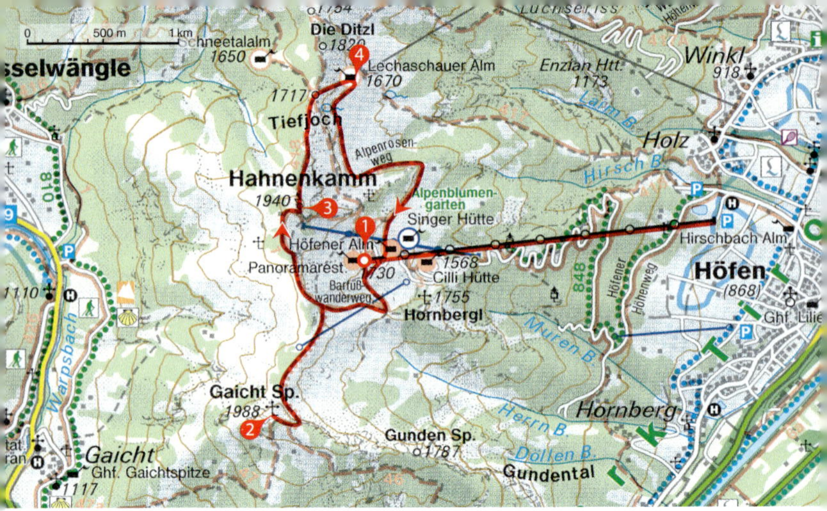

in die Südflanke, dort durch Latscheninseln nach rechts und rasch zum Kreuz auf der **Gaichtspitze** ❷, 1988 m.

Beim Rückweg können wir – um Höhenverlust so gering wie möglich zu halten – hinter dem Alpkopf links ausscheren und die anschließenden Kammpartien linksseitig passieren. Dieser Pfad ist allerdings etwas verwachsen und daher nicht ganz leicht aufzufinden – im Zweifel bleibe man rechts. Am nächsten Sattel wieder gemeinsam weiter und an technischen Anlagen vorbei zum Gipfel des **Hahnenkamms** ❸, 1940 m. Wenige Schritte unterhalb drehen wir in die stark bewachsene Nordseite ab und folgen dem Steig hinunter ins **Tiefjoch**, 1717 m. Während man westseitig die Schneetalalm erreichen könnte, steht rechter Hand für uns die **Lechaschauer Alm** ❹, 1670 m, zur Einkehr bereit. Dort trifft man auf den gut ausgebauten Alpenrosenweg, der fast horizontal die Hänge schneidet und uns um eine Geländenase herum zur **Höfener Alm** bzw. zurück zur **Bergstation** ❶ bringt.

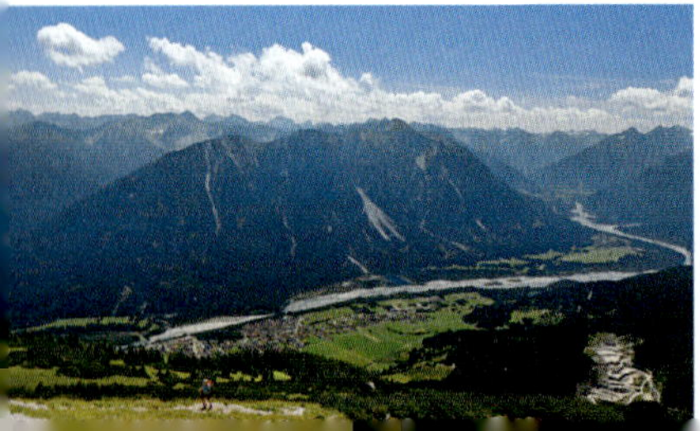

Die Gaichtspitze ist ein Lechtaler Aussichtsberg.

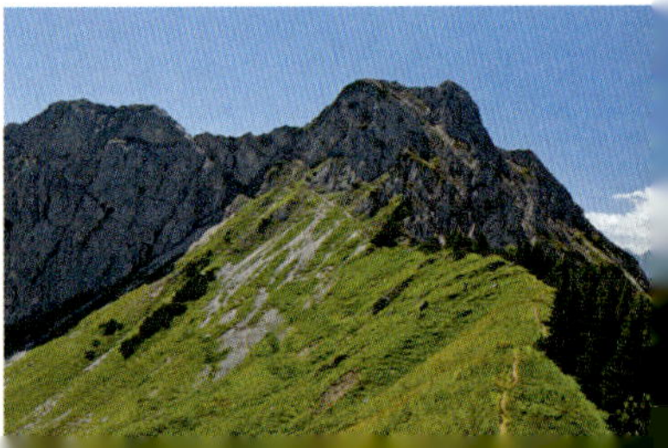

Die Route nähert sich dem Gipfelaufbau der Gaichtspitze.

↗ 1350 m | ↘ 1350 m | 13.0 km

7.00 h

Rote Flüh, 2111 m, und Schneid, 2008 m

34

Die leichteren unter den anspruchsvollen Tannheimern

Den direktesten Zugang ins Herz der dolomitisch anmutenden Tannheimer Berge erhält man vom Ort Nesselwängle mit dem Aufstieg zum Gimpelhaus. Oberhalb stehen sie dann in Reihe, die stolzesten Felsrecken der Gruppe, allen voran Köllenspitze und Gimpel, die auch auf der jeweils leichtesten Route Kletterei verlangen. Für unseren Wanderführer kommt eher die Rote Flüh in Betracht, als kleinere Schwester des Gimpel überhaupt eines der beliebtesten Gipfelziele weit und breit. Die Schau von oben ist fantastisch, und im Kar tummeln sich meist zahlreich die Gämsen. Wer aus der Tour noch mehr herausholen möchte, quert anschließend unterhalb von Gimpel und Köllenspitze bis ins Sabachjoch und folgt gegebenenfalls dem Schleichpfad hinauf zur Schneid, einem besonders elegant geformten Grasberg mit erstaunlich steilen Flanken.

Ausgangspunkt: Nesselwängle, 1136 m, im Tannheimer Tal. Gebührenpflichtiger Parkplatz oberhalb der Kirche beim Hotel Berghof. Busverbindung von Reutte.
Anforderungen: T4 an der Schneid, sonst maximal T3. Zur Roten Flüh normaler Bergsteig, am Gipfelaufbau schrofig mit einer gesicherten Passage. Verbindung zur Schneid eher schmale Pfade, bis zum Sabachjoch noch nicht schwierig, an der Schneid selbst jedoch ziemlich ausgesetzt und bei Nässe hei-

Mit ihrem scharfen Grasgrat (im Vordergrund) macht die Schneid ihrem Namen Ehre. Dominant die Köllenspitze, Hauptgipfel der Tannheimer Berge.

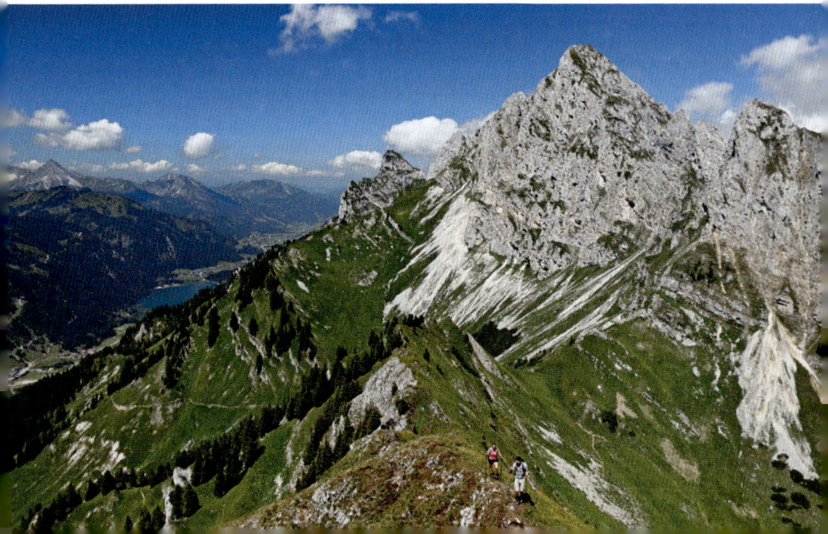

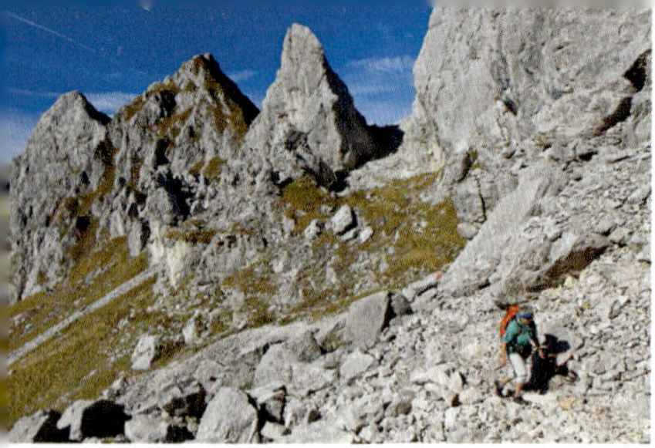

Traverse bei der Nesselwängler Scharte.

kel. Gute Trittsicherheit und Ausdauer sind obligatorische Voraussetzungen, für die Schneid unbedingt auch Schwindelfreiheit.
Einkehr/Unterkunft: Gimpelhaus, 1659 m, Tel. +43 5675 8251.
Beste Jahreszeit: Juni bis Oktober.
Variante: Lässt man die Schneid aus, reduziert sich die Gehzeit um etwa 1.15 Std. und das Gesamtniveau auf T3 (»rot«). Beschränkt man sich gar ausschließlich auf den Normalweg der Roten Flüh, dauert die Tour bei 980 Hm hin und zurück etwa 4.45 Std.
Hinweis: Die Tannheimer Hütte soll 2023 abgerissen und ein Neubau 2024 eröffnet werden.

Vom Parkplatz bei der Materialseilbahn in **Nesselwängle** ❶, 1136 m, geht es nach Beschilderung »Gimpelhaus« mit einer Rechtsschleife in den Wald. Am Ende der breiten Trasse vor einem Bach scharf links und auf einem bestens angelegten Kehrenweg (Nr. 415) an der steilen Berglehne empor – nach oben hin vermehrt mit schönen Ausblicken. Man erreicht das große **Gimpelhaus** ❷, 1659 m, und wählt dahinter den oberen Weg, der etwas wurzlig durch ein letztes Waldstück ins Gimpelkar führt. Dabei kommt auf den Wiesen auch der Zugang von der Tannheimer Hütte dazu. Richtung **Judenscharte** ❸ bleiben wir auf dem unteren der beiden Wege, der zu den Wänden Abstand hält, weniger Geröll, aber eventuell einige durchfeuchtete Passagen aufweist. Aus der Lücke – direkt über uns der imposante Aufschwung des Gimpel-Westgrates – nach links zu einer gesicherten Felspassage mit ausgemeißelten Tritten und mit gelegentlicher Händeunterstützung auf Schrofenpfad weiter bis zum Gipfel der **Roten Flüh** ❹, 2111 m. Obgleich dieser Berg auch eine Überschreitungsmöglichkeit bietet, kehren wir über den Gipfelaufbau zurück zur Judenscharte. Quert man dann direkt am Fuß des Gimpel über die Schuttfelder abwärts, lässt sich die Traverse später gleich fortsetzen – ansonsten müsste aus der begrünten Karmulde wieder schräg angestiegen werden. Bis in die Nähe der **Nesselwäng-**

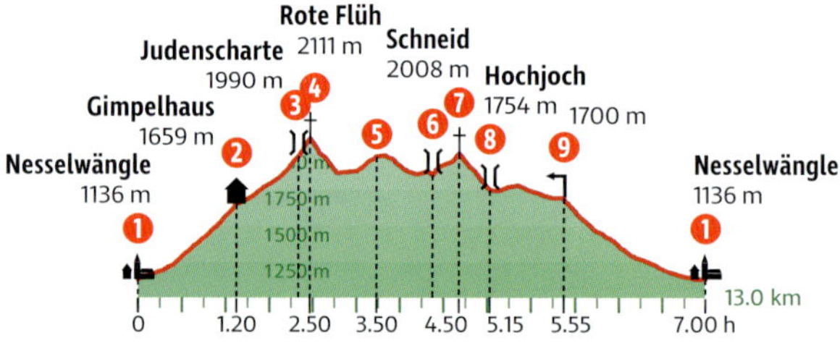

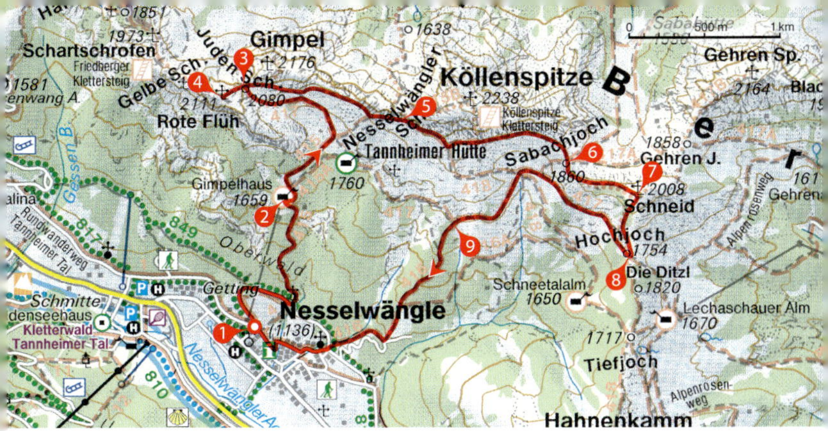

ler Scharte 5 werden nochmals etliche Höhenmeter gewonnen, ehe man auch die Köllenspitze mit dem Einstieg ihres Klettersteigs passiert. Vorerst noch relativ dicht am Sockelfels verbleibend, rückt man erst auf einer Geländerippe zum **Sabachjoch** 6, 1860 m, vollends davon ab. Dort setzt sofort der steile Pfad auf die Schneid an, streckenweise sehr luftig und wegen des Bewuchses bei Nässe prekär. Nach oben hin wird der Kamm immerhin etwas breiter und relativ gesehen gutmütiger.

Vom Gipfel der **Schneid** 7, 2008 m, kehren wir über den Westgrat ein Stück weit zurück, verlassen diesen dann aber auf dem ersten Absatz der Abwechslung halber nach links in die Südflanke, wo sich ebenfalls eine kleine Pfadspur befindet (kaum markiert). Mit ihr durch häufig üppigen Bewuchs hinab ins **Hochjoch** 8, 1754 m, und bei der Kreuzung scharf rechts. Der Hangweg schneidet die steilen Flanken der Schneid retour bis in die Mulde unterhalb des Sabachjochs, wo wir nach links schwenken und auf einer Geländerippe bei der Bergzigeunerhütte 9, ca. 1700 m, eine Abstiegsmöglichkeit ins Tal gewahren (Nr. 416). Dieser Weg schraubt sich im Bergwald tiefer und dreht schließlich rechts nach **Nesselwängle** 1 ab.

Die Rote Flüh wird durchs Gimpelkar angegangen.

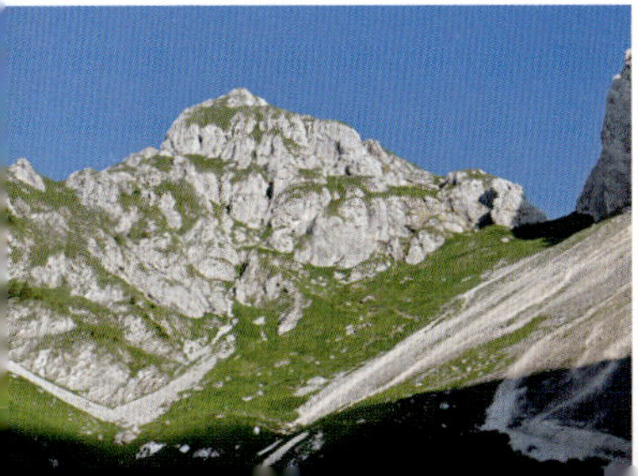

1000 Meter unterhalb des Gipfels erstreckt sich das Tannheimer Tal.

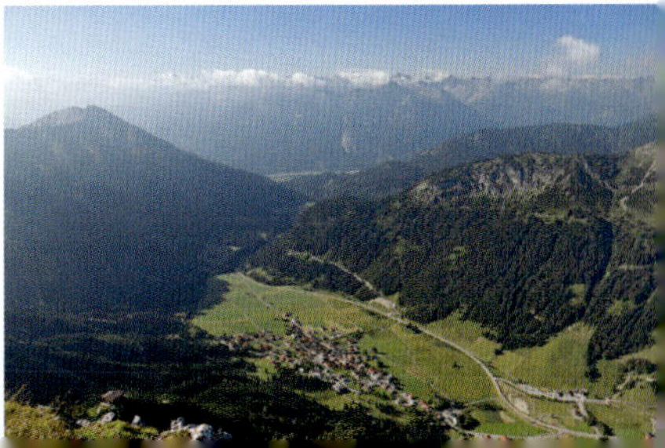

↗ 280 m | ↘ 280 m | 7.2 km

35 Adlerhorst und Haldensee

2.20 h

Spritztour an der Perle des Tannheimer Tals

Zwischen den schroff aufragenden Kalkstöcken der Tannheimer Berge und dem gegenüberliegenden Komplex um Krinnenspitze und Litnisschrofen wird die gesamte Talbreite ausgefüllt vom Haldensee, der damit zum landschaftlichen Schmuckstück dieser Talschaft avanciert. Eine Umrundung vollzieht man am Nordufer am besten erhöht über den sogenannten »Adlerhorst«, einem Panorama-Restaurant par excellence, und im Süden dann direkt am Ufer entlang. Diese kurze Tour eignet sich für jedermann.

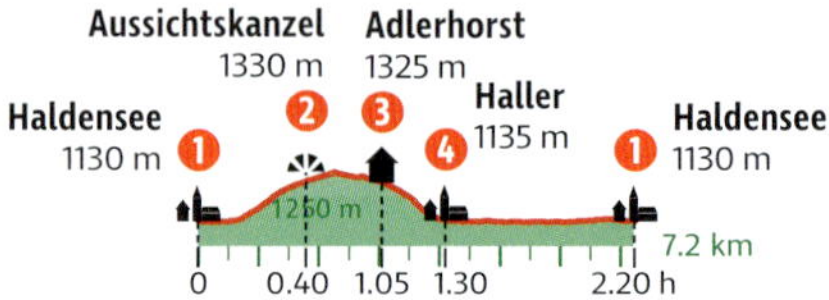

Ausgangspunkt: Haldensee, 1130 m, Parkplatz und Bushaltestelle im Ort, gegenüber dem Hotel Tyrol.
Anforderungen: Knapp T2. Einige Abschnitte auf Steigen (etwas steiler beim Abstieg vom Adlerhorst), sonst breite Trassen im Forst sowie am Seeufer entlang. Wenig beschwerliche Halbtagestour in Talnähe.
Einkehr: Berghütte Adlerhorst, Tel. +43 5675 8224 (Di./Mi. Ruhetag), sowie in den Ortslagen von Haller und Haldensee.
Beste Jahreszeit: Fast ganzjährig, außer bei viel Schnee.

Keine richtige Bergtour, aber trotzdem mit schönen Blicken ins Tannheimer Tal.

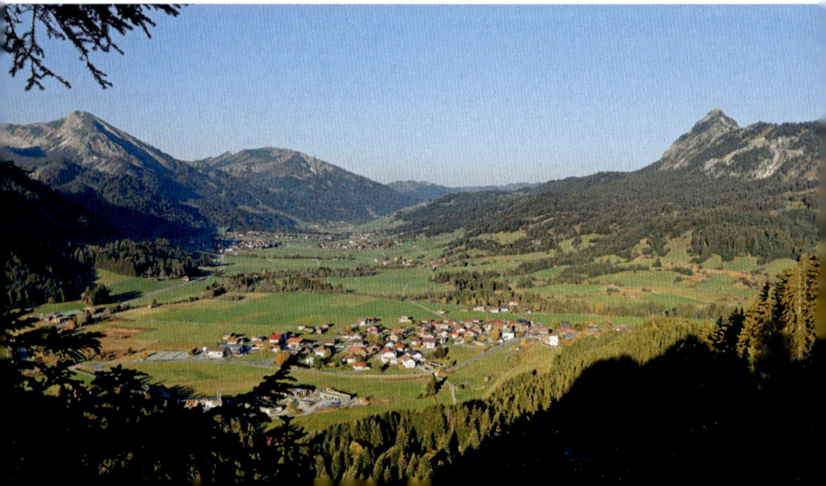

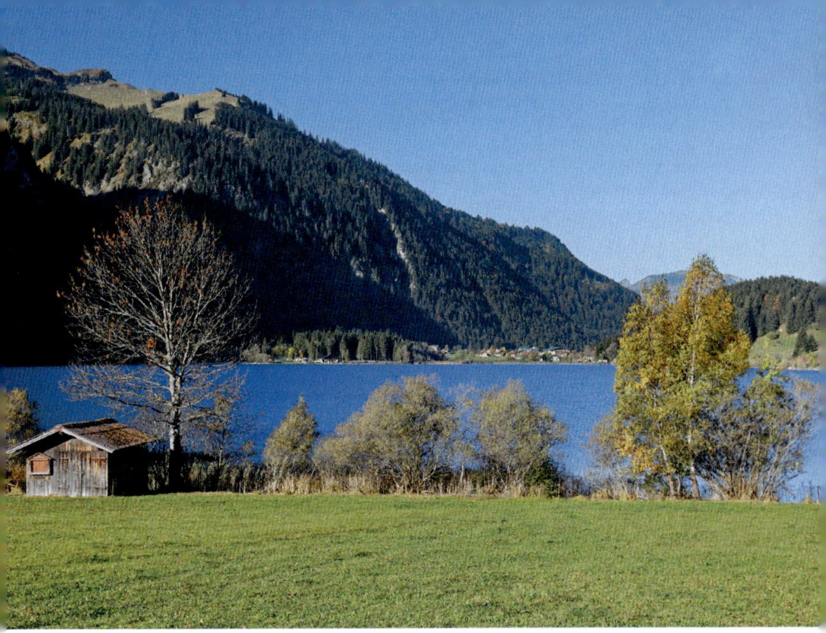

Malerischer Blick vom Ostufer über den Haldensee.

Wir starten in der Ortsmitte von **Haldensee** ❶, 1130 m, und wählen gleich den Wanderweg nach Grän, mit dem auch der Adlerhorst ausgeschildert ist. Im Bereich einer Lichtung auf einen Wiesenpfad abzweigend und bergauf zum Anschluss an einen breiten Forstweg, der von Grän kommt. In Kürze wird eine Aussichtskanzel ❷, ca. 1330 m, erreicht. Man gewinnt in östlicher Richtung anschließend noch ein paar Höhenmeter, ehe sich der Weg allmählich wieder absenkt und am Abzweig zum Füssener Jöchle vorbei beim Restaurant **Adlerhorst** ❸, ca. 1325 m, eintrifft.

Von dort bevorzugen wir den Waldweg hinab nach **Haller** ❹, 1135 m (alternativ auf Forststraße), gehen östlich des Haldensees durch die Niederung und begleiten anschließend das Südufer auf ganzer Länge. Damit zurück in den Ort und zum Ausgangspunkt ❶.

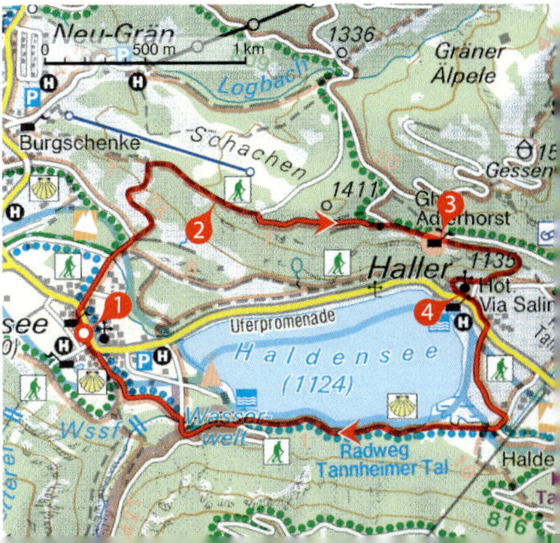

TOP

36

↗ 570 m | ↘ 1200 m | 10.7 km

Gräner Höhenweg und Aggenstein, 1987 m

4.40 h

Für Genusswanderer und ambitioniertere Gipfelstürmer

Die unter dem Namen »Gräner Höhenweg« propagierte Verbindung vom Füssener Jöchle zur Bad Kissinger Hütte ist ein Genusswanderklassiker in den Tannheimer Bergen. Wir durchlaufen hier eine stets idyllische Landschaft zwischen den durchaus markanten Gipfelgestalten im nördlichen Teil der Gruppe. Mit Seilbahnunterstützung sind die Mühen gering; etwa dreieinhalb Stunden muss man für den Rundkurs rechnen. Da bleibt eigentlich noch genug Zeit, um auch dem Hausberg der Bad Kissinger Hütte aufs Haupt zu steigen. Allerdings wehrt sich der Aggenstein mit deutlich steileren Schrofen: für manch einen vielleicht der erste – nicht allzu unwägbare – Ausflug in derartiges Gelände, und gerade auch für (trittsichere!) Kinder eine spannende Herausforderung ...

Stattlicher Schrofenklotz: der Aggenstein.

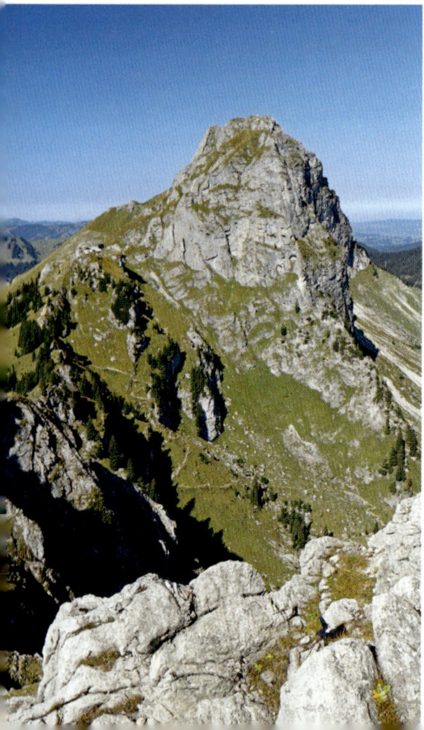

Ausgangspunkt: Bergstation der Sonnenbergbahnen von Grän zum Füssener Jöchle, 1818 m. Sommerbetriebszeiten von Mitte Mai bis 1. November, 8.45 bis 16.30 Uhr. Zufahrt in Grän über die Straße »Auf der Farrenwiese« zum kostenpflichtigen Parkplatz; auch Busverbindung von Reutte ins Tannheimer Tal.
Anforderungen: T3+ am Aggenstein, T2 am Gräner Höhenweg (blau). Der Höhenweg (inklusive Talabstieg) ist gut ausgebaut und ohne Absturzgefahr auch für Gelegenheitswanderer geeignet. Am Aggenstein zuoberst gesicherte Felspassagen, die Trittsicherheit und Schwindelfreiheit verlangen. Mit Gipfel durchschnittliches Tagespensum, ohne 200 Hm und 1.10 Std. weniger.
Einkehr/Unterkunft: Restaurant Sonnenalm am Füssener Jöchle, 1818 m. Bad Kissinger Hütte, 1792 m, Tel. +43 676 3731166.
Beste Jahreszeit: Mitte Mai bis Mitte Oktober.

Als Erstes schweben wir von Grän mit der Gondelbahn zum **Füssener Jöchle** ❶, 1818 m, hinauf und orientieren uns dort mit Nr. 414 nach Norden. Auf breitem Weg sachte

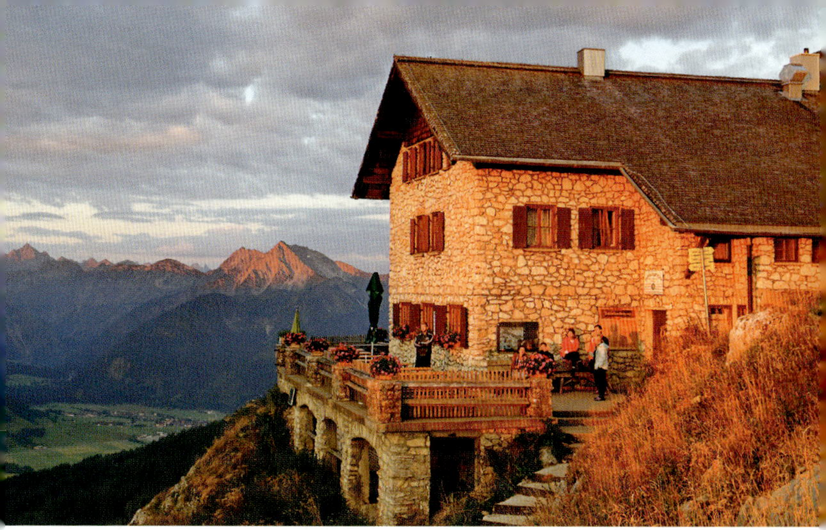

Die Bad Kissinger Hütte ist Ziel des Höhenwegs und Startrampe für den Aggenstein.

ansteigend knapp am unbedeutenden Gamskopf sowie einer Skiliftstation vorbei und mit einer Linkstraverse zum Übergang an der **Sefenschulter** ❷, ca. 1900 m. Auf der anderen Seite beschreibt der Gräner Höhenweg in mäßig steilem Bergab einige Kurven und Windungen und führt dann zur **Sebenalpe** ❸, ca. 1650 m, wo ein Steig zum Vilser Jöchl abzweigt. Wir wandern geradeaus weiter, verlieren noch ein paar wenige Höhenmeter und leiten dann die Gegensteigung ein. Abwechselnd durch lichte Baumbestände und über freiere Wiesen diagonal durch die Flanke und schließlich mit Tangieren des Kammes zur **Bad Kissinger Hütte** ❹, 1792 m, die stolz am Sonnenhang des Aggensteins thront.

Die Gipfelroute setzt sich als Schrofensteig fort und verlangt nach oben hin an drahtseilgesicherten Felsen noch beherztes Zupacken. Etwas ausgesetzt erklimmen wir somit den **Aggenstein** ❺, 1987 m.

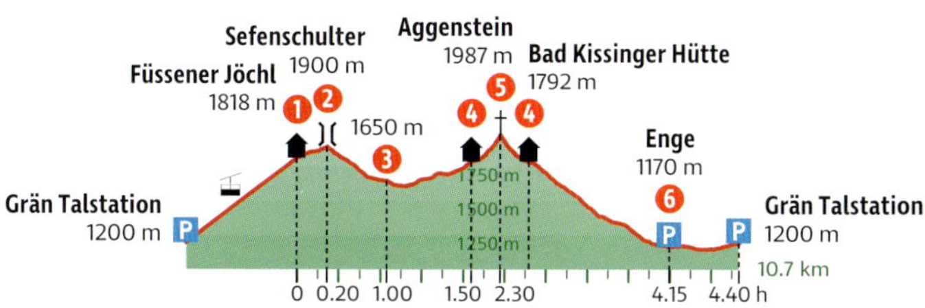

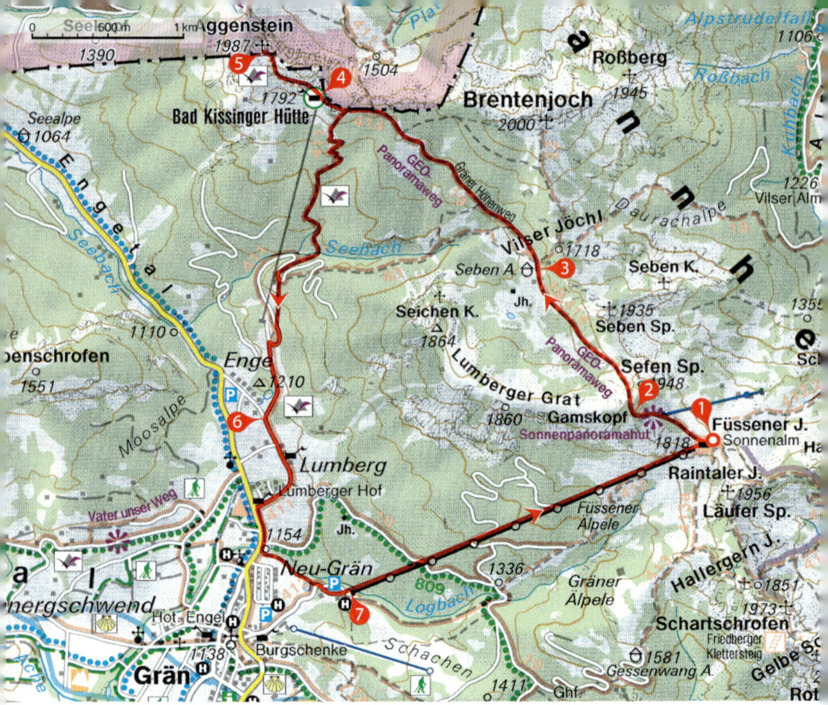

Im Abstieg scheren wir wenige Gehminuten unterhalb der **Bad Kissinger Hütte** ❹ rechts aus und absolvieren mit Nr. 411 unzählige Kehren am lichten Waldhang. Weiter unten wird ein Graben überschritten und kurz darauf auch die Runse des Seebachs. Wir stoßen auf eine Forststraße, die uns mit einigen Abkürzern Richtung Ortsteil **Enge** ❻, ca. 1170 m, bringt (Parkplatz). Schließlich nach Grän hinein und hinter dem Logbach links hinauf zur **Talstation** ❼.

Wenn sich die Abenddämmerung über die Bergwelt legt …

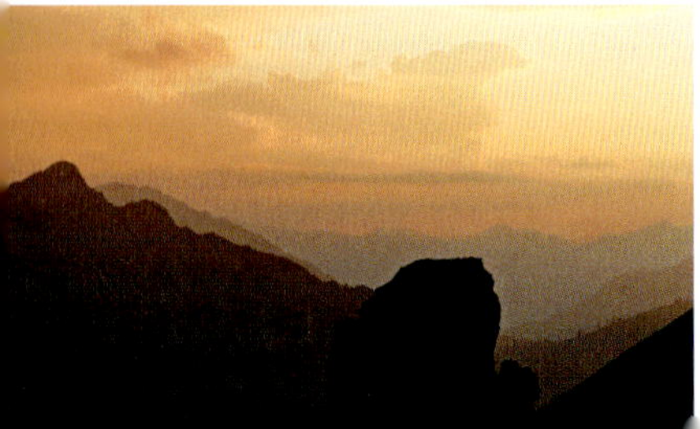

Der Gräner Höhenweg bietet eine tolle Aussicht übers Tannheimer Gebiet.

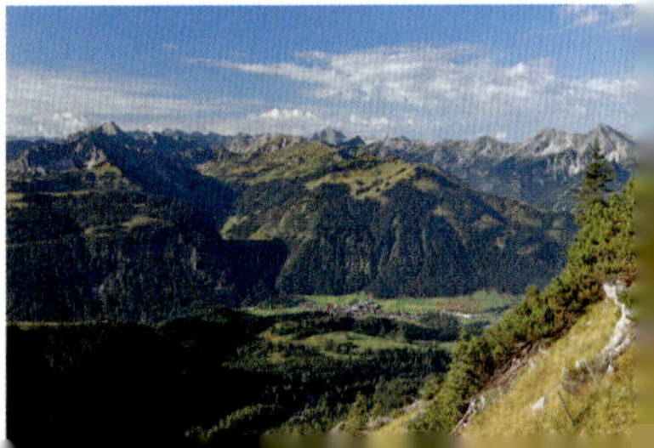

↗ 1230 m | ↘ 1230 m | 12.6 km

TOP

37 Bschießer, Ponten, 2045 m, und Rohnenspitze

6.00 h

Abwechslungsreiche Drei-Gipfel-Tour von Schattwald

Schön aufgereiht stehen Bschießer, Ponten und Rohnenspitze über dem hinteren Tannheimer Tal und warten quasi nur darauf, von tüchtigen Bergwanderern in einem Zuge überschritten zu werden. Die Tour geht prima vonstatten, weist reizvolle, niemals allzu schwierige Wegpassagen auf und glänzt auf längeren Strecken mit herrlichen Ausblicken. An klaren Tagen spannt sich ein Panorama von der Zugspitze über die Zentralalpen bis zur Schweizer Grenze auf. Direkt gegenüber formiert sich das markante Geißhorn – einziger Anlass, vielleicht doch abzuschweifen. Vom Zirleseck gäbe es nämlich eine spannende Verbindung (siehe Tour 37) …

Ausgangspunkt: Schattwald, gebührenpflichtiger Parkplatz bei der Wannenjochbahn, ca. 1100 m. Bushaltestelle unterhalb an der Tannheimer Straße.
Anforderungen: T3. Gewöhnliche Bergwege, teils schrofig und hier und da ziemlich abschüssig, aber keine wirklichen wandertechnischen Schwierigkeiten. Abgesehen von der Drahtseilstelle an der Rohnenspitze braucht man kaum irgendwo die Hände. Gut ausgefüllte Tagestour.
Einkehr: Keine.
Beste Jahreszeit: Juni bis Oktober.
Varianten:
1. Nutzung des Wannenjoch-Lifts und

Vom dritten Gipfel, der Rohnenspitze, blicken wir zurück zum Ponten.

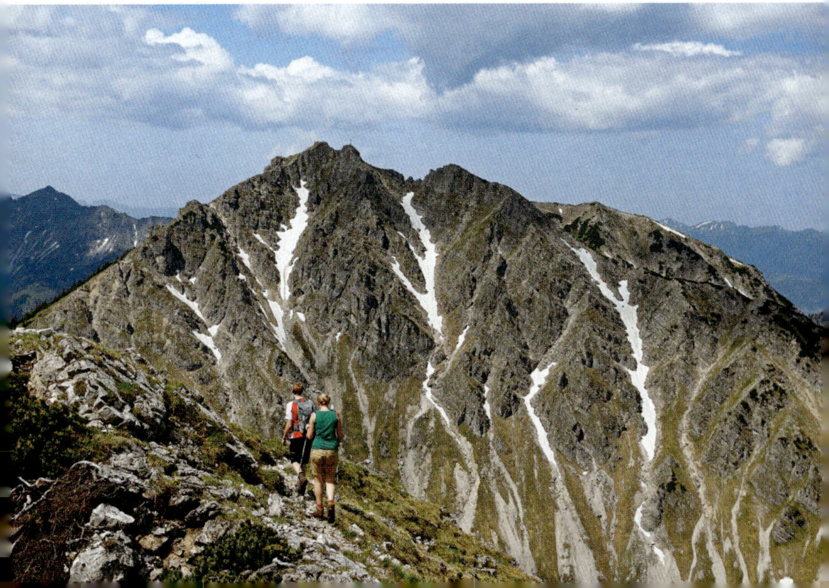

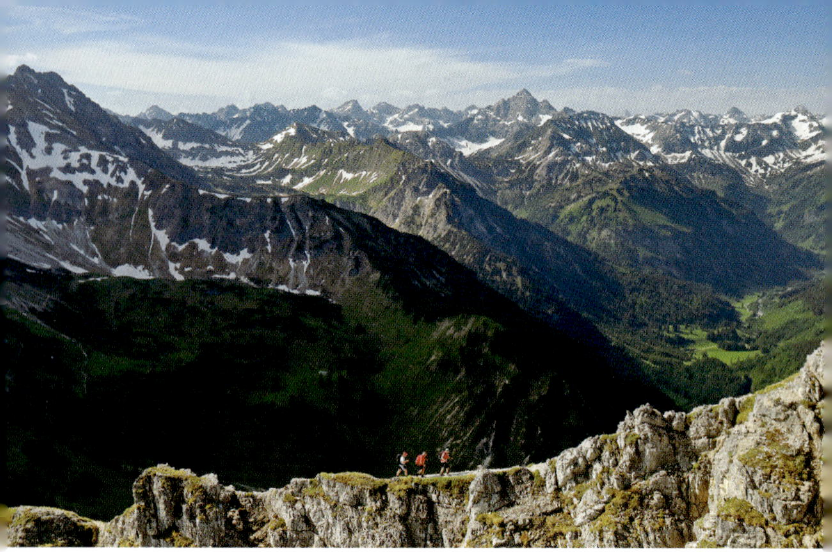

Spannende Wegführung am Ponten. Aus der Ferne grüßt unverwechselbar der Hochvogel.

von der Bergstation, 1565 m, in 40 Min. Richtung Stuibensattel. Täglicher Betrieb erst ab Ende Juni.

2. Auslassen der Rohnenspitze und durchs Pontental abwärts (ca. 45 Min. kürzer).

Vom Parkplatz beim Lift in **Schattwald** ❶ gleich über den Stuibenbach und bei der Gabelung rechts aufwärts ins Stuibental. Man gelangt in den Alpkessel namens **Unterer Stuiben** und verlässt hier den Weg zur bewirtschafteten Stuiben Sennalpe. Rechts haltend öffnet sich eine Hangmulde, wo die Spur phasenweise etwas dürftig ist, dann aber doch problemlos den weiten Wiesensattel am **Oberen Stuiben** ❷, 1613 m, gewinnt. Wir drehen links Richtung »Bscheißer« ab (laut Wegweiser tatsächlich in dieser früher üblichen Schreibweise!), gelangen aus den Wiesen in Latschenfelder (dort meist erdige Verhältnisse) und ersteigen schließlich auf einem Schuttfeld

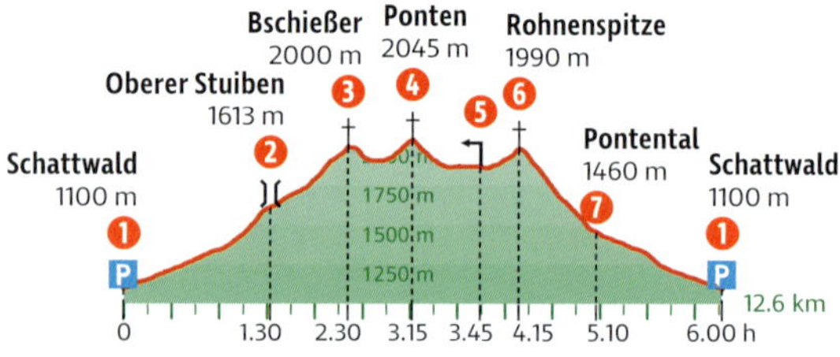

in Kehren den Gipfel des **Bschießer** ❸, 2000 m.

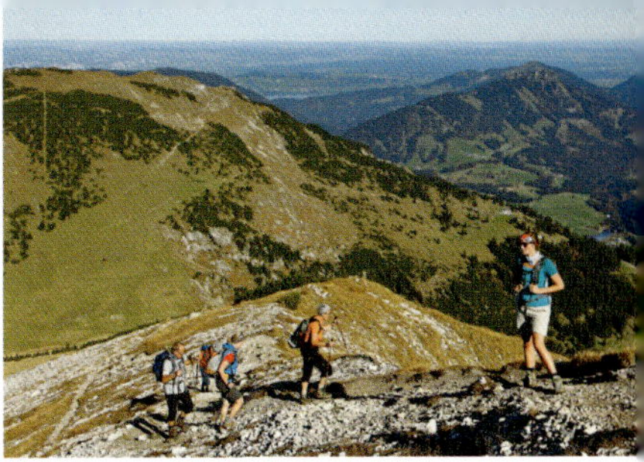

Der Aufstieg zum Bschießer gestaltet sich hindernisarm.

Die Fortsetzung weicht nach kurzer Gratstrecke links in die Flanke aus und schmiegt sich nach einer etwas ausgesetzten Traverse wieder der Kammlinie an. Nachdem der Zugang von der Stuiben Sennalpe aufgenommen wurde, folgt der Gegenanstieg zum Ponten. Zwischendurch gibt es zwar auch eine Umgehungsmöglichkeit in der Südflanke, doch wollen wir den zweiten Gipfel ja keinesfalls versäumen. Der Schrofenpfad leitet direkt zum höchsten Punkt des **Ponten** ❹, 2045 m; das Kreuz befindet sich wenige Meter tiefer gegen das Tannheimer Tal vorgeschoben.

Beim Abstieg orientieren wir uns unter Umgehung der Steilabbrüche gen Südosten, nehmen nach einigen Kehren den Flankensteig auf und gelangen von einem Wiesenfleck durch ein paar Latschen zur Weggabelung am **Zirleseck** ❺, 1872 m. Hier nach links, am Abzweig ins Pontental vorbei und vor einer Jagdhütte linksseitig in die Schrofen (Drahtseile). Auf dem Kammrücken weiteren Hindernissen ausweichend und zuletzt steil zum Gipfel der **Rohnenspitze** ❻, 1990 m, wo das Kreuz wiederum einige Schritte gen Norden postiert ist.

Daran vorbei führt der Weiterweg in den wegen seiner Einförmigkeit gewaltig wirkenden nördlichen Abhang hinunter. Der Schuttsteig bringt uns im Zickzack tiefer und allmählich in die Latschen- und Baumzone, wo die Beschaffenheit des Weges angenehmer wird. Wir halten uns links ins **Pontental** ❼, ca. 1460 m, und nehmen dort die andere Route vom Zirleseck auf. Man achte auf die Beschilderung »Schattwald«, wenn man in Kürze zu einer Forststraße kommt, ebenso wie später beim Linksabzweig eines kleinen Steiges. Dieser zieht schräg abwärts, und quert durch Wiesen hinüber zu einem Wirtschaftsweg, mit dem sich der Kreis zurück zum Parkplatz ❶ schließt.

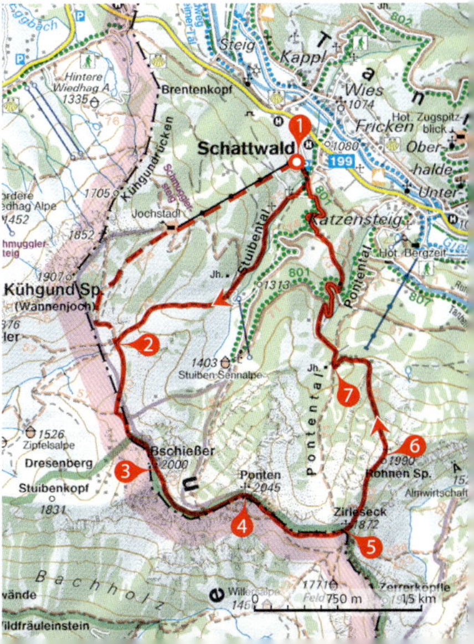

↗ 1150 m | ↘ 1150 m | 14.4 km

38 Geißhorn, 2249 m

6.15 h

Absolutes Tannheimer Aushängeschild

Von allen Gipfeln in den Vilsalpseebergen, also jener Gruppe südlich des Tannheimer Tals, genießt das Geißhorn – mitunter unsinnigerweise auch Gaishorn geschrieben – wohl den höchsten Stellenwert. Es besticht je nach Perspektive als eine mal pyramidale, mal trapezförmige, immer aber wuchtige Gestalt und hat vor allem routenmäßig viel zu bieten. Am schnellsten kommt man vom Vilsalpsee hinauf. Ich möchte an dieser Stelle eine Routenkombination direkt vom Ort Tannheim aus vorstellen: hinauf durch das Roßalptal und hinunter durch das parallele Älpelestal, wo wir auch eine Jausenstation finden. Im Gipfelbereich sind diese Steige recht anspruchsvoll.

Ausgangspunkt: Tannheim, 1097 m, gebührenpflichtiger Parkplatz »Tannheim West« an der Straße »Neu Kienzen«. Bushaltestelle in der Nähe.
Anforderungen: T3–4. Im Alpbereich unschwierige Bergwege, auf den beiden Gipfelsteigen jedoch alpiner Charakter mit Fels und Schutt, vor allem unterhalb vom Geißeck schon an der Grenze zu »schwarz« (zwei gesicherte Kaminrinnen). Solide Bergerfahrung mit Trittsicherheit und Schwindelfreiheit obligatorisch. Normale Tagestour für Ausdauernde.

Von Tannheim aufs Geißhorn (Bildmitte): eine zünftige Bergtour.

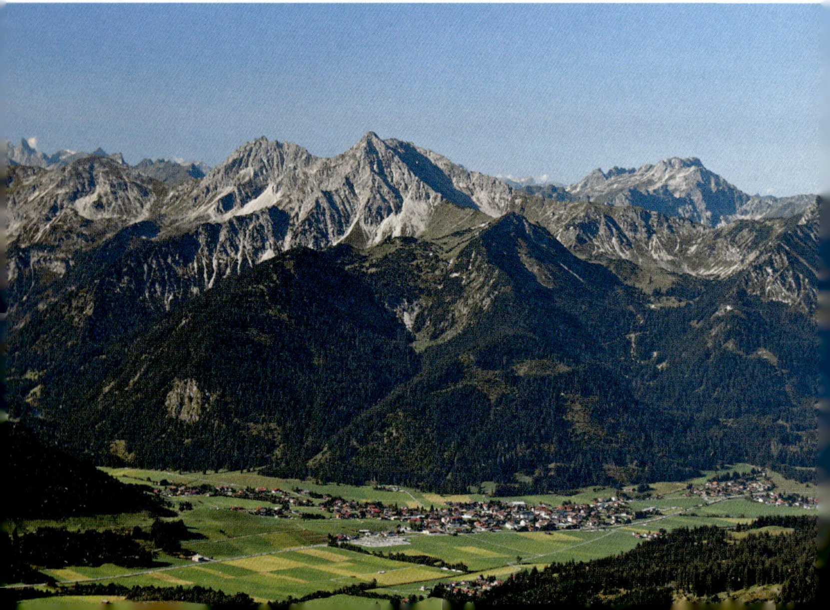

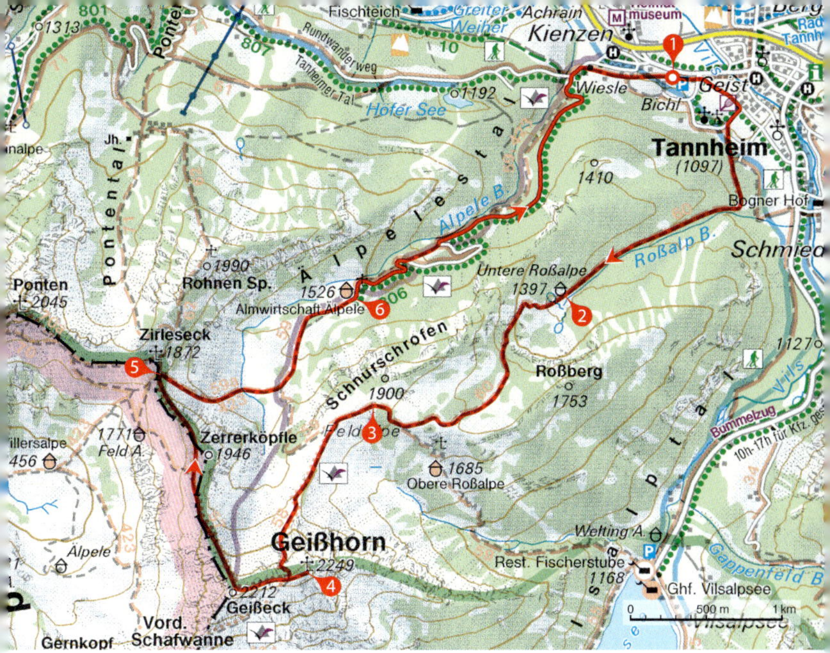

Einkehr: Älpele, Tel. +43 676 9547866, 1526 m.
Beste Jahreszeit: Wegen Altschneefeldern nicht zu früh im Jahr, meist ab Mitte/Ende Juni bis in den Oktober hinein.
Variante: Leichterer Abstieg auf der Südseite, und zwar zunächst schräg gegen die Vordere Schafwanne bergab und anschließend mit Nr. 424 durch den gesamten Hangkessel bis zum Vilsalpsee, von dessen Nordende ein Bus nach Tannheim verkehrt.

In **Tannheim** ❶, 1097 m, an den Sportanlagen vorbei und bei der Verzweigung rechts ins Tal des Roßalpbachs. Diesen begleiten wir bis in den Kessel bei der **Unteren Roßalpe** ❷, 1397 m. Auf der rechten Seite weiter aufwärts und über eine Geländeschwelle in kupierte Bereiche, wo die Pyramidengestalt des Geißhorns ins Blickfeld tritt. Ein Sattel mit Kreuz bleibt links. Bald darauf nehmen wir den Steig vom Vilsalpsee über die Obere Roßalpe auf und gewinnen rechts haltend noch knapp 100 Höhenmeter bis auf den breiten Rücken des **Schnurschrofens** ❸. Nun gegen das Geißhorn hinan. Bevor sich die Felsen des Nordgrates aufschwingen, weicht man rechts aus und steigt im Zickzack durch die Schuttflanke höher. Gegen Ende zunehmend steiler und auch felsdurchsetzt bis zum Ausstieg auf den Westgrat und in wenigen Minuten nach links zum Gipfel des **Geißhorns** ❹, 2249 m. Im Abstieg folgen wir dem Westgrat ganz hinüber bis zum **Geißeck**, wo die

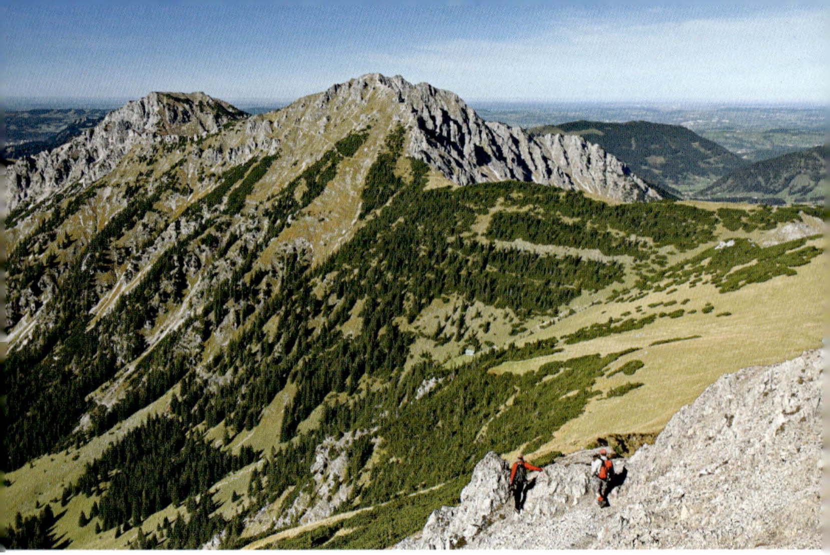

Die Abstiegsroute verläuft in steilen Schrofen vis-à-vis von Ponten und Bschießer.

Route markant nach rechts schwenkt und felsig abfällt. In steilen Partien müssen die Hände schon mal helfen, insbesondere in zwei Kaminrinnen, die mittels Drahtseilen und zum Teil auch ein paar künstlichen Tritten entschärft sind. Hinter kleineren Latschenbereichen läuft der Steig dann gutmütiger über einen Grasrücken zum **Köllesattel** ❺, 1819 m, aus. Hier rechts kurzzeitig steil gegen die hintere Karmulde im Älpelestal hinab, wobei man sich eher am Hang auf der rechten Seite bewegt. Man passiert einen auffälligen Schrofenbuckel und steuert gemeinsam mit dem Übergang vom Schnurschrofen die Almwirtschaft **Älpele** ❻, 1526 m, an – willkommen für eine Schlusseinkehr. Von dort verbleibt eine Gehstunde auf breitem Wirtschaftsweg (bzw. den Abkürzungsmöglichkeiten) talwärts nach **Tannheim** ❶.

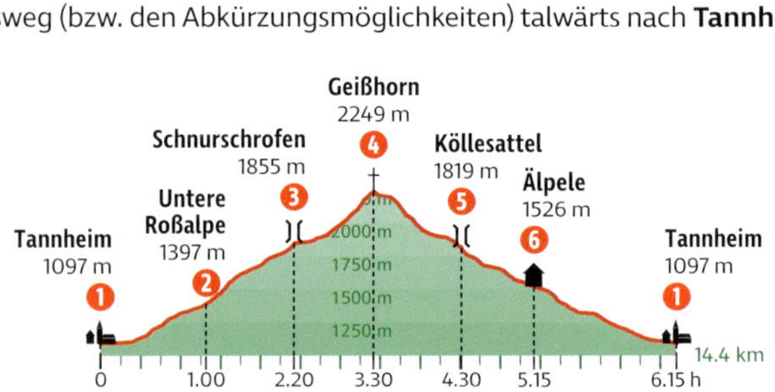

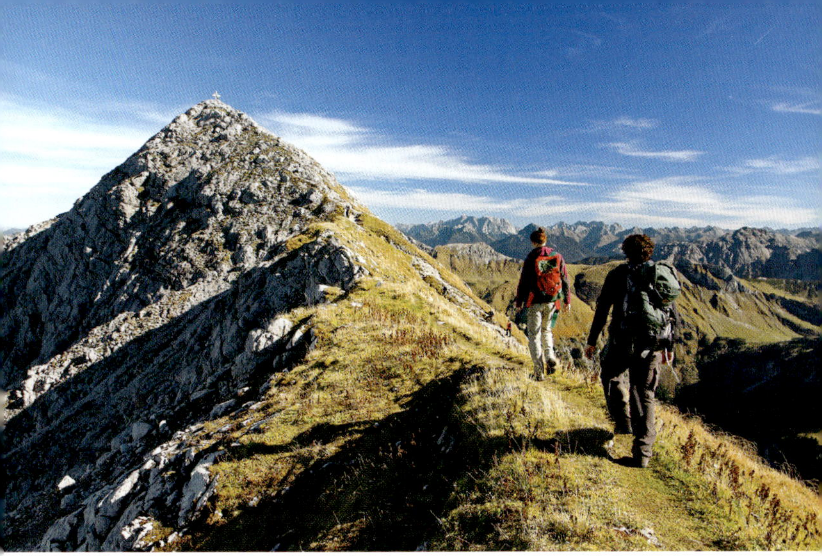

Nur noch wenige Schritte bis zum Gipfel ...
... um dort das Panorama und die milde Herbstsonne zu genießen.

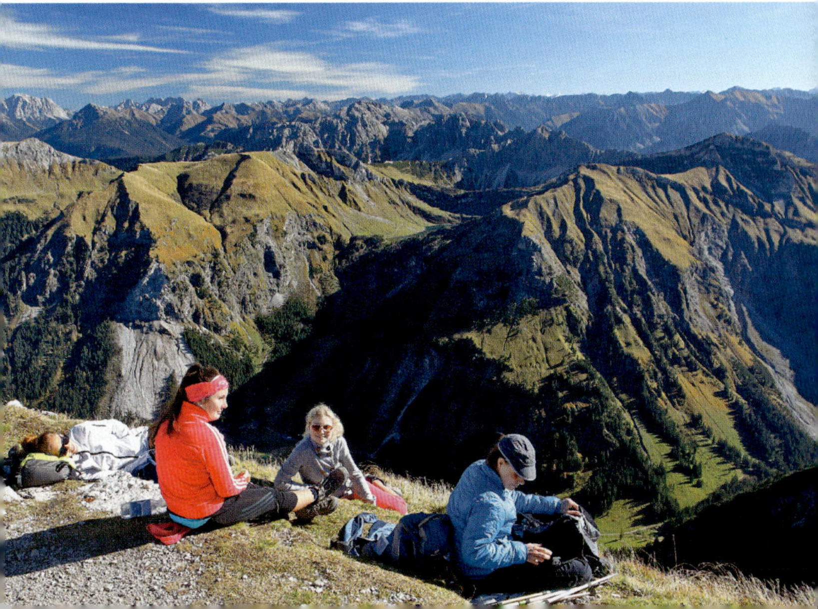

↗ 400 m | ↘ 400 m | 18.8 km

39 Rundwanderweg Tannheimer Tal

4.45 h

Die Talschaft zwischen Zöblen und Haldensee

Das Tannheimer Tal sieht sich von einer verheißungsvollen, vielgestaltigen Bergwelt eingerahmt, doch wird es auch von Interesse sein, das freundlich grüne Band selbst einmal näher zu erkunden – vielleicht zum ersten Kennenlernen. Dafür ist zwischen Zöblen und Grän bzw. Haldensee ein fast 20 Kilometer messender Rundwanderweg entworfen worden. Wir durchstreifen hauptsächlich die unteren Hanglagen und entdecken so manches idyllische Fleckchen, etwa den Höfer See oder die Mähder auf der Sonnseite. Natürlich können auch kürzere Varianten realisiert werden.

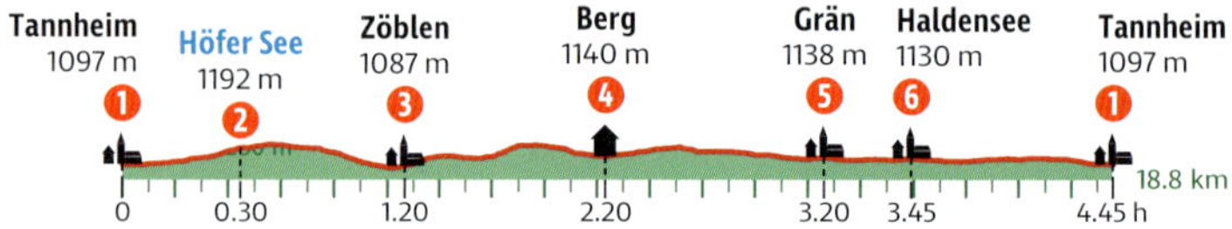

Ausgangspunkt: Tannheim, 1097 m, z.B. bei der Bushaltestelle »Gemeindeamt« neben der Kirche oder beim Parkplatz West. Alternativ kann auch in Haldensee, Grän oder Zöblen gestartet werden.
Anforderungen: T1. Einfache Wanderung auf breiten Schotterwegen bzw. Hartbelag, nirgends steil und auch bei schlechterem Wetter ohne besondere Gefahren möglich. Grundlegende Ausdauer sollte vorhanden sein, denn die einigermaßen tagfüllende Strecke zieht sich.
Einkehr: Schäferhütte im Ortsteil Berg, Tel. +43 5675 6475 (Mo./Di. Ruhetag), ansonsten in den Ortschaften.
Beste Jahreszeit: Fast ganzjährig.

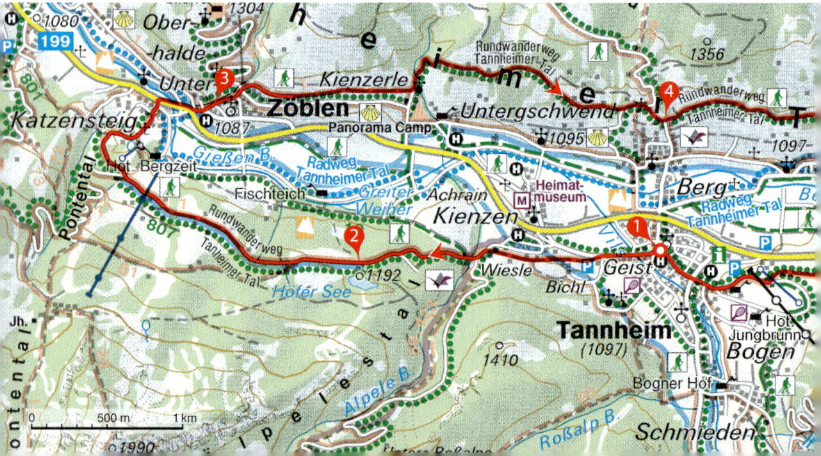

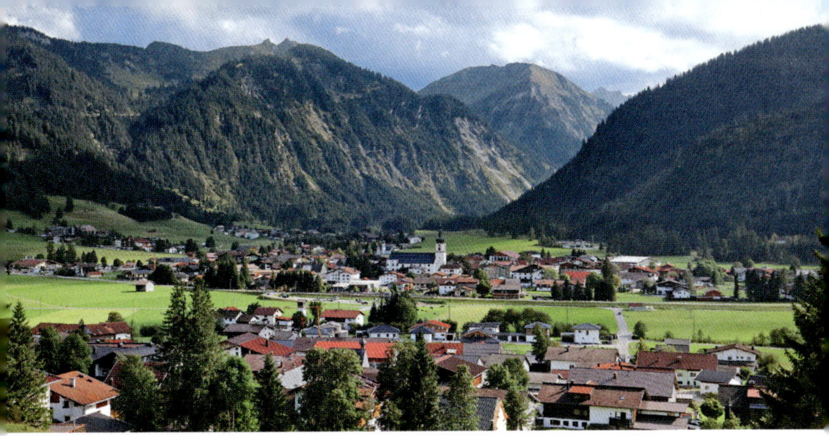

Tannheim ist der Hauptort der Talschaft, die auf gut 1000 Metern liegt.

Aus dem Zentrum von **Tannheim** ❶ geht es zunächst zum Parkplatz »West« (praktikabler Startpunkt für Autofahrer) und auf den leicht ansteigenden Weg Richtung **Höfer See** ❷, 1192 m, der schließlich mit einem kurzen Abstecher mitgenommen wird. Anschließend führt ein geschotterter Hangweg abwechselnd durch Wald und über Lichtungen weiter gen Westen. Im Tal liegt nun **Zöblen** ❸, 1087 m, wohin wir etwas nach hinten ausholend absteigen. Im Ort erneut aufwärts zum zweiten der parallel verlaufenden Wege quer durch die offenen Hanglagen. Wir gelangen nach Kienzerle und zu einem Tobel. Gleich dahinter leiten einige Schleifen höher, ehe die Traverse ostwärts fortgesetzt wird, jetzt teils wieder durch Waldparzellen, aber auch entlang von Mähdern. Bis oberhalb des Tannheimer Ortsteils **Berg** ❹, ca. 1140 m, verlieren wir zwischendurch etwas an Höhe – hier befindet sich die »Schäferhütte« als Einkehrmöglichkeit. Im Anschluss wandert man durch eine offene Wiesenlandschaft, bevor die Route etwas verwinkelt Richtung Grän abknickt. Kurz vor der Ortschaft wird ein Bach gekreuzt. Von **Grän** ❺, 1138 m, folgen wir dem Wiesenweg ins benachbarte **Haldensee** ❻, 1130 m, und wechseln dort auf die Südseite der Berger Ache an den schattseitigen Hangfuß. Ein Stück weit abseits der Talstraße geht es schließlich parallel dazu noch mehr als drei Kilometer zurück nach **Tannheim** ❶.

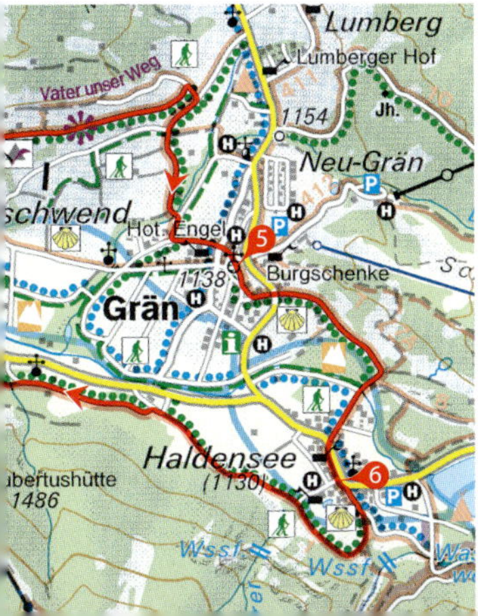

TOP

↗ 1350 m | ↘ 1350 m | 18.5 km

40 Rund um den Vilsalpsee mit Lachenspitze, 2126 m

8.00 h

Stundenlang auf den schönsten Höhenwegen

Der ringsum von charismatischen Bergen eingefasste Vilsalpsee ist ein Juwel des Tannheimer Tals und zählt – inmitten eines Naturschutzgebietes gelegen – zu den beliebtesten Ausflugszielen im Bereich dieses Führers. Zudem fungiert er als Startpunkt für eine Reihe toller Bergtouren. Am lohnendsten ist vielleicht die Umrundung des gesamten Kessels auf aussichtsreichen Höhenwegen, die wir entgegen des Uhrzeigers begehen wollen. Damit schließen wir zunächst zum Jubiläumsweg auf, kommen später in die Nähe des tiefblauen Schrecksees, der sich malerisch in die Matten bettet, und im weiteren Verlauf über zwei Gipfel zur Landsberger Hütte. Im letzten Viertel der abwechslungsreichen Tour liegt sie ideal für eine Einkehr und besticht mit einem imposanten Einblick in die Nordwand der zuvor bestiegenen Lachenspitze.

Ausgangspunkt: Großer, gebührenpflichtiger Parkplatz bei der Fischerstube, 1168 m, am Vilsalpsee. Zufahrt von Tannheim zwischen 10 und 17 Uhr für den öffentlichen Verkehr gesperrt (Rückfahrt jederzeit möglich). Tagsüber fährt regelmäßig ein Bus.

Anforderungen: T3. Meist normale Bergsteige, einige abschüssige Abschnitte vor allem am Jubiläumsweg sowie um Steinkar- und Lachenspitze. Elementare Trittsicherheit erforderlich und wegen der Länge vor allem auch sehr gute Ausdauer.

Einkehr/Unterkunft: Vilsalpe, 1178 m,

Der Vilsalpseekessel – ein absolutes Juwel der Tannheimer Bergwelt.

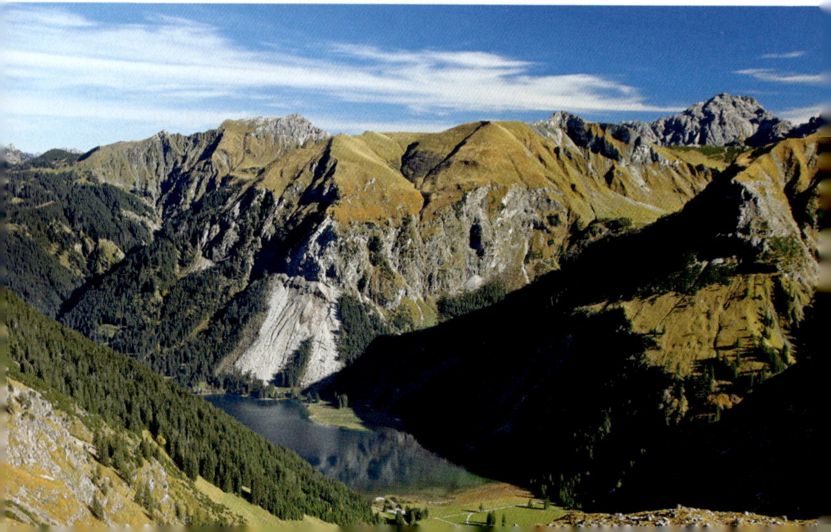

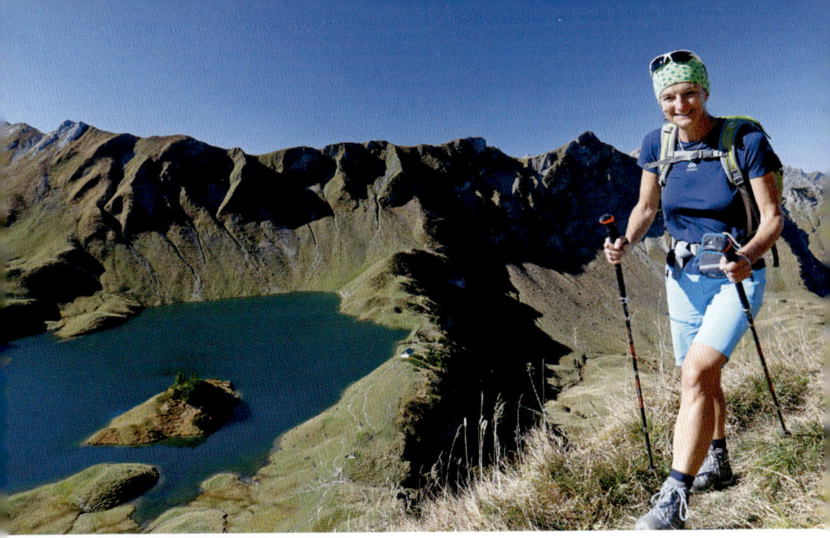

Mit dem Schrecksee im Blick steigert sich der Wandergenuss.

Tel. +43 676 5609070. Landsberger Hütte, Ende Mai bis Mitte Oktober, 1805 m, Tel. +43 5675 6282. Obere Traualpe, 1649 m, Tel. +43 676 5114563. Gasthof Vilsalpsee und Fischerstube am Ausgangspunkt.
Beste Jahreszeit: Wegen Altschnee nicht zu früh im Jahr, meist ab Mitte Juni bis etwa Mitte Oktober.
Variante: Links an der Steinkarspitze vorbei ins Westliche Lachenjoch, 1970 m, und von dort schneller zur Landsberger Hütte hinab. Zeitersparnis ohne die Gipfel ca. 1 Std.

Vom Parkplatz am **Vilsalpsee** ❶, 1168 m, begeben wir uns auf die rechte Seite und folgen zunächst dem breiten Uferweg Richtung **Vilsalpe** ❷, 1178 m. Hier mit Nr. 424 bergwärts in eine große Hangmulde. Viel weiter oben verlässt man den Zugang zur Vorderen Schafwanne bzw. zum Geißhorn ❸, dreht links ein und stößt in Bälde auf den Jubiläumsweg. Damit

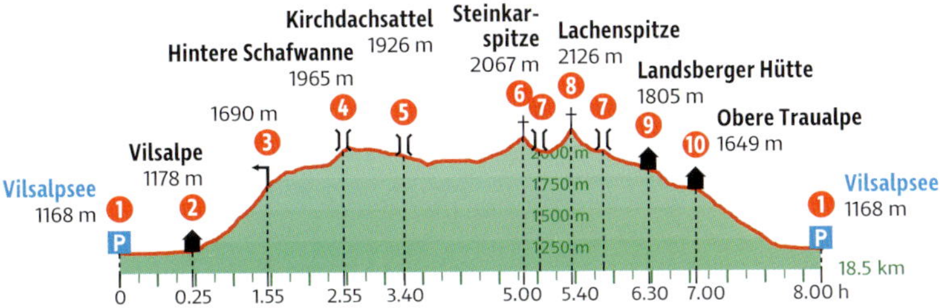

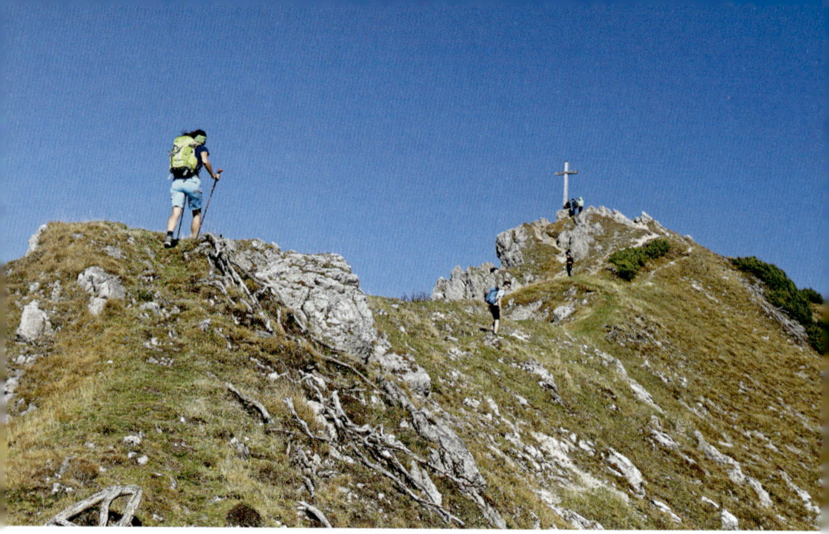

»Gratwegs« zur Steinkarspitze ...

ostseitig unter dem zerklüfteten Rauhhorn entlang, zwischendurch über den wenig ausgeprägten Geländerücken, der zum Schäferkopf absetzt, hinweg und in den Sattel der **Hinteren Schafwanne** 4, 1965 m, hinauf.
Im weiteren Verlauf schneidet der Jubiläumsweg die teils abschüssigen, schrofigen Flanken von Kugelhorn und Knappenkopf auf bayerischer Seite. Der zauberhafte Schrecksee tritt ins Blickfeld, doch bleiben wir günstiger deutlich oberhalb und queren um diverse Ecken in den **Kirchdachsattel** 5, 1926 m, der den Grenzübertritt zurück nach Tirol ermöglicht. Mit etwas Höhenverlust werden stärker gegliederte und vermehrt felsdurchsetzte Hänge traversiert, ehe man wieder leicht ansteigend zur Vereinigung mit dem Saalfelder Weg im Bereich der weitläufigen Geländeschwelle gelangt. Wir lassen den seichten Sattel des Kastenjochs, 1859 m, hinter uns und nähern uns nordostwärts der Steinkarspitze. Während der Hauptweg nun unterhalb das Westliche Lachenjoch anpeilt, folgen wir der kleinen Pfadspur gipfelwärts. Man erreicht die **Steinkarspitze** 6, 2067 m, schließlich über ihren eher stumpfen Südwestgrat. Vom Gipfel ostwärts rasch in die **Steinkarscharte** 7, 1955 m, hinab und je nach Lust und Laune jetzt auch noch auf die höhere **Lachenspitze** 8, 2126 m, die über einen steileren Schutt- und Schrofensteig gewonnen wird.
Da die Überschreitung zum Östlichen Lachenjoch im splittrigen Felsterrain eher etwas verzwickt ist und das Schwierigkeitsniveau spürbar erhöhen würde, kehren wir am besten in die **Steinkarscharte** 7 zurück und vollziehen auf der Nordseite einen recht gutmütigen Bogen durch die Karmulde

hinüber zur **Landsberger Hütte** 9, 1805 m, die hoch am Steilriegel über dem Traualpsee klebt. Gleich dahinter finden wir den Einstieg in den gut angelegten Steig, der uns mit einigen Kehren sicher in die Kesselmulde und am rechten Ufer entlang zur **Oberen Traualpe** 10, 1649 m, bringt. Vom Staudamm geht es über eine weitere Geländestufe auf serpentinenreichem Kurs tiefer und später den Felssturzzonen links ausweichend hinab zur Unteren Traualpe am **Vilsalpsee**. Am breiten Ostuferweg schließt sich der Kreis.

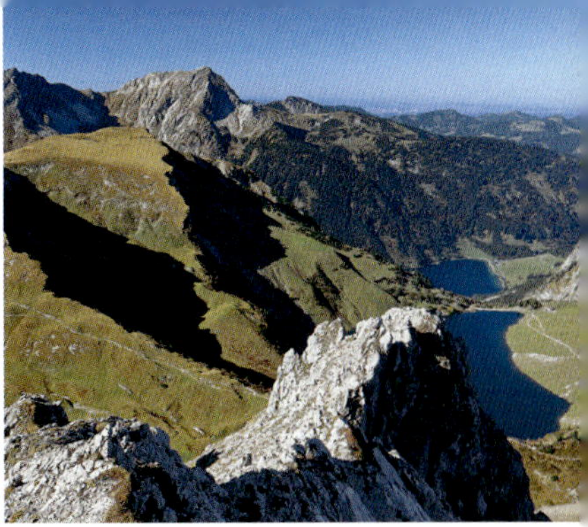

Blick von der Lachenspitze auf Trau- und Vilsalpsee.

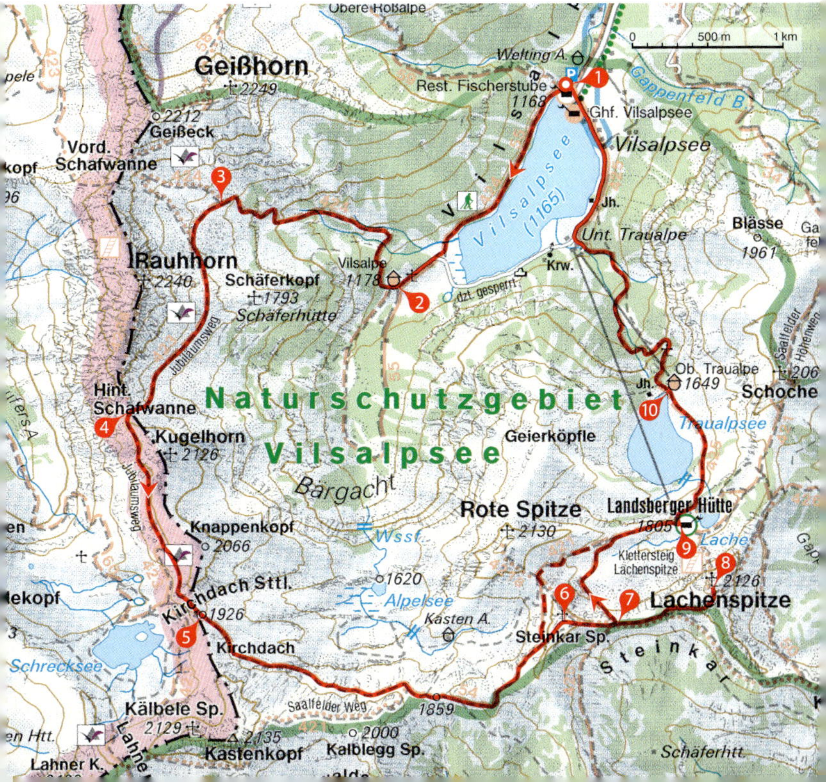

↗ 400 m | ↘ 400 m | 8.9 km

41 Sulzspitze, 2084 m

2.45 h

Bequeme Gipfeltour mit der Neunerköpflebahn

Die Seilbahn von Tannheim hinauf zum Neunerköpfle erschließt ein schönes Wandergebiet, das mehr oder weniger ausschweifend genutzt werden kann. Das nächstgelegene »richtige« Gipfelziel heißt Sulzspitze. Schon am Höhenweg genießt man herrliche Ausblicke, doch erst am höchsten Punkt kommen die Vilsalpseeberge in ihrer Gesamtheit zur Geltung. Wer die Wanderung ausbauen möchte, beachte die beiden Varianten.

Ausgangspunkt: Bergstation der Neunerköpflebahn, 1784 m, von Tannheim. Betriebszeiten von Anfang Mai bis Anfang November, 8.45 bis 16.15 Uhr. Die Talstation befindet sich an der Umfahrungsstraße östlich des Tannheimer Ortsgebiets (auch Bushalt).
Anforderungen: T2+. Bei trockenen Verhältnissen problemlose Bergwege, bei Nässe eventuell rutschige Passagen. Zum Gipfel hin Wiesensteig mit ein paar unschwierigen Schrofen. Lockere Halbtagestour.
Einkehr: Gundhütte, 1784 m (bei der Bergstation).
Beste Jahreszeit: Juni bis Oktober.
Variante: Auf dem Saalfelder Weg (Nr. 421) weiter Richtung Schochenspitze, 2069 m, und Übergang zur Landsberger Hütte, 1805 m. Von dort kann man wie bei Tour 40 beschrieben zum Vilsalpsee absteigen. Gesamtgehzeit ca. 5 Std.

Ein guter Bergweg führt auf die aussichtsreiche Sulzspitze.

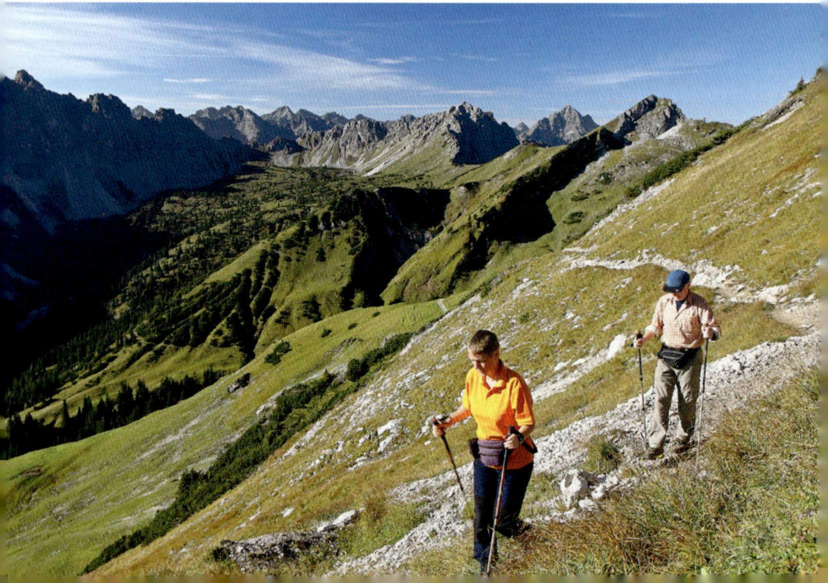

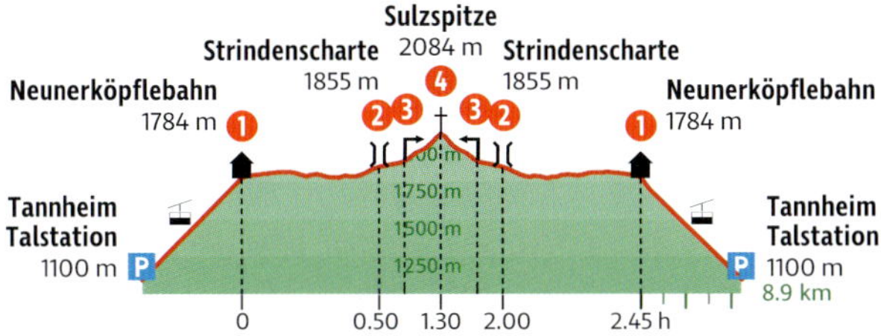

Zunächst überwinden wir 700 Höhenmeter bequem mit der Gondelbahn hinauf zur Bergstation der **Neunerköpflebahn** ❶, 1784 m. Wir nehmen den südwärts ziehenden promenadenartigen Höhenweg auf und haben sogleich die Möglichkeit, das nahe Neunerköpfle zu überschreiten oder etwas schneller westseitig zu passieren. Es kommt ein Zugang von Tannheim über die Usseralpe dazu. Vor der Lochgehrenspitze verlässt man die Kammhöhe dann linksseitig und folgt der breit ausgetretenen, mitunter lehmigen Trasse im Auf und Ab Richtung **Strindenscharte** ❷, 1855 m. Bereits kurz davor trifft man vorübergehend auf einen befestigten Güterweg und während des horizontalen Abschnitts eine Viertelstunde später auf den spitzwinkligen Abzweig der Gipfelroute ❸. Diese führt unter den Südabstürzen schräg rechts auf die grasige Ostabdachung, dann im Linksbogen an die Grenze zwischen Wiesen und Schrofen und am Schluss von Nordosten her auf die **Sulzspitze** ❹, 2084 m. Der Rückweg ist praktisch identisch.

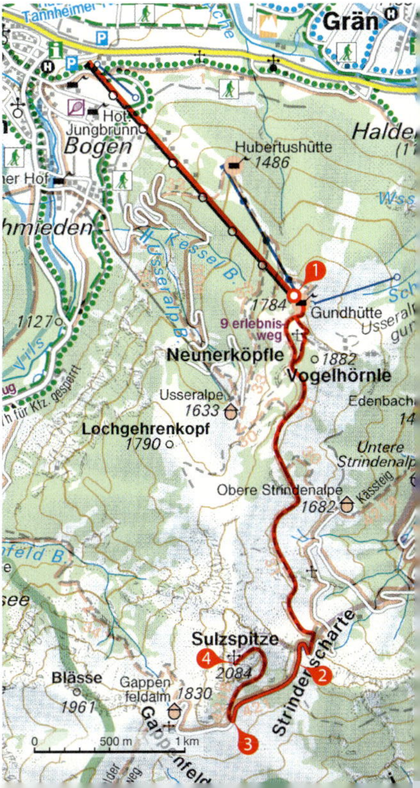

Die Sulzspitze ist ein leicht erreichbarer Gipfel im Tannheimer Tal.

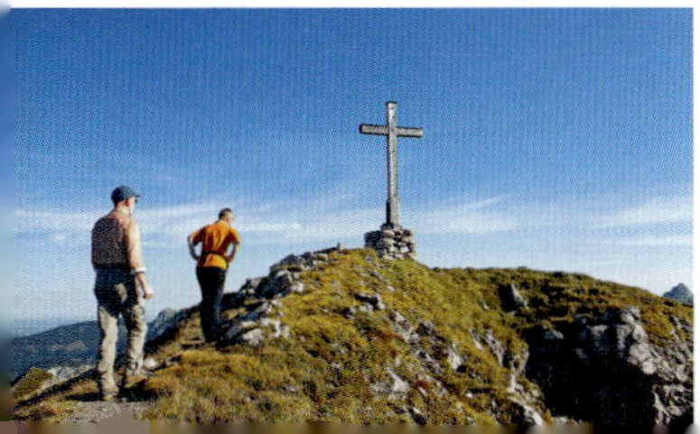

↗ 770 m | ↘ 730 m | 11.2 km

42 Vom Haldensee zum Vilsalpsee

4.15 h

Übergang vom Strinden- ins Gappenfeldtal

Die Region Tannheim verfügt über zwei ausgesprochen attraktive Seen. Während der Haldensee das Haupttal ausfüllt, liegt der Vilsalpsee sehr malerisch in einem Seitenast eingekesselt. Eine Verbindung kann als Bergwanderung über die Strinden- und Gappenfeldscharte absolviert werden – an dieser Route liegen auch mehrere rustikale Alpwirtschaften. Auch die umgekehrte Richtung kommt infrage.

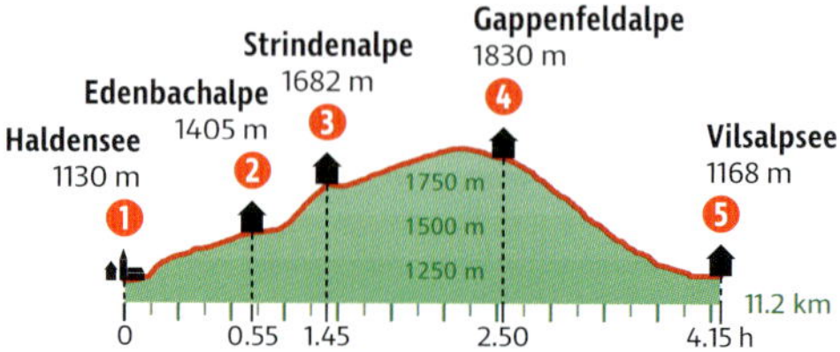

Ausgangspunkt: Haldensee, 1130 m, im Tannheimer Tal. Parkmöglichkeiten in Ortsmitte oder nahe dem Westufer; Busverbindung von Reutte.
Endpunkt: Vilsalpsee, 1168 m. Von dort verkehrt ein Bus nach Tannheim, Anschluss zur Hauptlinie durchs Tal.
Anforderungen: T2–3. Gewöhnliche Bergwege und Abschnitte auf Güterwegen, ohne besondere Schwierigkeiten, außer vielleicht wenn Nässe für rutschige Passagen sorgt. Mäßig anstrengende Tagestour.
Einkehr: Edenbachalpe, 1405 m, Tel. +43 676 7750980. Strindenalpe, 1682 m, Tel. +43 676 4111447. Gappenfeldalpe, 1830 m, Tel. +43 5675 6390. Am Endpunkt Gasthof Vilsalpsee und Fischer-

Die Gappenfeldalpe ist die höchste der drei Wirtschaften.

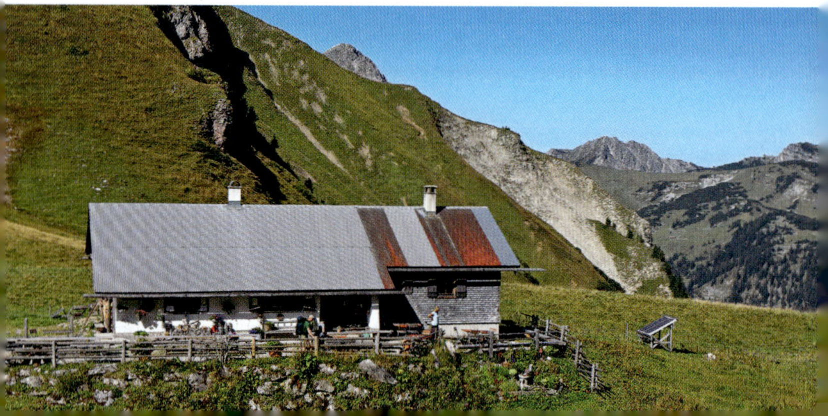

stube, 1168 m.
Beste Jahreszeit: Juni bis Oktober.
Variante: Gipfelstürmer werden einen Abstecher auf die Sulzspitze, 2084 m, nicht versäumen (siehe Tour 41). Mehraufwand ca. 1.00 Std.

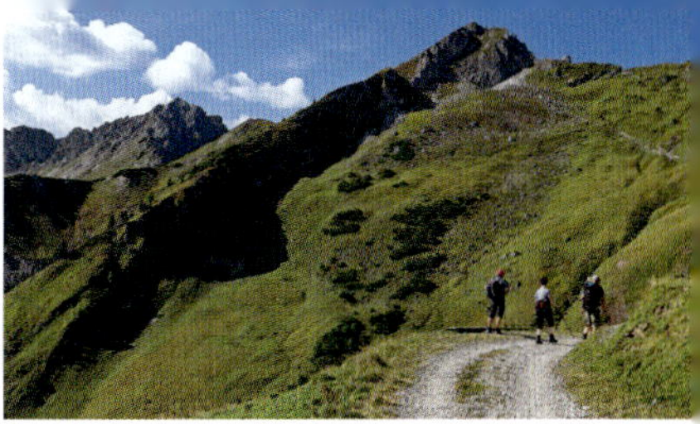

Im Angesicht der Schochenspitze zwischen Strinden- und Gappenfeldscharte.

In **Haldensee** ❶ geht es gegen die Wasserfallschlucht des Strindenbachs hinan. Wir bleiben bei der Brücke rechts davon, folgen eine Weile dem guten Steig, der sich später verbreitert und schließlich in den Güterweg einmündet. Eine gute Viertelstunde später tangieren wir die bewirtschaftete **Edenbachalpe** ❷, 1405 m, und folgen noch ein Stück weit der Fahrbahn, ehe rechts auf einen Steig abgezweigt wird. Dieser bringt uns ziemlich direkt zur **Strindenalpe** ❸, 1682 m, hinauf. Anschließend auf der Zufahrt kurz abwärts bis zu einem Graben, dann rechts am oberen Weg weiter und mit etlichen Schleifen zur **Strindenscharte**. Eine Flachpassage führt am Abzweig der Gipfelroute auf die Sulzspitze vorbei und um ein Geländeeck herum zur **Gappenfeldscharte**. Knapp unterhalb befindet sich die **Gappenfeldalpe** ❹, ca. 1830 m. Hier nehmen wir den Alpsteig bergab – dieser leitet links haltend zu einem Tobel und schraubt sich zum Gappenfeldbach hinunter. Auf der anderen Seite stoßen wir bald auf eine breite Trasse, die – wo sie nach rechts abdreht – wegen Felssturz gesperrt ist. Da wir in den Talschluss wollen, orientieren wir uns sowieso mit dem Pfad zur Straße hin und laufen zuletzt noch einige Minuten taleinwärts bis zum **Vilsalpsee** ❺.

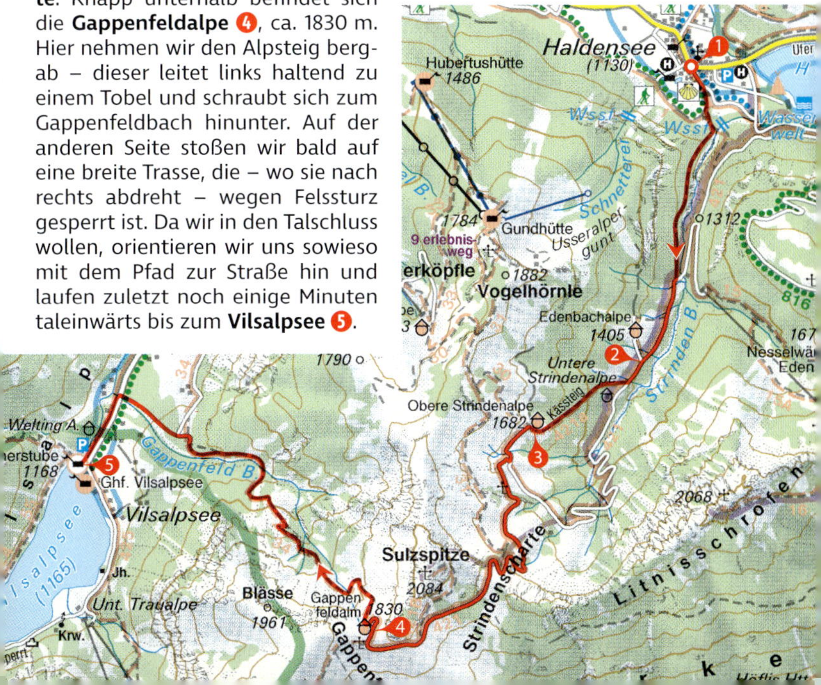

↗ 940 m | ↘ 940 m | 11.2 km

43 Litnisschrofen, 2068 m

4.45 h

Ein Felskastell im Hintergrund

Mit seiner über zwei Kilometer breiten Felsfront sticht der Litnisschrofen über dem Tannheimer Tal durchaus ins Auge. Zu den Modegipfeln zählt er trotzdem nicht, in der Gunst der Wanderer allenfalls zum Mittelfeld. Dabei liegt eine Jausenstation am Weg und die Aussicht braucht den Vergleich mit Nachbarbergen nicht zu scheuen. Die Südflanke des Litnisschrofen ist übrigens eine Art undurchdringliche Wildnis, mit einem großflächigen Latschenverhau, der bis weit ins Birkental hinabreicht.

Ausgangspunkt: Haldensee, 1130 m, gebührenpflichtige Parkplätze am Westufer des Sees (auch Bushaltestelle).
Anforderungen: T3 (am Gipfelaufbau). Über weite Strecken leichte Bergwanderung, zuoberst jedoch mit Ketten entschärfte Felsschrofen, die recht brüchig sind und die Einstufung »rot« bedingen. Konditionell durchschnittliches Tagespensum.

Einkehr: Gräner Ödenalpe, 1714 m, Tel. +43 676 6940819.
Beste Jahreszeit: Ende Mai bis Mitte/Ende Oktober.
Variante: Mit der Sesselbahn zur Krinnenalpe und auf dem Alpenrosensteig via Nesselwängler Edenalpe zur Gräner Ödenalpe. Auch eine Kombination mit der Krinnenspitze, 2000 m, bietet sich an (vgl. Tour 44).

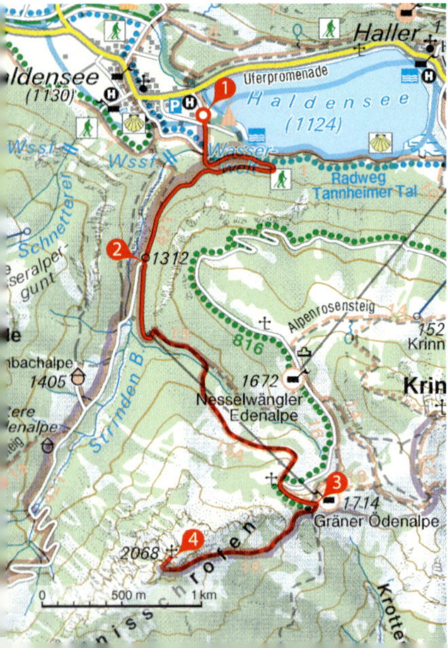

Vom Parkplatz beim **Haldensee** ❶ wenden wir uns der Berglehne zu und folgen dem breiten Wirtschaftsweg, der anfangs mit einer weit ausholenden Kehre ins Strindental hineinzieht. Bereits im vorderen Bereich bei der Verzweigung ❷, 1312 m, links zu einer Materialseilbahn und zu jener Stelle, wo sich die Routen zur Nesselwängler und zur Gräner Ödenalpe trennen. Wir

Die Gräner Ödenalpe mit dem Litnisschrofen.

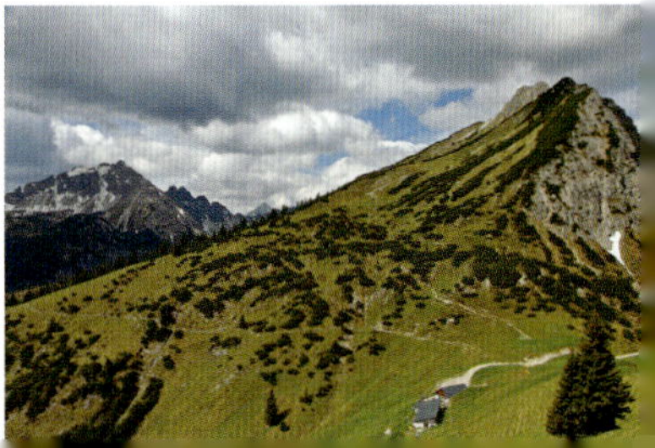

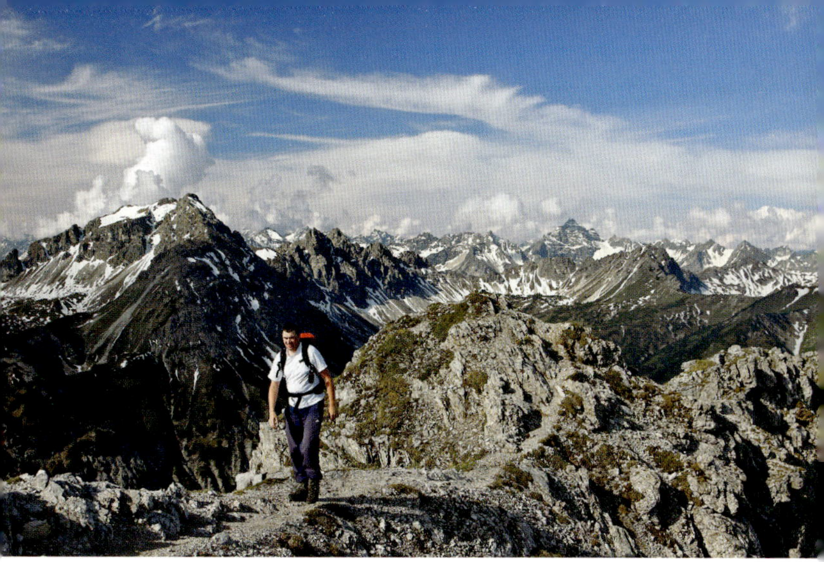

Am schrofigen Gipfelgrat liegt die kurze schwierigere Passage schon hinter uns.

gehen nach rechts über den Bach und im weiteren Verlauf diagonal durch den Nordhang bergauf. Nachdem ein Hangrücken umkurvt ist, stößt man auf ein Almsträßchen und erreicht mit ihm zunächst einen Sattel und kurz darauf die bewirtschaftete **Gräner Ödenalpe** ❸, 1714 m. Hier nach rechts abdrehen und unter dem lang gestreckten Ostausläufer des Berges schräg aufwärts. Dieser Abschnitt oberhalb der vollkommen mit Latschen bedeckten Südflanke ist eher noch harmlos und nur mäßig steil, ehe das deutlich grimmigere felsige Schlussstück mithilfe von Ketten bewältigt wird. Man steigt in eine sehr brüchige Rinne ein und kommt anschließend daneben über festeres, gestuftes Terrain höher. Zuletzt noch einige Schritte am unschwierigen Grat entlang zum Gipfel des **Litnisschrofens** ❹, 2068 m. Abstieg auf derselben Route.

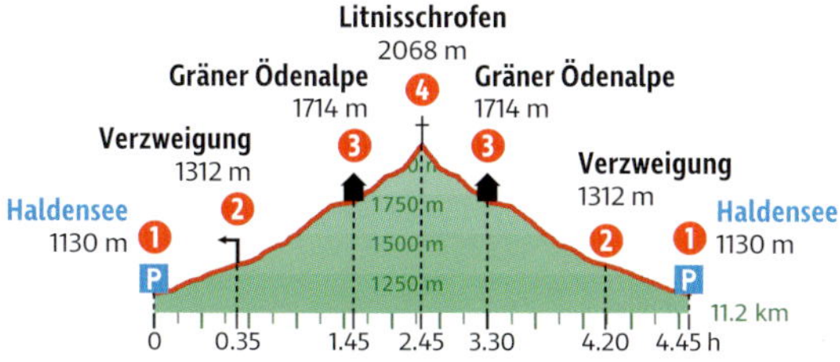

↗ 880 m | ↘ 880 m | 8.0 km

4.30 h

44 Krinnenspitze, 2000 m

Stillere Wege am bekannten Berg über dem Haldensee

Die Krinnenspitze ist im Tannheimer Tal ein populäres Gipfelziel, zumal sie sich relativ isoliert direkt über dem Haldensee erhebt und an der Nordseite sogar einen Lift bis auf halbe Höhe besitzt. Mit diesem Vorschlag sei aber auf die ruhigere Seite des durchaus variantenreichen Berges verwiesen. Vom versteckten Weiler Rauth aus lassen sich Gamsbocksteig und Enziansteig kombinieren – zwei Routen, die eher den erfahrenen Bergwanderer ansprechen dürften.

Ausgangspunkt: Rauth, 1140 m, kleiner Weiler am Eingang ins Tannheimer Tal, zwischen Gaichtpass und Nesselwängle, etwa 1,5 km vom Abzweig an der B199 (dort Bushalt). Nur geringe Parkkapazitäten.
Anforderungen: Maximal T3. Bergwege durchschnittlicher Steilheit, streckenweise nicht besonders stark ausgetreten. Im unteren Bereich jeweils Wald, weiter oben Matten. Elementare Trittsicherheit erforderlich, speziell bei feuchten, zuweilen glitschigen Wegverhältnissen. Moderate Tagestour.
Höhenunterschied: Knapp 900 Hm.
Einkehr: Nur auf anderen Routen am Berg (Krinnenalpe, Nesselwängler Edenalpe und Gräner Ödenalpe).
Beste Jahreszeit: Mitte Mai bis Ende Oktober, falls schneefrei.
Variante: Mit der Sesselbahn zur Krinnenalpe und am besten über den Gamsbocksteig aufwärts sowie auf dem Normalweg über die Nesselwängler Edenalpe zurück zur Liftstation; insgesamt 2.30 Std.

Von **Rauth** ❶, 1140 m, im Bergwald schräg nach links aufwärts und zur Gabelung von Enziansteig und Meraner Steig. Wir schlagen letzteren nach rechts ein und kürzen im Plattenwald die Schleifen eines Fahrweges ab. An

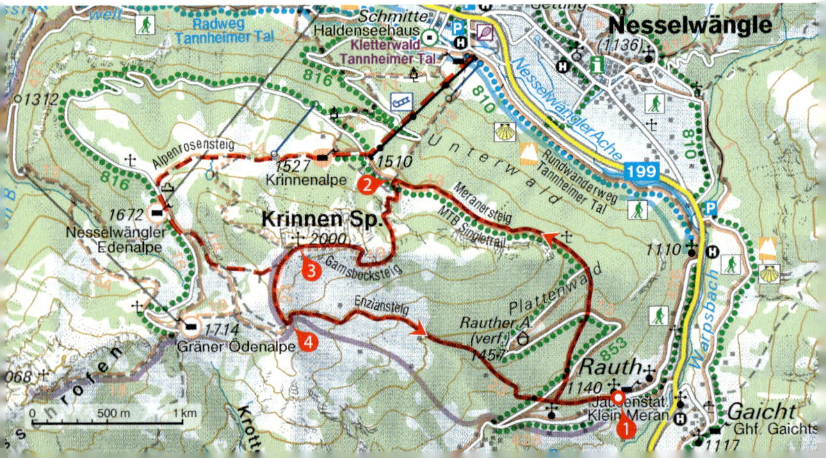

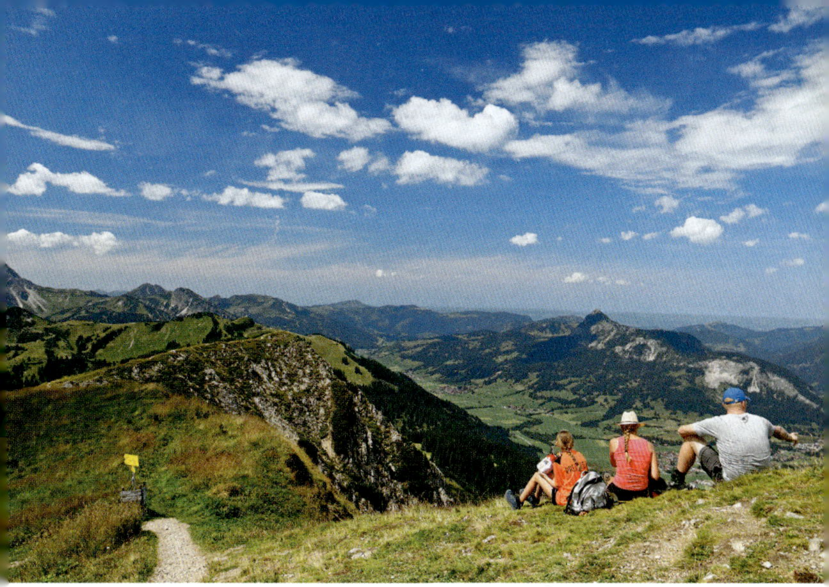

Die Krinnenspitze ist ein beliebtes Familienziel. Man kann auch einen Lift nutzen.

dessen Ende zieht die Route hangparallel in die Nordseite und wandelt sich dort plötzlich zu einer ganz komfortablen Trasse. Wir folgen dieser bis etwa 300 Meter vor den Krinnenlift, wo der **Gamsbocksteig** 2 bergwärts abzweigt, ca. 1520 m. Kurvenreich durch die Hangmulde hinauf zum Ostausläufer der Krinnenspitze, von der Schulter im Bogen in die Südostflanke und gegen den Grat hinauf. Nach einem kleinen Aufschwung sind schließlich noch die gipfelnahen Schrofenpassagen (einige Ketten) zu bewältigen, ehe wir auf der **Krinnenspitze** 3, 2000 m, ankommen.
Im Abstieg über die weite Wiesenabdachung gen Südwesten, bei den Verzweigungen stets links haltend. Bei einer Art Sattel 4, ca. 1835 m, biegen wir ostseitig auf den recht spärlichen Enziansteig ab, während man zur anderen Seite die Gräner Ödenalpe anlaufen könnte. Durch Matten und manchmal etwas Kraut auf erdiger Spur tiefer zu einigen Stadeln und allmählich in licht bewaldetes Gelände, mitunter durchaus recht steil. Hinter einem kleinen Graben geht es in dichteres Gehölz und schräg bergab zurück nach **Rauth** 1.

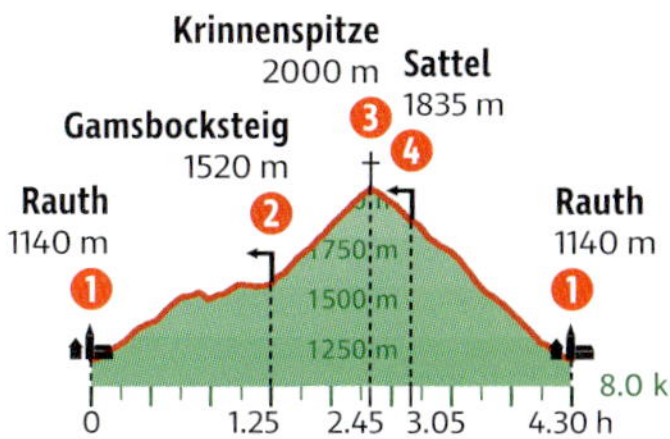

TOP

↗ 1600 m | ↘ 1600 m | 21.1 km

45 Leilachspitze, 2274 m

9.15 h

Auf den höchsten Gipfel der Vilsalpseeberge

Die Leilachspitze zählt zu den ambitioniertesten Zielen in diesem Wanderführer. Die Tour besticht vor allem durch ihre Länge, Ursprünglichkeit und im oberen Teil auch durch die anspruchsvollen Steige. Gipfelbildner ist hier der Hauptdolomit, ein Gestein, das üblicherweise splittrig zerfällt und damit wilde Erosionsformen hervorruft. Erstaunlich, dass es an der Leilachspitze trotzdem zwei für erfahrene Bergwanderer gangbare Routen gibt. Der Berg liegt – wenn auch etwas abseitig – noch im Einzugsbereich der Landsberger Hütte, doch sei an dieser Stelle der Zugang aus dem Birkental beschrieben, um auch diesen stillen Winkel einmal näher zu beleuchten. Wir steigen also über das abgeschiedene Weißenbacher Notländerkar zum Nordgrat auf und wählen die spannende Route an den Krottenköpfen vorbei für das spätere Bergab. Lohn der nicht zu knappen Mühen ist ein fantastisches Panorama der Allgäuer und Lechtaler Alpen sowie das Gefühl, einer besonderen Herausforderung standgehalten zu haben. Insofern darf man sich von der Angabe »5 Std.« am Ausgangspunkt nicht ins Bockshorn jagen lassen …

Ausgangspunkt: Rauth, 1140 m, kleiner Weiler am Eingang ins Tannheimer Tal, zwischen Gaichtpass und Nesselwängle, etwa 1,5 km vom Abzweig an der B199 (dort Bushalt). Nur geringe Parkkapazitäten.

Verheißungsvoll leuchtet die Leilachspitze im ersten Licht. Aber der Weg ist noch weit …

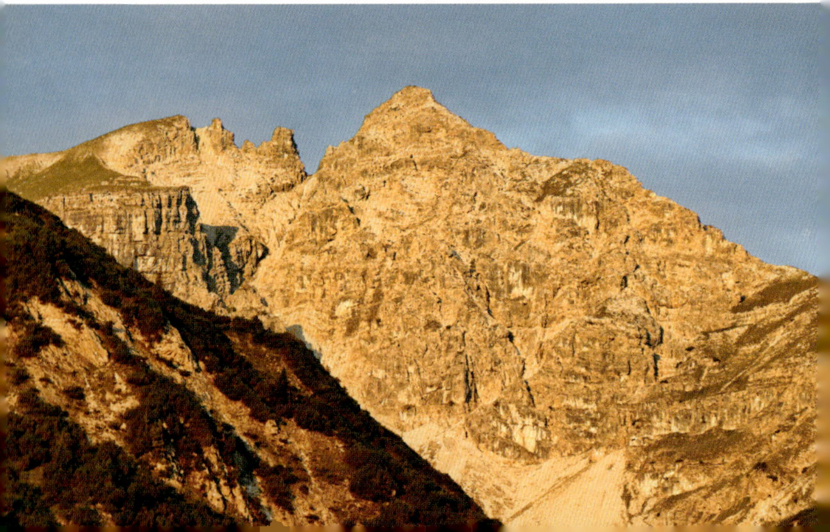

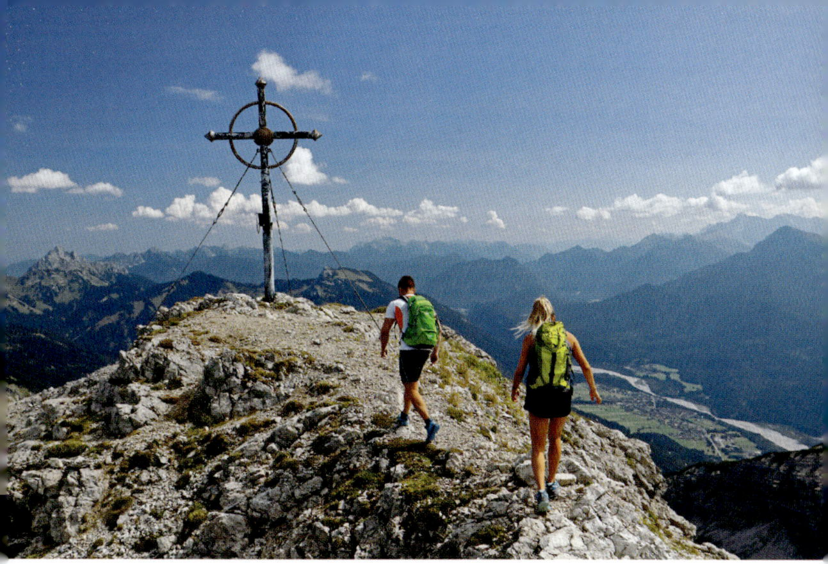

Die Leilachspitze erweist sich als Lechtaler Aussichtsberg par excellence.

Anforderungen: T4. Lange Bergtour auf meist kleinen, aber passablen und durchgängig markierten Steigen. Weite Zustiege durch Wald und Kare, in den oberen Bereichen anspruchsvoller (brüchiges Felsgelände und stellenweise etwas Kraxelei im I. Grad). Ausgeprägte Trittsicherheit unabdingbar, zudem exzellente Kondition.
Einkehr: Keine am Weg; in Rauth gibt es die Jausenstation »Klein Meran« (Do. Ruhetag).
Beste Jahreszeit: Mitte Juni bis in den Oktober, sofern schneefrei.
Variante: Von der Landsberger Hütte kommend, steigt man zuerst zum Östlichen Lachenjoch auf und begeht die hier im Abstieg beschriebene Route in umgekehrter Richtung.

Von **Rauth** ①, 1140 m, marschieren wir zu Beginn längere Zeit ins Birkental einwärts, anfangs leicht ansteigend, nach der Gabelung am unteren Ast

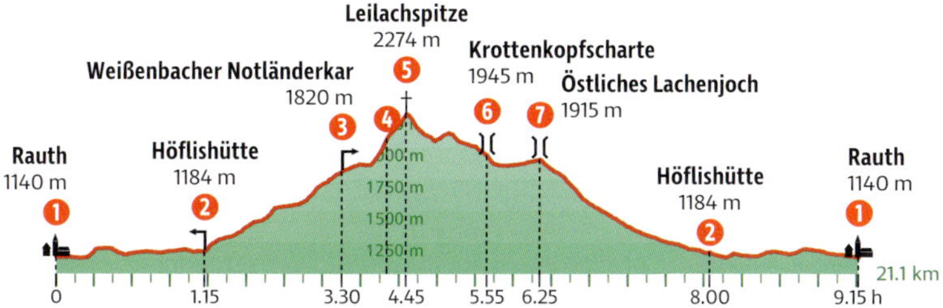

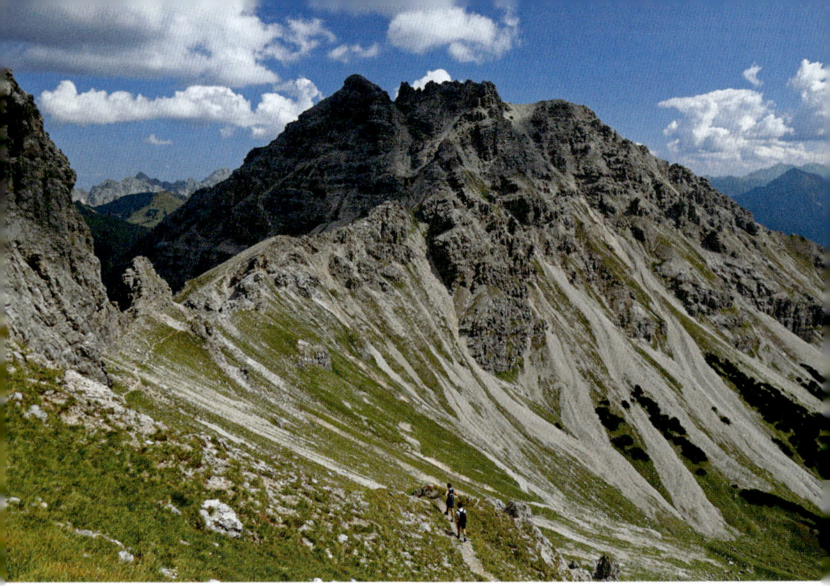

Eine Bastion aus Hauptdolomit – umso spannender gestaltet sich auch die Abstiegsroute via Krottenkopfscharte.

eher wieder bergab. Vor dem tiefen Einriss des Krottentals wird die Forststraße von einem Steig abgelöst. Wir gehen den eindrucksvollen Tobel über abgesicherte Bänder aus und setzen den Zugang ins innere Birkental durch lichten Wald fort. Wenige Schritte vor der **Höflishütte** 2, 1184 m, links über den Weißenbach und am Gegenhang steil empor zu einem Forstweg, der bloß gekreuzt wird. Unser Waldsteig führt jetzt eine ganze Weile kaum ansteigend nach links und dreht danach wieder rechts ab. Im Schräganstieg nähern wir uns allmählich dem Abfall des **Weißenbacher Notländerkars**. Dort über mehrere Gräben mehr nach rechts und im zunehmend lichteren Gelände in den kupierten oberen Bereich des Kars, wo man auf einen von Weißenbach kommenden Pfad trifft 3, ca. 1820 m. An dieser Stelle markant nach rechts (Westen) über die welligen Böden und zum Ansatz der »Rotzries«, einer steilen, bröseligen Rinne, die etwas knifflig zum **Nordgrat** 4, ca. 2080 m, durchstiegen wird. An diesem vollzieht sich in typisch bröseligem Hauptdolomit der Schlussteil des Aufstiegs. Dabei finden wir neben felsigen Stellen meistens auch eine Schuttspur, weichen einigen Hindernissen mitunter rechtsseitig aus und gewinnen die **Leilachspitze** 5, 2274 m, am Ende durch eine enge Rinne (I).

Das Bergab wird am Schrofenhang Richtung Südwesten eingeleitet. Eine kleine Felsstufe führt in eine brüchige, mit viel Schutt angefüllte Rinne,

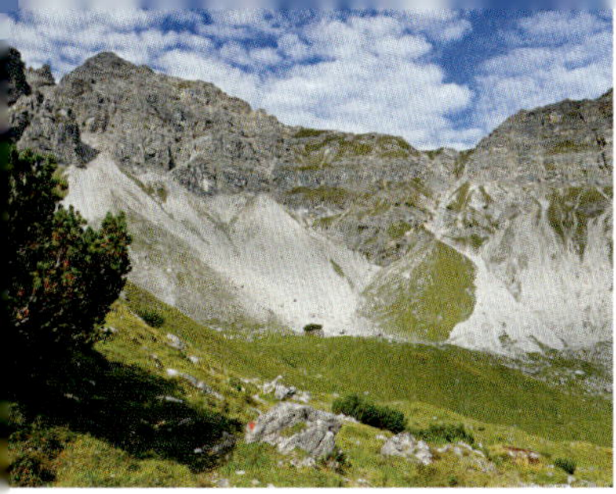

Im Weißenbacher Notländerkar mit Blick zum Nordgrat unseres Berges.

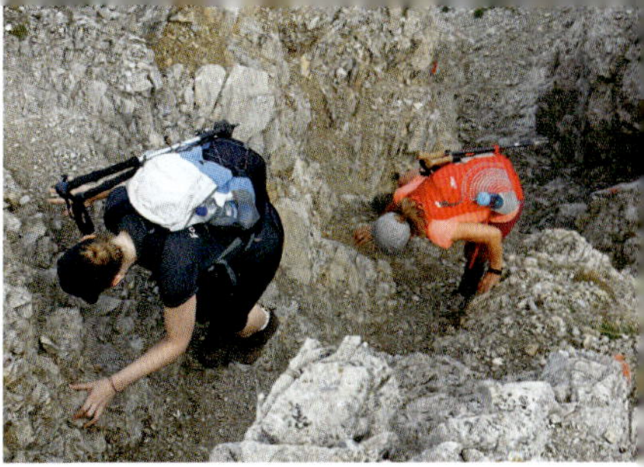

In der brüchigen Ausstiegsrinne am Nordgrat.

in der Vorsicht geboten ist. Anschließend mit interessanten Traversen und Gratpassagen in die Scharte vor den Krottenköpfen (bzw. Luchsköpfen), denen nun südseitig ausgewichen wird. Die Route steigt in Schrofen nochmals fast 100 Meter bis zu einer Rippe an, führt dahinter wieder sukzessive abwärts und wechselt an der **Krottenkopfscharte** 6, 1945 m, abermals die Seite. Im Gappenfelder Notländerkar zuerst etwas abwärts, ehe zum **Östlichen Lachenjoch** 7, 1915 m, erneut einige Meter gewonnen werden müssen. Am Kreuzungspunkt schlagen wir den kleinen Steig Richtung Rauth (Nr. 426) ein. Dieser schlängelt sich durch lichten Wald mit nur wenigen etwas steileren Partien ins innere Birkental hinab, passiert dort eine Jagdhütte und erreicht nach einiger Zeit die **Höflishütte** 2. Von dort noch mehr als eine Stunde auf bekannter Route zurück nach **Rauth** 1.

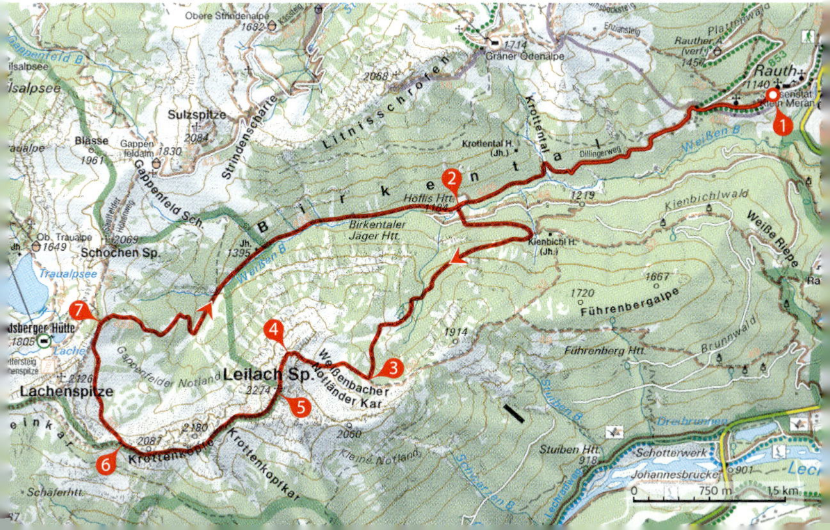

↗ 1180 m | ↘ 1180 m | 14.3 km

46 Kanzberg und Jochspitze, 2232 m

6.15 h

Zuhinterst im Hornbachtal

Wie ein Pferderücken erhebt sich der Kanzberg im Talschluss von Hinterhornbach. So erklärt sich auch der Name nach dem Dialekt der Einheimischen. Als mächtiger Keil zwischen zwei Talästen gelegen, ergibt sich von oben eine feine Aussicht, doch ein richtiger Gipfel ist der Kanzberg nicht. Über seinen steilen Flanken befindet sich eher eine Art Hochfläche. Freilich können wir unseren Weg Richtung Jochspitze fortsetzen und gewinnen damit mehr als erwartet: Als Grenzberg eröffnet die wenig bekannte Jochspitze nämlich auch Einblicke in die Oberstdorfer Bergwelt, etwa zur eleganten Höfats hinüber. Das Wildermassiv, der stolze Hochvogel sowie die gesamte, reizvoll aufgefächerte Hornbachkette komplettieren das außergewöhnlich facettenreiche Panorama. Via Hornbachjoch – einst die kürzeste Verbindung zwischen Oberstdorf und dem Lechtal – lässt sich eine vielseitige Rundtour in diesem abgeschiedenen Winkel schließen.

Ausgangspunkt: Parkplatz P3 bei der Gufelbrücke (Jochbachbrücke), 1139 m, ca. 1 km hinter der Kirche von Hinterhornbach. Die Zufahrt ins Hornbachtal zweigt bei Vorderhornbach im Lechtal ab.
Anforderungen: T3+. Streckenweise recht steile, aber meist ordentliche Bergsteige. Im Gipfelbereich der Jochspitze Trittsicherheit in abschüssigen Schrofen wichtig, jedoch ohne Kletterstellen. Bei Nässe eher abzuraten. Ausgefüllte Tagestour.
Einkehr: Keine am Weg, aber zwei Gasthäuser in Hinterhornbach.
Beste Jahreszeit: Mitte Juni bis Oktober, falls schneefrei.

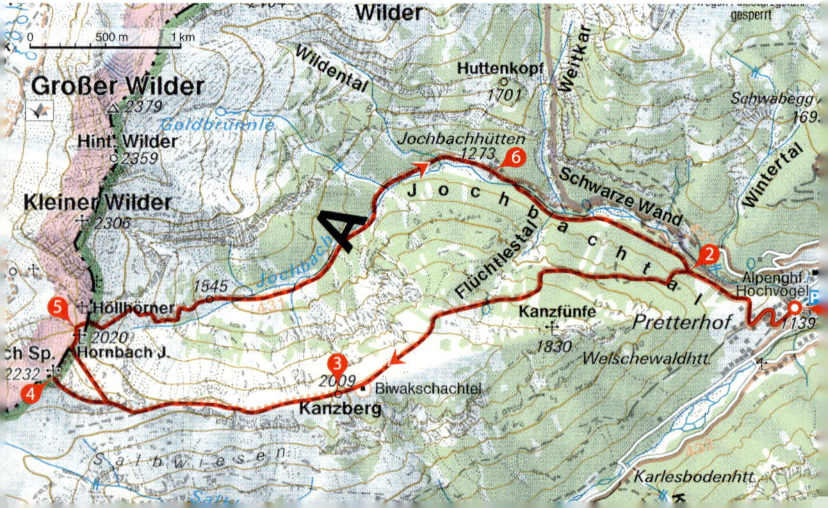

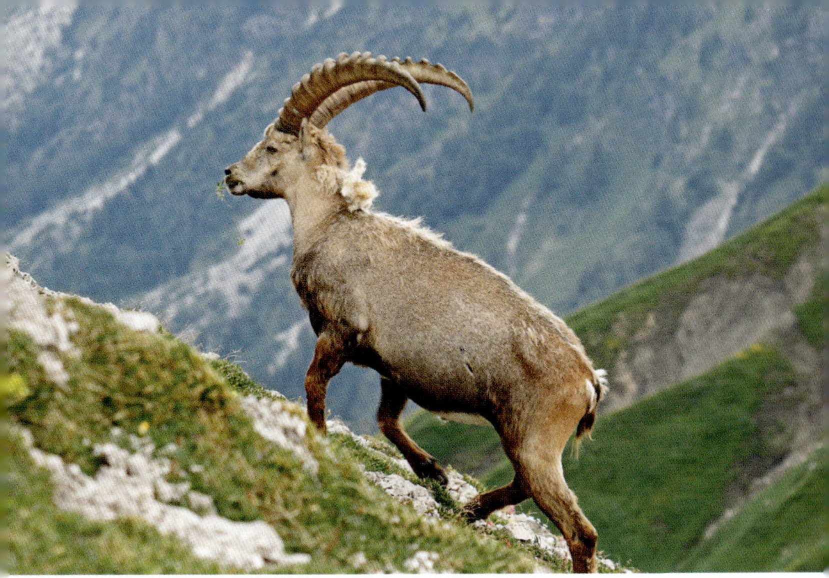

Mit etwas Glück begegnen wir Steinböcken.

Vom Parkplatz bei der **Gufelbrücke** ❶, 1139 m, auf dem Anrainersträßchen bis zum Pretterhof, dann rechts zum nahen Wiesenrücken und annähernd horizontal in den Wald, wo in Kürze der Steig zum Kanzberg abzweigt ❷, ca. 1240 m. Dieser zieht insgesamt schräg rechts und phasenweise recht steil bergauf. Eine Besonderheit ist eine Passage unterhalb einer Felsbarriere auf rund 1500 Metern. Nach einigen Kehren wird das Gelände freier und flacher, der Steig auch angenehmer. Schließlich vollends hinauf zum Plateaurücken und an einem offenen Notunterschlupf vorbei zum kotierten Gipfelpunkt am **Kanzberg** ❸, 2009 m. Wir setzen die Wanderung in westlicher Richtung fort, vorläufig hindernislos am welligen Grasrücken.

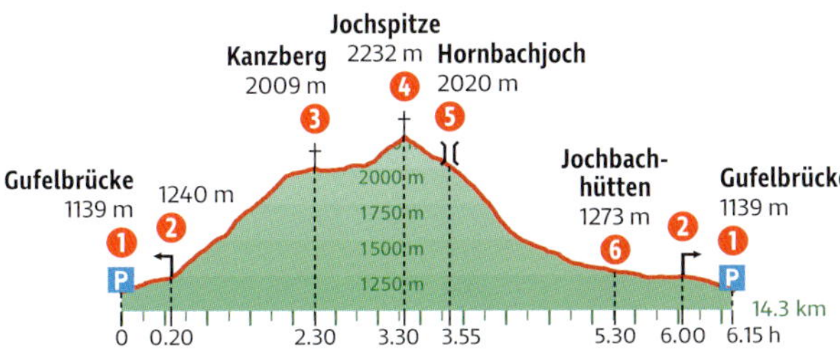

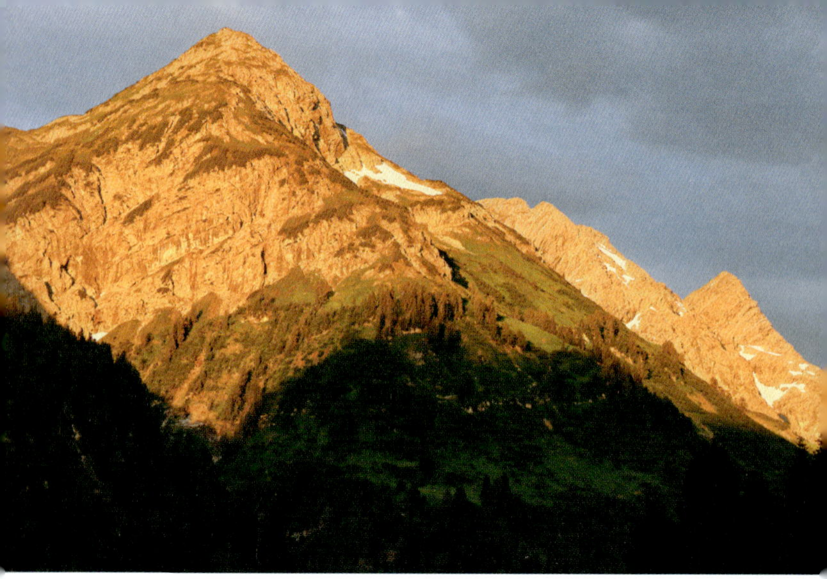

»Alpenglühen« im Hornbachtal.

Von einer Einsattelung wird dann der markante Felsaufschwung links haltend ausgetrickst. Dabei treten allerdings abschüssige Schrofenpassagen auf, ehe die **Jochspitze** ❹, 2232 m, am Ende über ihren Ostgrat unschwierig erklommen wird.

Das Bergab wird ebenfalls am Ostgrat eingeleitet. Dann aber scharf links und mittels absteigender Querung zum **Hornbachjoch** ❺, 2020 m, nahe den zerklüfteten Höllhörnern. Auf Tiroler Seite schraubt sich unser Steig in steilem Grasterrain weit hinab bis zum hintersten Boden im Jochbachtal. Alsbald auf die rechte Seite und nach Passagen durch Kraut über eine Brücke nach links. Man vollzieht den Bogen des Hochtals mit und passiert die **Jochbachhütten** ❻, 1273 m – ein kleines Almdorf. Am besten ist nun die Fortsetzung auf der rechten Bachseite (Abzweig in Kürze, spätestens jedoch hinter der Weitkarreiße übersetzen). Auf dem fast horizontalen Weg kommt man zurück zum Abzweig ❷ und 15 Minuten später zum Startpunkt ❶.

Beim Aufstieg zum Kanzberg blühen die Alpenrosen.

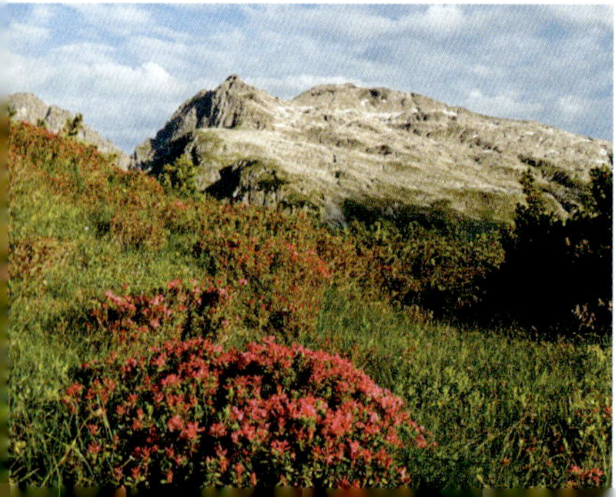

Bretterspitze, 2608 m

Von Hinterhornbach über das Kaufbeurer Haus

Das abgeschiedene Hornbachtal sieht sich ringsum eingerahmt von respektablen Felsgestalten, unter denen der formgewaltige Hochvogel sicherlich der »Star« ist. Allerdings bröckelt sein Renommee momentan buchstäblich, zumindest was den klassischen Bäumenheimer Weg von Hinterhornbach angeht. Wegen akuter Felssturzgefahr musste dieser vor einigen Jahren gesperrt werden und wird dies wohl auch in Zukunft bleiben. Da können wir uns reinen Gewissens der Hornbachkette auf der anderen Talseite zuwenden und finden mit der Bretterspitze ein vergleichbar stattliches Ziel. Ja, sie ist sogar noch ein paar Meter höher als der Hochvogel! Der Zugang erfolgt durchs Urbeleskar und ist gar nicht so grimmig wie es vorderhand vielleicht den Anschein haben mag. Für gestandene Bergwanderer ein Gustostück! Als Selbstversorger können wir uns im Kaufbeurer Haus einquartieren und damit noch ein wenig Romantik extra aufsaugen.

Ausgangspunkt: Hinterhornbach, 1101 m, im Hornbachtal (Seitental des Lechtals). Parkplatz P1 nahe der Kirche; in der Hauptsaison Linientaxi, aber zeitlich ungünstige Kurse.
Anforderungen: T3–4. Normale Bergwege bis ins Kar, im oberen Teil alpiner Steig in Schutt und Felsen (kaum Klettergelände), je nach Jahreszeit auch noch Erschwernisse durch Schneefelder. Im Gesamtanspruch knapp »schwarz«, in jedem Fall Trittsicherheit und im Rahmen einer Tagestour gute Kondition wichtig.
Einkehr/Unterkunft: Keine offizielle Einkehr an der Route, Übernachtung im Kaufbeurer Haus, 2007 m, möglich (AV-Schlüssel notwendig; Selbstversorgung bzw. allenfalls am Wochenende einfach bewartet). Gasthof Adler in Hinterhornbach.
Beste Jahreszeit: Juli bis Anfang Oktober. Nordexposition wegen Altschnee beachten!

Blickfang auf der anderen Talseite: der mächtige Hochvogel.

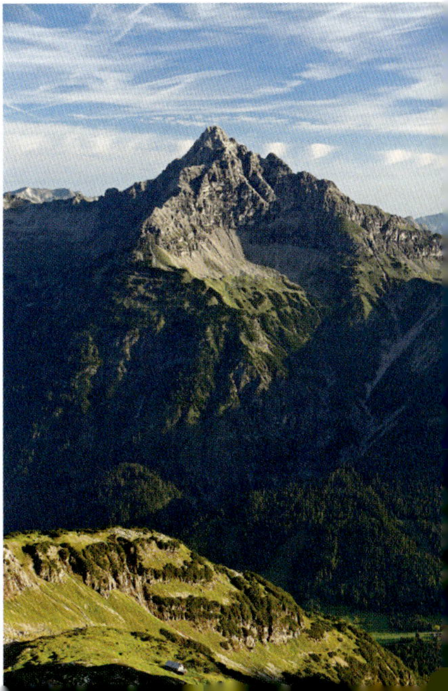

Von der Kirche in **Hinterhornbach** ❶, 1101 m, auf einem Sträßchen zum Hornbach hinunter und

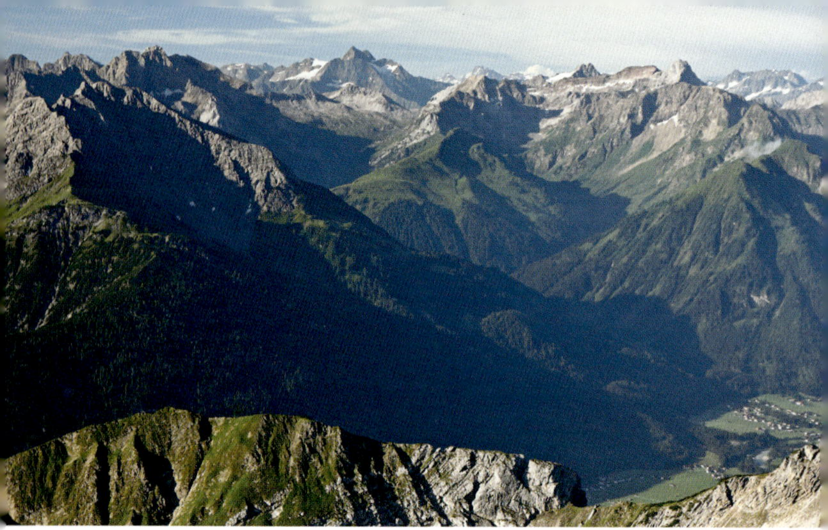

Auf der Bretterspitze erwartet uns ein großes Lechtal-Panorama.

gegenüber rechts haltend in den Wald. Auf einem Forstweg kommt in Kürze der Zugang vom Parkplatz Peternalp dazu. Fortan schraubt sich unser Steig (Nr. 434) in zahllosen Kehren an der nordseitigen Berglehne durch Wald und später Latschengelände empor. In Abständen tauchen fünf Rastbänke auf, die mit 1386, 1507, 1642, 1761 und 1845 Metern kotiert sind. So können wir den Fortschritt verfolgen. Bei der letzten Bank wird das Karköpfl umgangen, womit man ins Urbeleskar oberhalb seines wilden Trichters (Sulztal geheißen) einschwenkt. Wir kreuzen den Bach und absolvieren noch eine Reihe von Serpentinen, ehe wir beim normalerweise nicht bewirtschafteten **Kaufbeurer Haus** ❷, 2007 m, eintreffen.

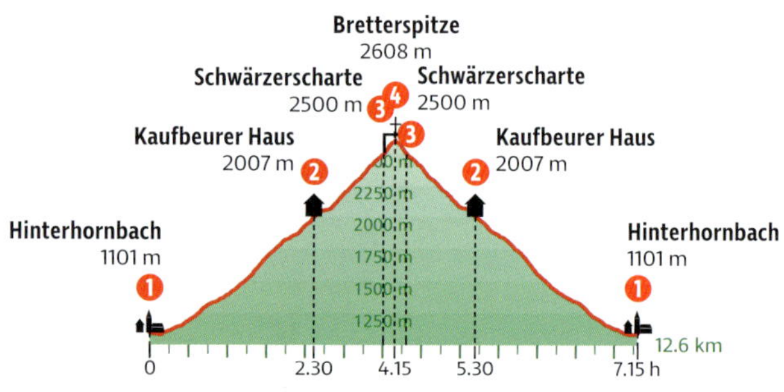

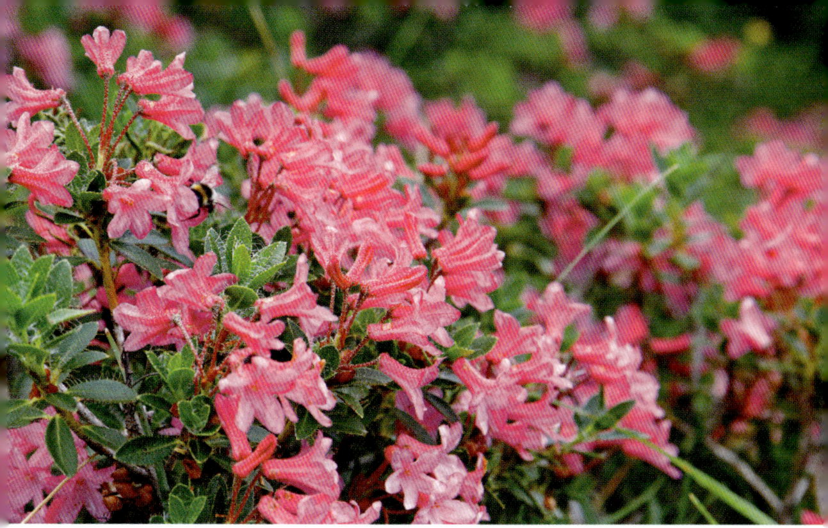

Im Juli setzt das Purpur der Alpenrosen intensive Farbakzente.

Beim Weiterweg ins Urbeleskar geraten wir hinter den begrünten Kesselböden bald in felsiges Gelände, das aber vorerst noch kaum Hürden aufwirft. Die obere Karbucht, nach dem signalisierten Abzweig zur Urbeleskarspitze, präsentiert sich schuttreich, bis in den Sommer hinein oft auch schneebedeckt. Wir steigen gegen die Wände auf und wenden uns dann nach links auf eine Art Rampe. Unschwierige Schuttfelder schließen auf zum Grat rechts oberhalb des tiefsten Einschnitts der **Schwärzerscharte** ❸, 2500 m, die unseren Berg von der unnahbaren Urbeleskarspitze trennt. Hier setzt der markierte Felssteig am verhältnismäßig gutmütigen Nordostgrat an. Bis zum Gipfel der **Bretterspitze** ❹, 2608 m, ist nur ab und zu etwas Händeunterstützung (eine Stelle I. Grades) nötig. Abstieg auf derselben Route.

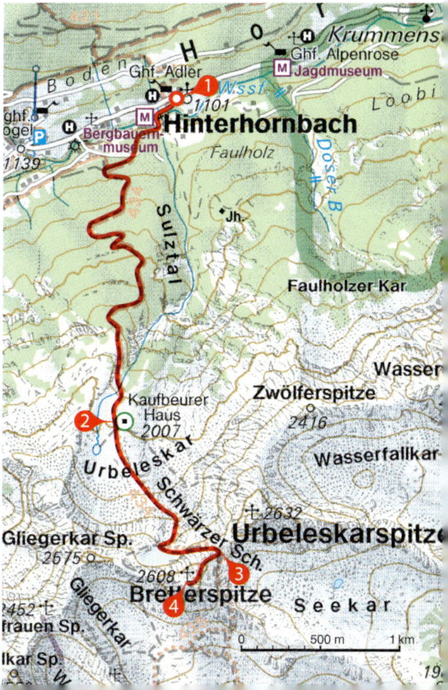

↗ 1420 m | ↘ 1420 m | 17.2 km

48 Schwarzhanskarspitze, 2227 m

8.00 h

Individualistenziel in der Liegfeistgruppe

Mit seinen dunklen Steilflanken ist das ausladende Massiv der Schwarzhanskarspitze über dem vorderen Lechtal kaum zu übersehen. Es gehört zur Liegfeistgruppe und kann quasi als Hausberg von Forchach gelten, ohne allerdings sonderlich viel Beachtung zu finden. Wahrscheinlich schrecken die langen Zustiege durch den Hochwald ab. Oberhalb wird es aber sehr reizvoll, vor allem natürlich im Gipfelbereich, wo sich die Lechtaler Bergwelt aus toller, selten geschauter Perspektive präsentiert! Außer der Normalroute über das Älpele, die fürs Bergauf gewählt wird, gibt es noch die Möglichkeit eines ausschweifenden Bogens am Ostausläufer. Hier speziell ist der Individualist, der gern einsame Gefilde erkundet, angesprochen.

Ausgangspunkt: Forchach, 910 m, im Lechtal. Parkmöglichkeit im Gewerbegebiet jenseits der Bundesstraße. Bushaltestelle im Ort.
Anforderungen: T3 (Abstieg eine Nuance anspruchsvoller als am Normalweg). Streckenweise etwas schmaler, aber insgesamt gewöhnlicher Bergsteig von Forchach zum Gipfel. Die dürftig markierte und manchmal kaum gepfadete Abstiegsroute verlangt vor allem erhöhtes Orientierungsvermögen und steigert auch die konditionellen Anforderungen. Trittsicherheit wichtig, wirklich schwierige Passagen kommen aber nirgends vor.
Einkehr: Keine. Der Alpengasthof Sonne in Forchach wurde in eine Selbstversorgerunterkunft umgewidmet.
Beste Jahreszeit: Mitte Juni bis in den Oktober.

Das vordere Lechtal in der Perspektive vom Schartenkreuz.

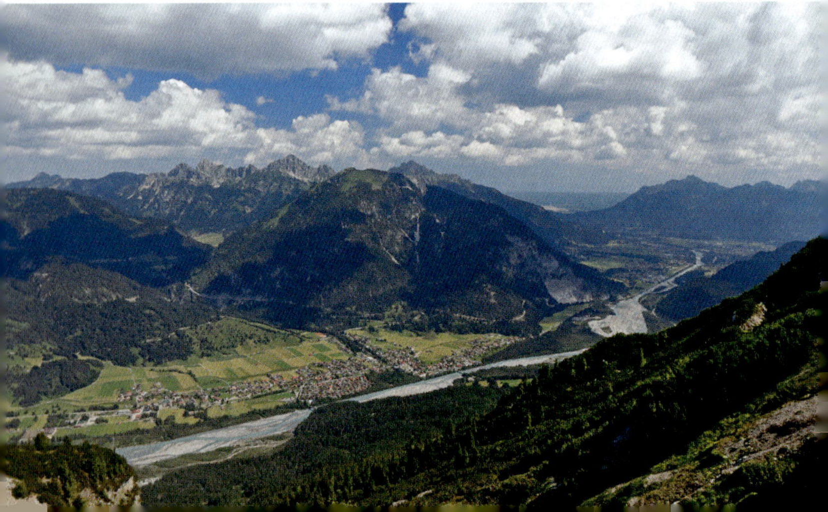

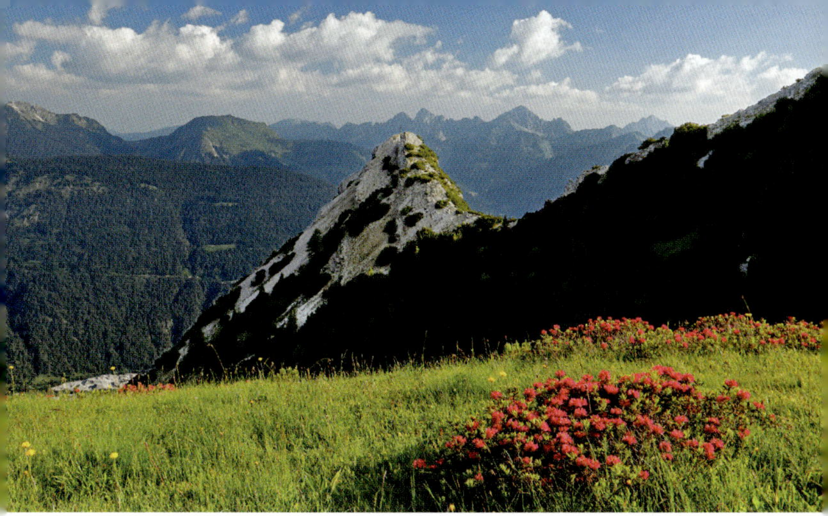

Oberhalb der Waldgrenze wird die Tour interessant. In Bildmitte die Mahdspitze.

Beim Gasthof Sonne in **Forchach** ➊, 910 m, entdecken wir anstelle eines Wegweisers ein Routenfoto. Der Einstieg in die Tour erfolgt hier auf asphaltiertem Forstweg, den wir schon bald rechts auf einen Steig verlassen. Damit an den nordwestseitigen Bergsockel heran und anhaltend im Wald aufwärts. Bis zur **Jagdhütte** ➋ auf rund 1430 Metern gibt es nur gelegentliche Ausblicke, weiter oben dann öfters. Dort rechts haltend, bis man in die Hochmulde beim **Älpele** ➌, 1744 m, eintritt. Über den Boden geht es ins Legföhrengelände hinein, einmal ziemlich scharf nach links und diagonal durch die Schutthalde. Mit einem Rechtsknick lässt man letzte Latschen hinter sich und betritt die grasige Gipfelflanke. Während die kecke, vom Tal so jäh wirkende Mahdspitze abseits und unterhalb bleibt, erreicht man zuerst den breiten Rücken, über diesen etwas aufsteilend das vorgeschobene

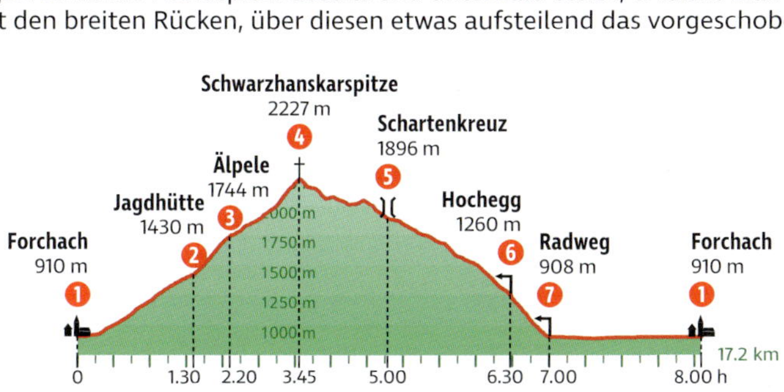

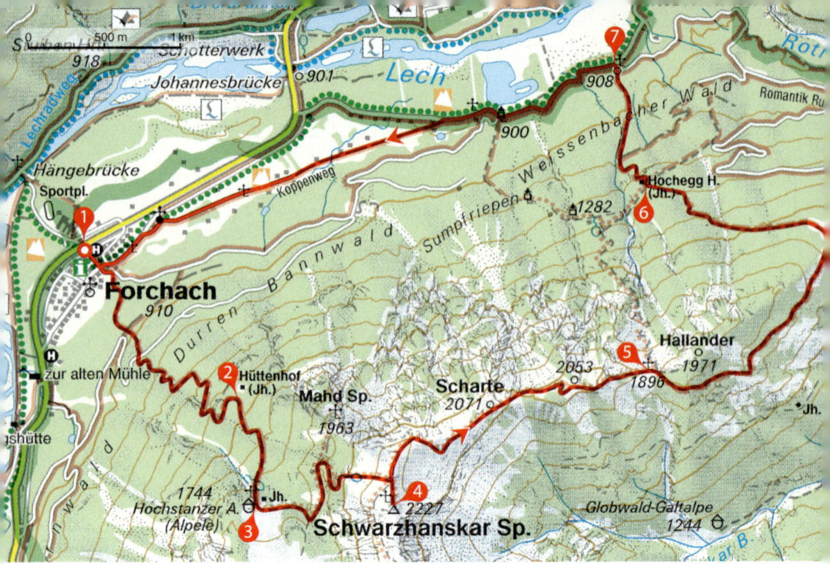

Kreuz und nach ein paar schrofigen Stellen schließlich den höchsten Punkt der **Schwarzhanskarspitze** ❹, 2227 m.

Beim Abstieg folgen wir dem Grasrücken im Bogen bis in die Senke vor dem unwegsamen Wannenkopf, der anschließend südseitig traversiert wird. Aus dem nächsten Sattel kann der **Schartenkopf**, 2056 m, ganz gut überschritten werden (Signalstange) – eine Steigspur zieht allerdings auch hier rechts daran vorbei und sollte jenseits des Kopfes alsbald wieder aufgenommen werden (gegebenenfalls weglos an steileren Hängen). Nächstes Etappenziel ist das **Schartenkreuz** ❺, 1896 m, vor dem Hallanderberg, der nun am besten weiträumig umrundet wird. Ein nordseitiger Abstieg erscheint an dieser Stelle nicht ratsam, obwohl in der Karte eine gepunktete Linie eingetragen ist. Immerhin erweist sich der insgesamt leicht fallende Latschensteig auf der Süd- und Ostseite des Hallender als gut angelegt – nur hin und wieder ragt etwas Krummholz herein. Nach Ausgehen einer kleinen Rinne kommen wir zum Hallanderboden und in zunehmend dichteren Wald. Eine markante Reiße wird zwischendrin gekreuzt. Bei der Jagdhütte am **Hochegg** ❻, ca. 1260 m, müssen wir auf die unübersichtliche Fortsetzung links hinab achten, um auf möglichst direktem Kurs zum Fuß des Berges zu gelangen. Dort verläuft ein Radweg ❼, 908 m. Obwohl es Richtung Weißenbach kürzer wäre, wenden wir uns nach links (Westen) und haben damit noch rund 4 Kilometer Talmarsch vor uns: mit vielleicht schon müden Gliedern ein etwas zermürbendes Finale. Derweil bei einer Gabelung links den Feldweg, der nach **Forchach** ❶ führt, benutzen.

↗ 1450 m | ↘ 1450 m | 18.6 km

8.00 h

Namloser Wetterspitze, 2553 m

Ein Aushängeschild der Lechtaler Alpen

In der chaotischen Gipfelflur der Lechtaler Alpen bietet die Namloser Wetterspitze häufig einen guten Orientierungspunkt, ragt ihre wohlproportionierte Pyramide doch markant aus der näheren Umgebung heraus. Demzufolge ist auch die Aussicht sehr umfassend und ein wahres Fest für die Augen. Vier verschiedene Zugänge, die sich am eigentlichen Bergkörper zu zweien und erst weit oben zu einem einzigen verbinden, eröffnen jede Menge Spielraum. Aus dem Namloser Tal können zwei Routen durch urwüchsige Hochtäler zu einer großzügigen Runde kombiniert werden. Besonders schön ist dabei die Passage am Grubiggrat. Erst danach wird ersichtlich, dass die sonst so abweisend wirkende Namloser Wetterspitze auf ihrer Rückseite bereitwillig Zugang gewährt. Eine anstrengende Tour fürwahr, aber in bester Manier der Lechtaler Alpen!

Ausgangspunkt: Parkplatz Fallerschein, ca. 1190 m, im Namloser Tal. Zufahrt von Stanzach bis etwa 2 km vor Namlos (alternativ kann man auch dort starten und legt den Straßenabschnitt ans Ende der Tour). Kein Busverkehr; das Linientaxi in der Hauptsaison hat für Wanderer untaugliche Zeiten.
Anforderungen: T3. Abgesehen von den Wirtschaftswegen in den Hochtälern normale bzw. abschnittsweise auch kleinere Bergwege. Etwas Trittsicherheit in abschüssigen Graspleisen oder Schrofen angezeigt, aus dem Brennhüttental vielleicht eine Nuance anspruchsvoller als via Fallerschein. Lange Tagestour, die Ausdauer verlangt.
Einkehr: Zwei Jausenstationen im Almdorf Fallerschein, 1302 m.
Beste Jahreszeit: Mitte Juni bis Oktober.

Über das Grubigjoch geht es der Namloser Wetterspitze entgegen.

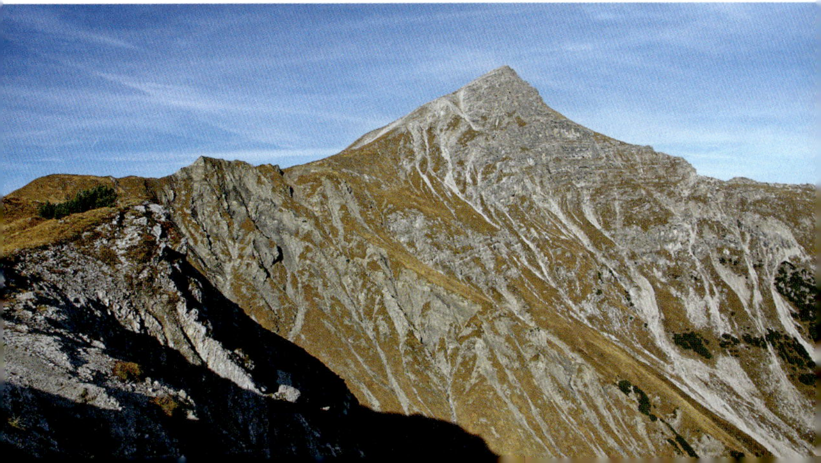

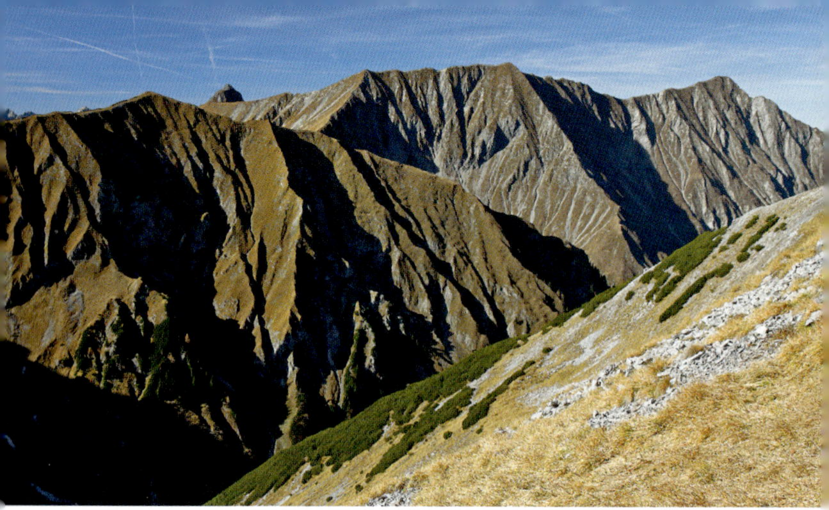

Nachbarn im Westen: Egger Muttekopf, Bschlaber und Elmer Kreuzspitze.

Empfehlenswert erscheint ein Start beim **Parkplatz Fallerschein** ❶, um den unvermeidlichen, rund 2 Kilometer langen Marsch entlang der Straße während verkehrsarmer Zeiten am Morgen zurücklegen zu können. Kurz vor der großen Linkskehre bei **Namlos** ❷, ca. 1220 m, zweigen wir auf den Wirtschaftsweg ab und folgen diesem längere Zeit flach taleinwärts. Im Hintergrund sieht man den Imster Mitterberg und Teile der Heiterwand. Auf etwa 1360 Metern biegt man mit Nr. 616 rechts ab ❸ und überschreitet den Brentersbach (Brücke). Weil die alte Trasse am Rand des Bachbetts stellenweise vermurt ist, muss unser Steig bald in den bewachsenen Hang ausweichen, bevor es wieder lockeren Schrittes ins Brennhüttental hineingeht. Man wechselt bei P. 1530 auf die linke Grabenseite und ist hinter dem Obernamlosboden vorübergehend auf Geröllflächen unterwegs. Nun

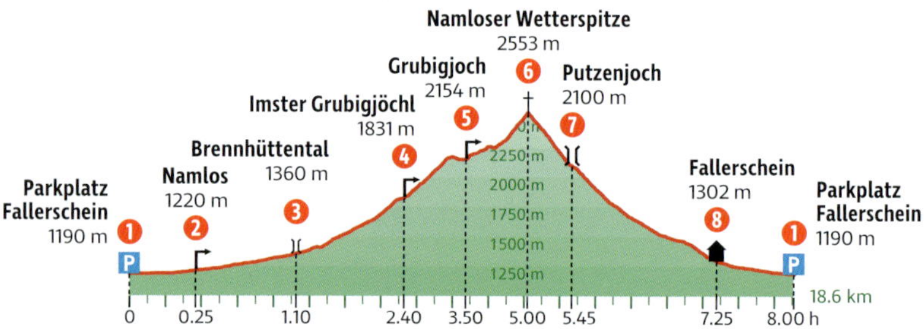

südwärts Richtung **Imster Grubigjöchl** ❹, 1831 m, hinan. Am Sattel zweigt Nr. 617 markant nach rechts ab. Durch Latschengelände gelangen wir auf eine höher gelegene Verflachung und mittels Rechts-links-Schleife auf den Rücken des **Grubigjochs**, 2185 m, wo sich später nach ein paar Abwärtsmetern der Anhalter Höhenweg (weiterhin Nr. 617) und die Gipfelroute trennen ❺. Recht steil und abschüssig wird der Grubigkopf überschritten, ehe wir am stumpfen Südrücken vom grasigen ins schuttbedeckte Gelände hineinkommen, den Zugang von Fallerschein aufnehmen und kurz danach die **Namloser Wetterspitze** ❻, 2553 m, erreichen.
Im Abstieg folgen wir dieser Route Richtung Südwesten (ohne Beschilderung). Mit etlichen Serpentinen schraubt sich der Steig am Grashang zur weiten Sattelebene des **Putzenjochs** ❼, ca. 2100 m, hinunter. Dort kreuzt der Anhalter Höhenweg. Man wendet sich allerdings in das nordwärts abknickende Hochtal und lässt weiter unten eine Almhütte knapp links liegen. Der etwas verschlungene Weg talauswärts zieht sich angesichts häufiger Flachpassagen – zwischendrin wechselt man auf die linke Bachseite. Schließlich nähern wir uns **Fallerschein** ❽, 1302 m, dem angeblich größten Almdorf in Tirol. In der Idylle lässt es sich noch herrlich rasten, bevor man auf dem Fahrweg das letzte Stück zum Parkplatz ❶ hinausbummelt.

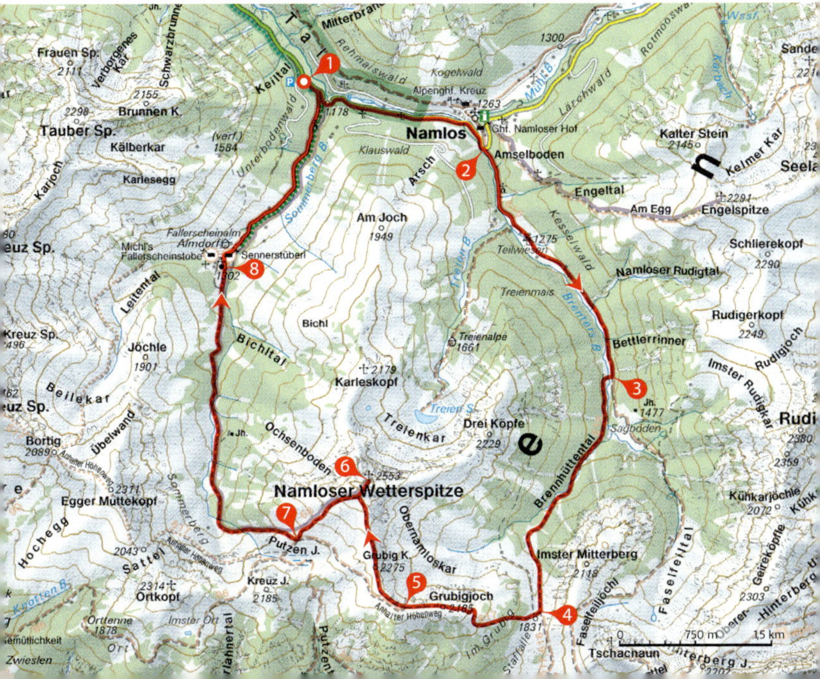

↗ 1000 m | ↘ 1000 m | 6.7 km

50 Engelspitze, 2291 m

4.30 h

Ein stiller Namloser Hausberg

Bergwandern im Lechtal und seinen Seitentälern bedeutet oft, auf kleinen Steigen abseits der bekannteren Touristenrouten unterwegs zu sein. Manchmal lockt uns ein Hinweisschild, ohne dass wir im weiteren Verlauf jedoch auf eine durchgängige Markierung bauen können. Diese Umstände sind auch an der Engelspitze bei Namlos gegeben. Dabei lernt man freilich, seinen Orientierungssinn zu schärfen und gewinnt die Erkenntnis, dass die rote Farbe nicht unbedingt eine Notwendigkeit sein muss. Der Westgrat der Engelspitze ist jedenfalls eher gutmütiger Natur – zumindest für Lechtaler Verhältnisse.

Ausgangspunkt: Parkplatz, ca. 1260 m, nach der Kehre oberhalb von Namlos, wo gegenüber das Hinweisschild zur Engelspitze steht. Zufahrten von Stanzach im Lechtal oder von der Fernpass-Route via Berwang. Kein Busverkehr; das Linientaxi in der Hauptsaison hat für Wanderer untaugliche Zeiten.
Anforderungen: T3. Zumeist Grasgelände wechselnder Steilheit, ohne besondere Hindernisse und kaum ausgesetzt. Die Route ist praktisch durchgängig gepfadet, aber nur dürftig signalisiert. Konditionell durchschnittlicher Anspruch.
Einkehr: Keine; ggf. Alpengasthof Kreuz in Namlos.
Beste Jahreszeit: Juni bis Oktober.
Variante: Erfahrene mit gutem Orientierungsvermögen können am Nordgrat absteigen, den Kalten Stein, 2145 m, mitnehmen und teils weglos ins Kelmer Kar abdrehen. Weiter unten stößt man auf die bezeichnete Route von Kelmen. Lästig ist der abschließende Straßenhatscher zurück nach Namlos.

Gegenüber dem **Parkplatz** ❶ an der Namloser Straße geht es nach Beschilderung »Engelspitze« anfangs auf breitem Ziehweg bergauf Richtung Amselboden. Über die Wiese setzt sich die Route fort und schwenkt dann in den Graben des **Engelbachs** ein. Der Bach muss bald nach rechts überschritten werden ❷ – ohne Wegweiser irritierend, da sich an dieser

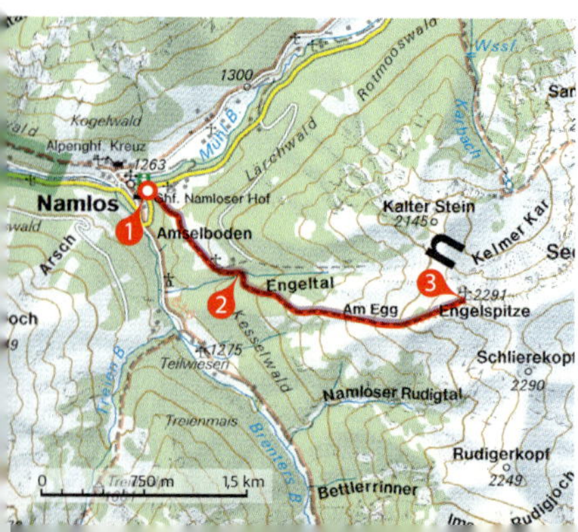

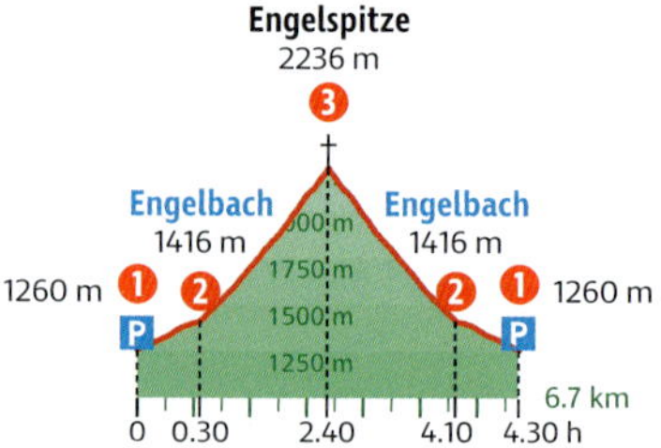

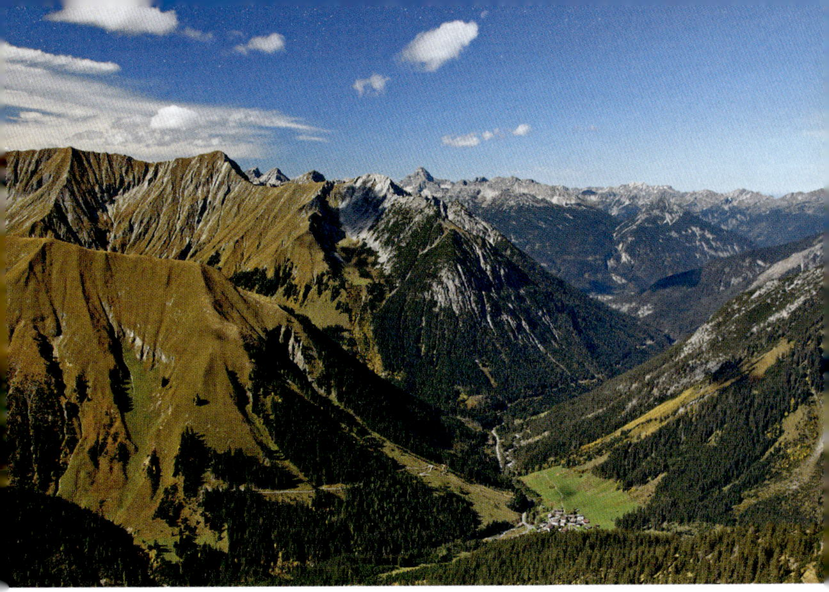

Prächtige Schau von der Engelspitze ins Namloser Tal.

Stelle auch eine Spur auf der linken Seite fortsetzt, doch diese führt später nicht zum Ziel. Durch den Vorderen Kesselwald helfen anschließend sporadisch Markierungen. Der Pfad ist deutlich, kann aber durch umgestürzte Bäume behindert sein. Nach und nach treten wir aus dem Gehölz heraus und orientieren uns am stumpfen Westrücken, immer noch auf ganz guter Spur im wechselnd steilen Gras. Einige Latscheninseln werden problemlos passiert. Erst weit oben wird das Gelände etwas schrofiger. Vorbei an einem Marterl, das für einen verunglückten Skibergsteiger aufgestellt wurde, erreichen wir das Kreuz auf dem Westgipfel der **Engelspitze** 3, 2236 m. Der eigentliche, mit 2291 Metern kotierte Gipfelpunkt liegt hingegen etwas weiter hinten. Der Abstieg erfolgt am besten auf derselben Route.

Blickfang nebenan ist die Knittelkarspitze.

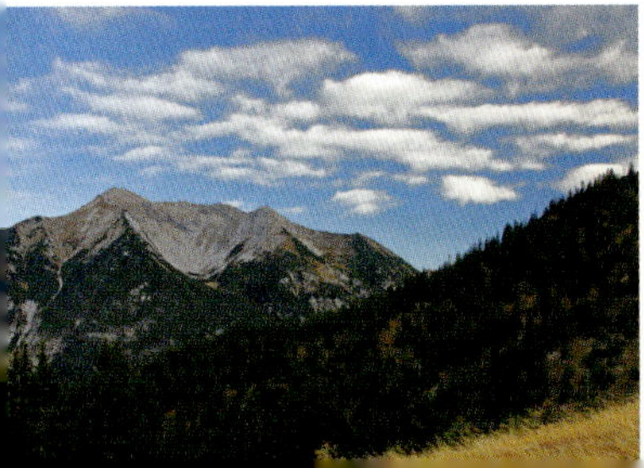

Der Westrücken mit spärlicher Spur.

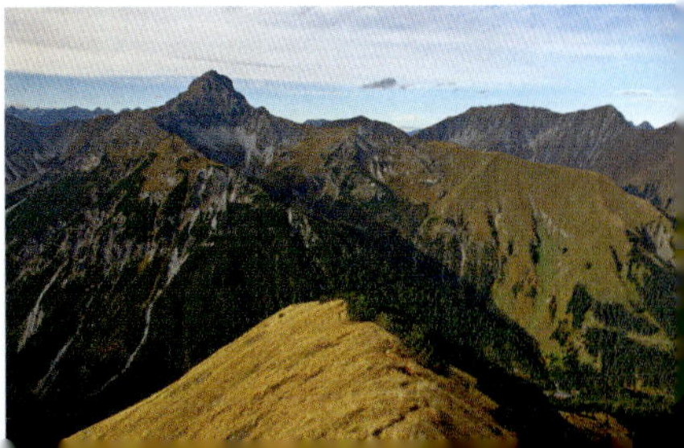

↗ 1100 m | ↘ 1100 m | 10.1 km

6.00 h

51 Knittelkarspitze, 2376 m

Zum Hauptgipfel der einsamen Liegfeistgruppe

Der Begriff »Liegfeistgruppe« wird für viele Bergfreunde Neuland sein, denn dieses von Lech-, Rotlech- und Namloser Tal eingefasste Revier liegt abseits aller Modeberge, die in den Lechtaler Alpen ohnehin Seltenheitswert besitzen. Mit der Knittelkarspitze gibt es hier einen durchaus respektablen Hauptgipfel, der üblicherweise aus dem verträumten Bergnest Kelmen angegangen wird: eine abgeschiedene Idylle unverfälschter Tiroler Kulturlandschaft. Für die Besteigung muss allerdings einiger Einsatz geleistet werden, gibt es zwar markierte Routen, aber keinen wirklich unschwierigen Weg an unserem Berg. Als Normalroute gilt die ausgeschilderte durchs Steinkar. Der buchstäbliche Höhepunkt an der Knittelkarspitze ist freilich die großartige Gipfelaussicht, die vom Vorland bis in die Zentralalpen reicht.

Ausgangspunkt: Kelmen, 1365 m, Bergweiler im Namloser Tal zwischen Berwang und Stanzach im Lechtal. Kaum Parkraum im Ort und keine nützliche Busanbindung.
Anforderungen: T4. Anspruchsvolle Bergtour, die in ausgesetzte Felsschrofen hineinführt. Trittsicherheit vor allem in der Steilflanke über dem Steinkar, am Gipfelgrat sowie beim Abstieg via Wetterkreuz unabdingbar; stellenweise I. Grat. Route durchs Steinkar ordentlich markiert, übers Wetterkreuz hingegen eher dürftig, daher auch Orientierungsvermögen nötig. Normale Tagestour für Geübte.
Einkehr: Keine am Weg; in Kelmen der Alpengasthof Wetterspitze.
Beste Jahreszeit: Mitte Juni bis Mitte Oktober.

Von **Kelmen** ❶, 1365 m, folgt man zuerst einer Forststraße in relativ flachen Kehren an der Waldlehne bergan. Nach einer Weile auf einen Steig wechselnd, geht es phasenweise durch eine Art Schneise bis zur breiten

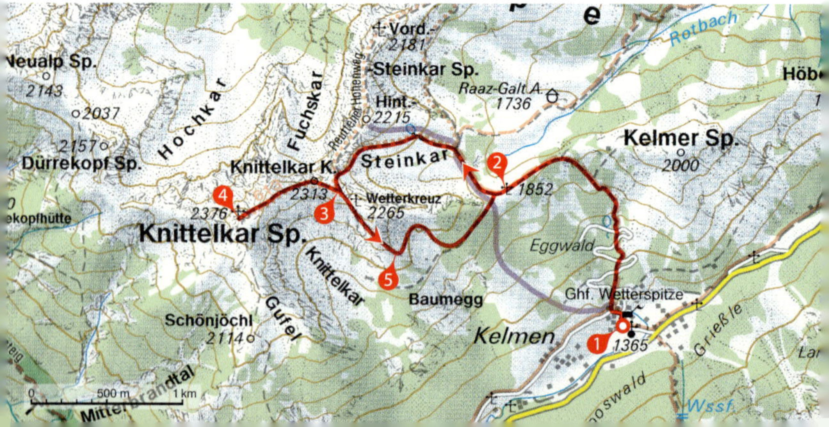

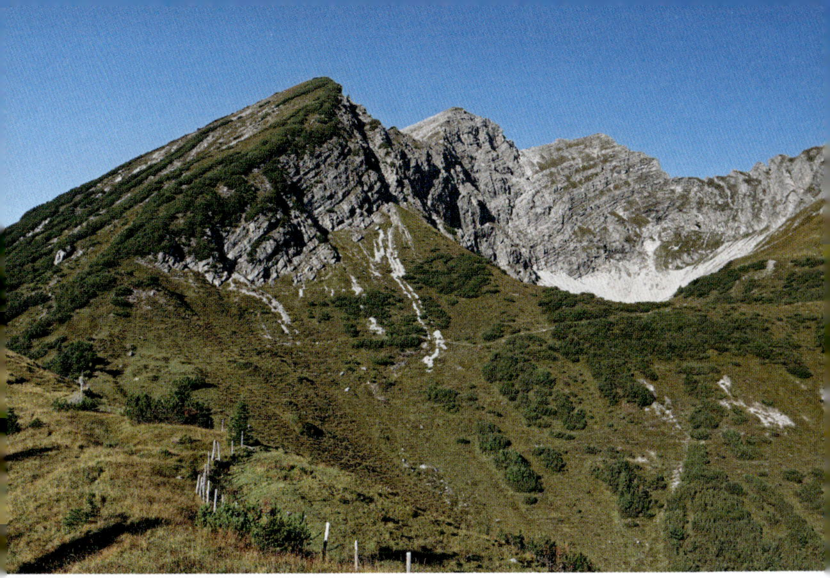

Oberhalb des Kelmer Jöchls erwartet uns allmählich anspruchsvolles Gelände.

Einsattelung zwischen Kelmer Spitze und Knittelkarmassiv, welches in seinem Ostgrat die Feuchtspitze vorschiebt. Links haltend wird die als **Kelmer Jöchl** ❷, 1852 m, bezeichnete Stelle erreicht. Vor dem Aufschwung lotst uns der Wegweiser nach rechts an die Schwelle des **Steinkars**. Man begibt sich aber nicht in die eingesenkte Geröllmulde selbst, sondern hält sich rechts an den Südhang der Hinteren Steinkarspitze und nähert sich der schroffen, diagonal gebänderten Felsflanke, die das Kar abschließt. Der folgende Durchstieg – im Hin und Her über schrofige Stufen und Abhänge (Stellen I) – bedeutet die erste ernsthafte Hürde der Tour. Zwischendurch

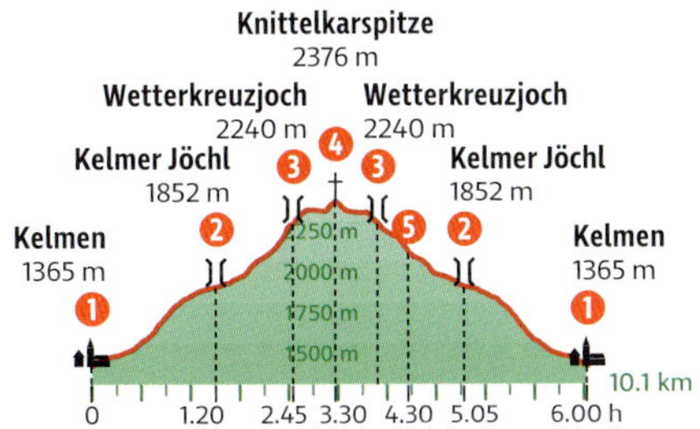

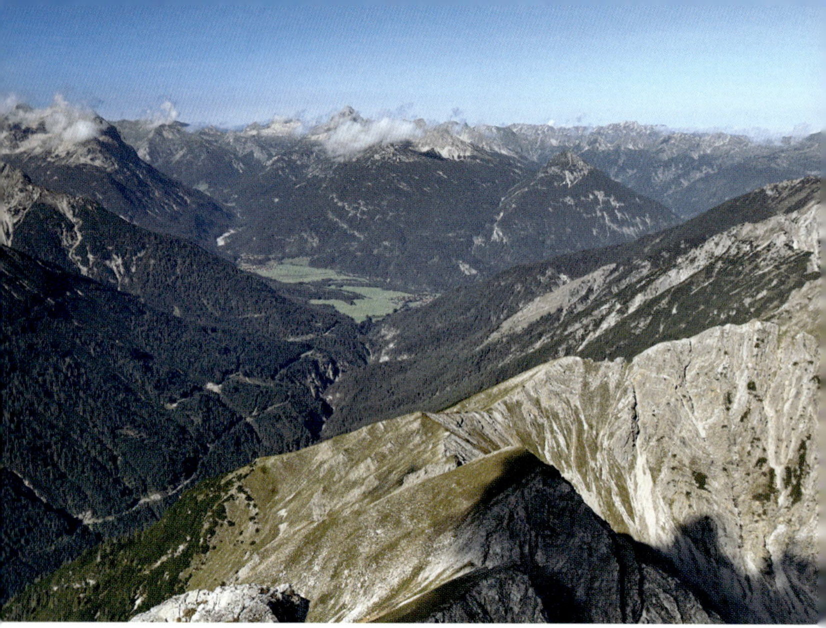

Vom Gipfel schweift der Blick hinaus ins Lechtal sowie in die Allgäuer Alpen.

mündet von rechts der knifflige Reuttener Höhenweg. Man entsteigt dem Steilriegel ins **Wetterkreuzjoch** ❸, ca. 2240 m, und folgt nun dem gratnahen Pfad erst einmal auf den **Knittelkarkopf**, 2313 m. Dahinter dreht der Grat nach links ein und gibt sich teilweise etwas luftig. Aus einer letzten Senke wird schließlich über einen steinigen Hang der Gipfel der **Knittelkarspitze** ❹, 2376 m, gewonnen.

Der Abstieg ist bis zum **Wetterkreuzjoch** ❸ zunächst identisch. Wir bleiben dann auf der Seite des Großen Knittelkars und steigen weit oberhalb anhand einer blassen Markierung und kleinen Pfadspur diagonal ab. Das **Wetterkreuz**, 2265 m, bleibt damit links, es kann wahlweise aber auch überschritten werden (kurzzeitig ausgesetzt mit Stellen I und daher etwas schwieriger). Am Südostgrat wieder gemeinsam weiter, bis die Route scharf nach links ins Kleine Knittelkar abknickt ❺, ca. 2060 m. Diese wichtige Stelle sollte angesichts der Farbzeichen und gut erkennbaren Trasse zuverlässig zu finden sein. Im Kar schlagen wir einen Bogen auf die andere Seite und steigen pfadlos neben einem Latschenfeld bis auf rund 1920 Meter Höhe ab. Dort erkennt man einen Latschenpfad, der die einzige Möglichkeit einer Traverse des Verhaus bietet. Mit der Querung kommen wir zum **Kelmer Jöchl** ❷, 1852 m, voran und stoßen damit auf den Hinweg.

↗ 1000 m | ↘ 1000 m | 12.5 km

5.00 h

TOP **52**

Abendspitze, 1962 m, und Galtjoch, 2109 m

Dreistufige Tour aus dem Rotlechtal

Dieser Wandervorschlag ist besonders interessant, da sehr variabel und somit auf verschiedene Geschmäcker ausrichtbar. Hauptziel stellt für uns das Galtjoch dar, ein abgerundeter Grasberg im langen Nordostausläufer der Liegfeistgruppe. Manch einer mag sich vielleicht auch mit der vorspringenden Abendspitze begnügen – als Aussichtspunkt bereits sehr lohnend. Wer es indes ganz gemütlich bevorzugt, unternimmt bloß die Runde über Raazalpe und Ehenbichler Alm. Und für die richtig Ambitionierten sei noch ein Hinweis auf den möglichen Übergang bis zur Knittelkarspitze gegeben: eine große Tour auf dem anspruchsvollen Reuttener Höhenweg, die natürlich bei Weitem mehr abverlangt!

Ausgangspunkt: Rauth, 1157 m, bei Rinnen, auf Wegweisern mitunter auch unter der Bezeichnung Rinnen-Säge auftauchend. Zufahrt via Berwang nach Rinnen, im Ort hinab ins Rotlechtal und bis zum ausgeschilderten Parkplatz. Mit Öffis muss man umständlich in Rinnen selbst starten.

Anforderungen: T2–3. Meist Bergwege ohne besondere Schwierigkeiten, zu Beginn ein steilerer Abschnitt im Wald, zum Gipfel hin Wiesengelände. Abstieg zur Ehenbichler Alm schlecht markiert (obschon gepfadet). Durchschnittliches bzw. in der kleinen Version gemäßigtes Tagespensum.

Nach dem Gipfelerlebnis zur Einkehr auf der Ehenbichler Alm.

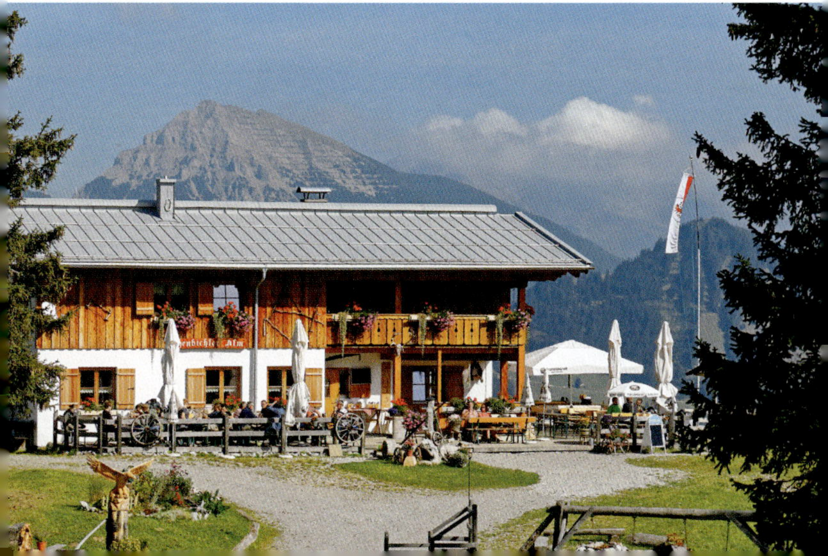

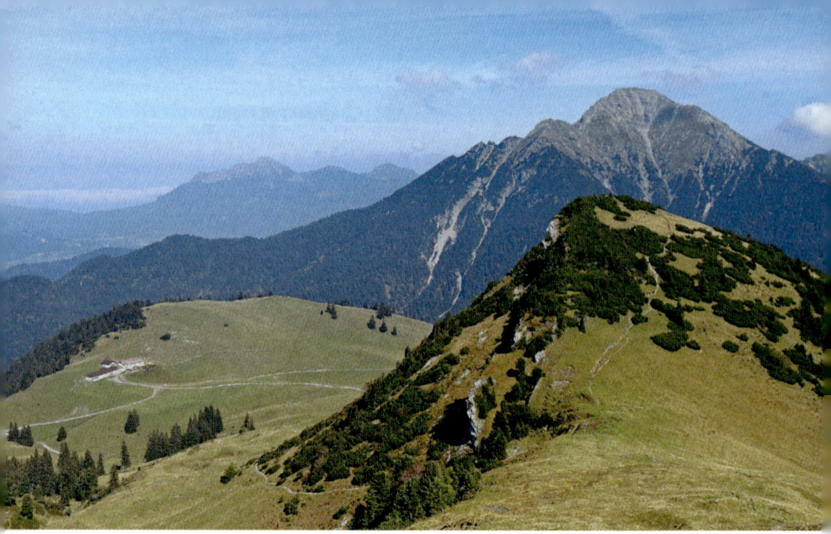

Oberhalb der Raazalpe springt die Abendspitze hervor. Blickfang ist der wuchtige Thaneller.

Einkehr/Unterkunft: Alpe Raaz, 1736 m, Tel. +43 664 3878926. Ehenbichler Alm, 1690 m, Tel. +43 676 3511681 (Mo./Di. Ruhetag). Die Reuttener Hütte ist unbewirtschaftet (AV-Schlüssel).
Beste Jahreszeit: Je nach Schneelage ab Mai oder Juni bis in den Spätherbst.
Variante: Für die Verbindung von der Alpe Raaz zur Ehenbichler Alm braucht man lediglich dem Güterweg zu folgen (gut 20 Min.). Ohne Galtjoch gut 800 Hm, gänzlich ohne Gipfel nur 600 Hm.
2. Vom Galtjoch ist eine recht anspruchsvolle Verbindung über die Vordere und Hintere Steinkarspitze Richtung Knittelkarspitze möglich (Reuttener Höhenweg, T4).

Direkt bei **Rauth** ❶ – vom hinteren Parkplatz 200 Meter zurück – über die Rotlechbrücke und links auf den Bergweg zur Raazalpe. Dieser schraubt sich im Wald recht steil aufwärts, kreuzt bald einmal eine Forststraße und trifft weiter oben auf jene, die zu den Almen führt. Man weicht aber mit

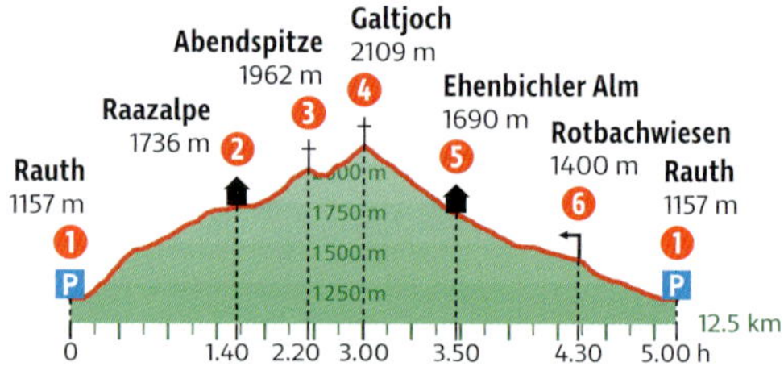

Vorteil wieder auf den abkürzenden Steig aus, hält sich bei der Gabelung rechts und gelangt allmählich ins freie Weidegelände, wo die Reuttener Hütte sowie die **Raazalpe** ❷, 1736 m, ihren Platz haben. Dem Güterweg folgen wir jetzt nur ein paar Schritte, um sofort rechts Richtung Abendspitze/Galtjoch abzuzweigen. Man gewinnt einen Wiesensattel, von dem die **Abendspitze** ❸, 1962 m, nach links abgesetzt und in wenigen Minuten zu erreichen ist. Zur anderen Seite leitet ein stumpfer Rücken hingegen zum **Galtjoch** ❹, 2109 m, hinauf – trotz etwas erodierter Spur gänzlich hindernislos auf grasigem Untergrund. Im Abstieg zurück zum Sattel vor der Abendspitze, dann nach Hinweisschild rechts haltend auf einer nicht weiter markierten, aber gut erkennbaren Pfadspur über die Wiesen abwärts. Durch ein Waldstück stoßen wir auf den breiten Wirtschaftsweg und kommen damit zur **Ehenbichler Alm** ❺, 1690 m, wo sich jetzt eine Einkehr anbietet. Der anschließende Steig bringt uns zurück auf den Hinweg – zur Abwechslung können wir später auch auf dem Fahrweg bleiben, um noch einen Bogen über die idyllischen **Rotbachwiesen** ❻, ca. 1400 m, zu schlagen (dort Abkürzen der weit ausholenden Schleife empfehlenswert). Durchs Tal des Rotbachs läuft man damit von hinten beim Parkplatz ❶ ein.

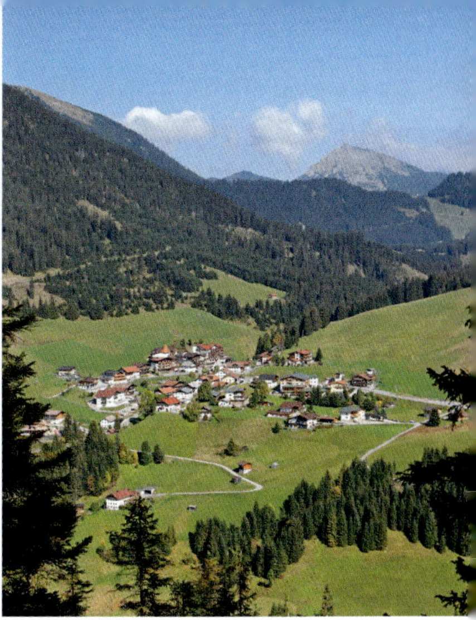

Rinnen heißt der Talort für die Tour zum Galtjoch.

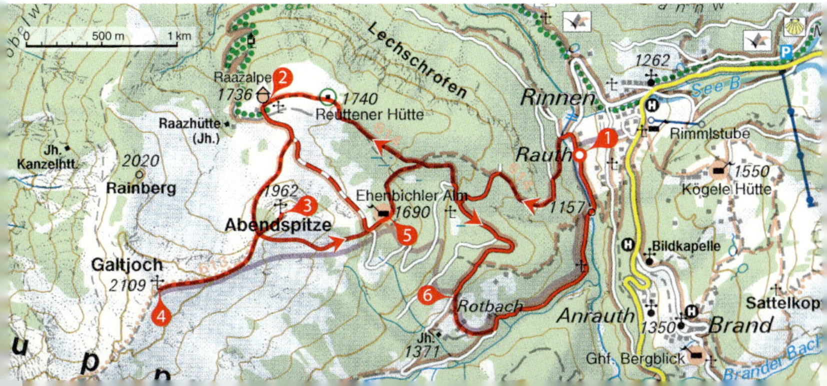

↗ 1400 m | ↘ 1400 m | 14.2 km

53 Roter Stein, 2366 m, und Hönig, 2034 m

6.50 h

Felsschrofen und Graspleisen in kontrastreicher Gesellschaft

Rund um das hübsche Außerferner Bergdorf Berwang erstreckt sich ein vielseitiges Tourenrevier, in dem üppig bewachsene Fleckenmergel- und brüchig-zerborstene Hauptdolomitberge nebeneinander stehen. Zur letztgenannten Kategorie zählt der Rote Stein, ein ziemlich mächtiger Geselle, dem zwei ordentliche Steige zu regelmäßigem Besuch verhelfen. Unmittelbar südlich über Berwang baut sich hingegen der Hönig mit sattgrünen Steilflanken auf. Dort gedeiht im Sommer eine prächtige Flora! Die beiden Berge können jeder für sich bestiegen, mit guter Kondition aber auch kombiniert werden.

Ausgangspunkt: Berwang, 1342 m. Parkplätze entweder bei der Kirche oder etwas tiefer beim Höniglift, ca. 1315 m. Busverbindung von Reutte über Bichlbach (evtl. umsteigen).
Anforderungen: T3. Bezeichnete Steige mittlerer Schwierigkeit, am Roten Stein eher schuttbedeckt, im unteren Bereich sowie über den Hönig oft grasig-erdig. Elementare Trittsicherheit erforderlich und in der Kombination auch Ausdauer für eine längere Tagestour.
Höhenunterschied: 1050 Hm bis zum Roten Stein, über den Hönig 350 Hm zusätzlich. Insgesamt also 1400 Hm.
Einkehr: Keine am Weg, aber ggf. kurzer Abstecher zur Kögelehütte, 1550 m, Tel. +43 664 4048929. Ansonsten die Gasthöfe in Berwang.
Beste Jahreszeit: Ende Juni bis Septem-

Roter Stein (links) und Steinmannlspitze aus Berwanger Perspektive.

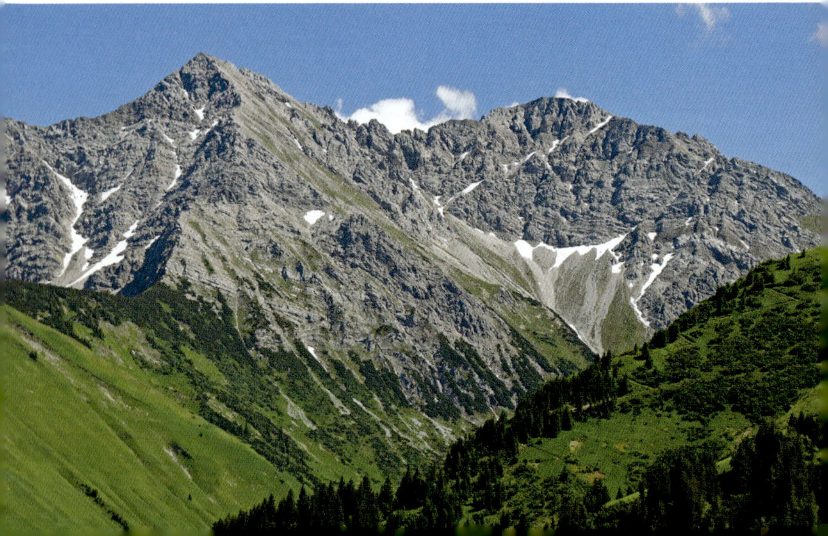

ber oder Oktober, sofern schneefrei.
Varianten:
1. Ohne Hönig nur 5 Std. Gesamtgehzeit und 1050 Hm.
2. Überschreitung des Roten Steins nach Osten, damit ins Bichlbächler Jöchle und von dort nordwärts hinab ins Tal. Manko: Man muss dann bis zur Berwanger Straße vorlaufen, um den Bus zu erwischen.

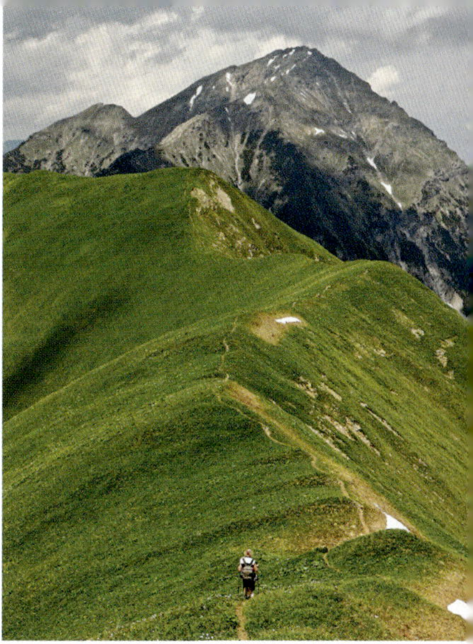

Auf der grünen Kammlinie vom Sonnbergsattel zum Hönig, überragt vom Thaneller.

Vom Höniglift in **Berwang** ❶ geht es über den Weiler Gröben ins Tal des Älpelesbachs hinein. Bald beginnt hier ein Steig, der auf der rechten Seite ein gutes Stück oberhalb der eingeschnittenen Sohle entlangführt. Wiederholt sind Rüfen zu kreuzen, die aus der hohen Hönigflanke winters Muren und Lawinen herunterschicken, was unerfreulich schlammige Traversen hervorrufen kann. Ansonsten durch stark bewachsenes Gelände hinauf zur Karschwelle beim **Älpele**, wo sich schuttdurchzogene Böden zeigen und der Steig besser wird. Bei der Gabelung ❷, ca. 1720 m, halten wir uns links und nähern uns der Westflanke unseres Berges. Hier in anhaltendem Zickzack noch mehr als 500 Höhenmeter bergauf, zwischendurch an einem Vorsprung mit Kreuz vorbei. Nach und nach wird der Untergrund karger, doch erreichen wir den **Roten Stein** ❸, 2366 m, letztlich ohne größere Hürden.

Felsen, wohin man schaut. Die Lechtaler Alpen besitzen eine verwirrende Struktur.

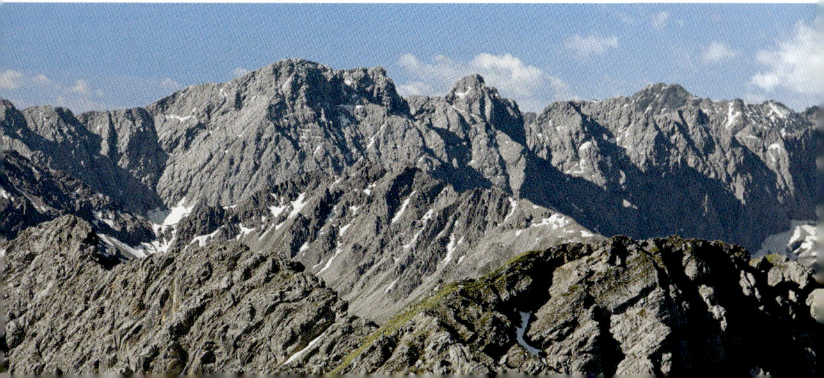

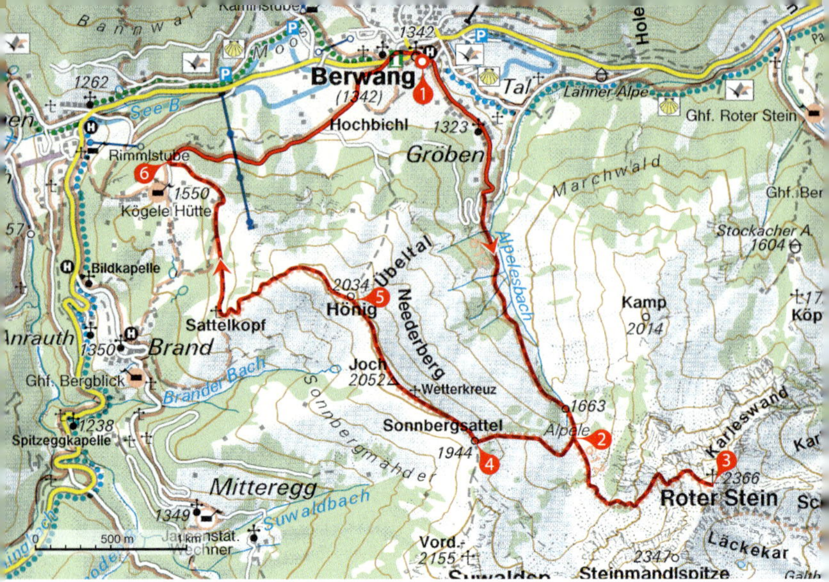

Beim Rückweg geht es zunächst wieder weit hinunter zur Wegverzweigung am **Älpele** ❷. Hier scheren wir links aus, um den oberhalb gelegenen **Sonnbergsattel** ❹, 1944 m, anzusteuern. Damit liegt der schöne Grasgrat über die Kuppe namens **Joch**, 2052 m, bis zum **Hönig** ❺, 2034 m, vor uns. Man setzt die Überschreitung entlang der Schneide fort bis zur Schulter, von der sich eine lange Reihe von Kehren abwärtsschraubt (bei Nässe lehmiger Steig). Von der Kreuzung beim Sattelkopf nordwärts querend zur sommers nicht bewirtschafteten Rastkopfhütte und auf einer Skipiste hinunter zum Fahrweg unweit der Kögelehütte ❻, ca. 1530 m. Dieser schließt den Kreis Richtung **Berwang** ❶, wobei man Richtung Kirche kommt und am Ende gegebenenfalls noch den Wiesenweg zum Parkplatz beim Höniglift begeht.

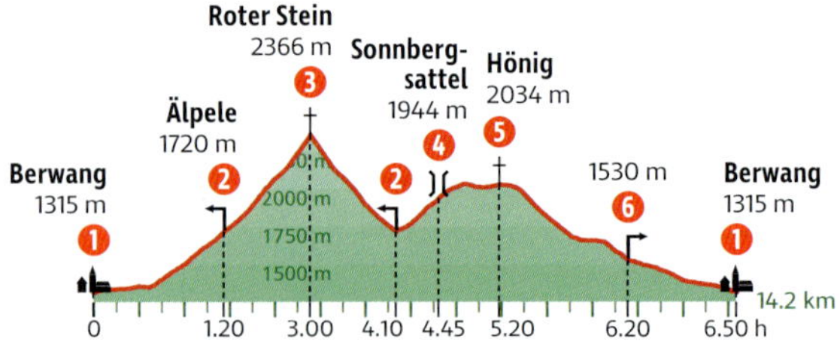

↗ 1440 m | ↘ 1440 m | 11.2 km

7.15 h

Bleispitze, 2225 m, und Gartnerwand, 2377 m

Zünftige Alpinkost im äußersten Nordosten der Lechtaler Alpen

Bevor der Alpenreisende auf der Fernpassroute im Lermooser Tunnel verschwindet, bemerkt er rechter Hand ein stattliches Bergmassiv, das in der ausladenden Gartnerwand gipfelt. Der mehrere Kilometer breiten, gebänderten Schrofenmauer nördlich vorgelagert befindet sich die Bleispitze (eigentlich: Pleisspitze) mit den bezeichnenden steilen Graspleisen, die direkt ins Zwischentoren hinabschießen. Im versteckten Weiler Bichlbächle brechen wir auf, um diese Ziele zu verwirklichen: Die Bleispitze auf hindernisarmen Pfaden, die schroffe Gartnerwand hingegen wesentlich anspruchsvoller und daher nur als Option für wirklich Erfahrene gedacht. Der brüchige Nordgrat wird quasi in Klettersteig-Manier erklommen und auch beim späteren Übergang zum Westgipfel verlangen etliche Passagen Kraxelei. Das ist kein Terrain mehr für den reinen Wanderer und eine der schwierigsten Touren in diesem Führer! Allerdings auch eine mit hohem Erlebniswert …

Ausgangspunkt: Bichlbächle, 1278 m. Zufahrt über eine Stichstraße von der Verbindung zwischen Bichlbach (B179) und Berwang, ohne Busanschluss. Parkplatz knapp unterhalb des Weilers.
Anforderungen: T4–5 für die Gartnerwand, maximal T3 für die Bleispitze. Bis zum Sommerbergjöchle normaler Bergweg, zur Bleispitze Pfadspur in mittelsteilen Grashängen, bei trockenem Untergrund ohne Probleme (bis hierher 970 Hm). Am Nordgrat und dem oberen Westgrat der Gartnerwand hingegen ausgesetztes Fels- und Schrofengelände mit etlichen gesicherten Passagen und Stellen bis I+. Obwohl weithin gepfadet und markiert, handelt es sich damit um eine große, schwierige Tour; nur für routinierte, absolut trittsichere Bergsteiger geeignet.
Einkehr: Keine am Weg; in Bichlbächle

Der Ostgrat der Gartnerwand zieht eine geschwungene Linie vor der Mieminger Kette.

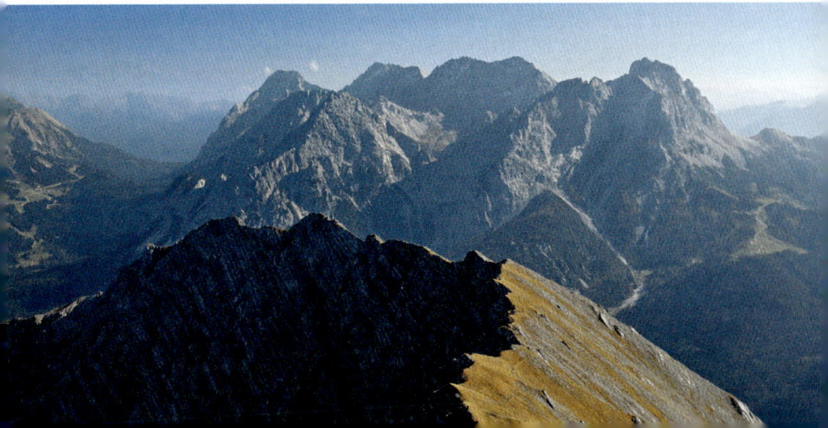

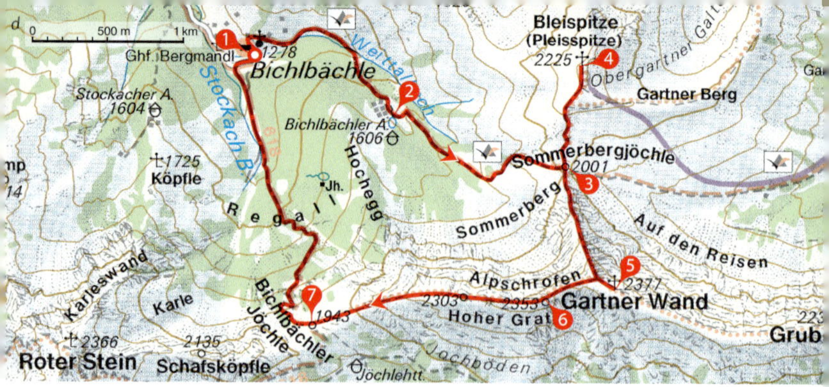

der Gasthof Bergmandl.
Beste Jahreszeit: Juli bis September, falls schneefrei auch noch im Oktober.
Variante: Die Tour kann aus dem Lermooser Becken angegangen werden. Zur Bleispitze idealerweise durchs Gartnertal, auf die Gartnerwand auch von der Grubigsteinbahn über den langen Ostgrat, Kombination über die Wolfratshauser Hütte, 1751 m.

In **Bichlbächle** ❶, 1278 m, wenden wir uns mit einem Wiesenweg in den großen Grabeneinschnitt, überschreiten dort den Bach nach rechts und steigen an den Waldflanken zur **Bichlbächler Alm** ❷, 1606 m, an. Der Steig setzt sich an diversen Hütten vorbei im Mattengelände fort, führt mit einem Linksschwenk höher und dann schräg hinüber zum **Sommerbergjöchle** ❸, 2001 m, wo die beiden Gipfelrouten abzweigen. Zunächst zur Bleispitze: Man steigt am Südhang empor, zumeist entlang des Rückens, zwischendurch aber auch mal deutlich nach rechts ausweichend. Ein Absatz wird mit geringem Zwischenabstieg überschritten. Es folgt ein etwas steileres Stück, ehe der Gratrücken zum Gipfel der **Bleispitze** ❹, 2225 m, deutlich abflacht.
Zurück am **Sommerbergjöchle** ❸ geht man über den schrofigen Vorbau direkt den Nordgrat der Gartnerwand an. Nach ersten Felsstellen verlangt

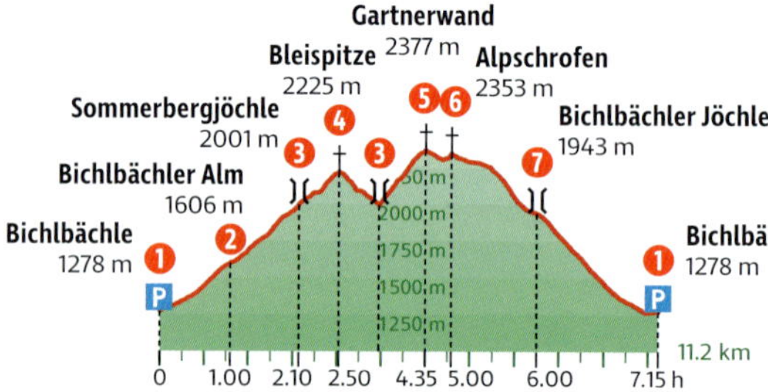

ein Aufschwung Konzentration und entschlossenes Zupacken – die Passage ist mit vielen Drahtseilen richtiggehend klettersteigartig ausgebaut. Oberhalb folgen Traversen auf der rechten Seite (Vorsicht aufgrund der Brüchigkeit); man tangiert aber auch immer wieder mal die Gratkante. Nach weiteren teils gesicherten Stufen (jetzt meist kunststoffummantelte Seile) legt sich das Gelände im oberen Teil etwas zurück. Die Spur zieht über Schutt und Schrofen zum Nordeck hinauf, von wo der höchste Punkt der **Gartnerwand** 5, 2377 m, in wenigen Minuten erreicht wird.

Am Ausstieg des Nordgrates vorbei gehen wir beim Rückweg den Westgrat an, müssen der schroffen Kammlinie aber schon bald südseitig ausweichen. Platten- und Schrofenzonen sowie mehrere kleine Rinnen und Rippen werden in recht verwickeltem Verlauf traversiert (stellenweise gesichert). Nach kurzer Gegensteigung auf den Westgipfel, der auch als **Alpschrofen** 6, 2353 m, in Karten verzeichnet ist, steht der wunderbare Abschnitt am sogenannten **»Hohen Grat«** bevor. Am begrünten Kammrücken sind die Schwierigkeiten jetzt gering, doch fällt das Gelände später wieder steiler ab. Obacht, die Spur biegt dabei teils etwas nordseitig aus und leitet in ein eher unangenehmes Geröllfeld, das auf den welligen Böden am **Bichlbächler Jöchle** 7, 1943 m, ausläuft. Wir stoßen auf den Weg Nr. 618 und folgen ihm in den nordseitigen Regallkessel hinein. Dort windungsreich tiefer, unterdessen deutlich nach rechts hinüber. Weiter unten kreuzen wir mal einen Bachlauf und gelangen erst ganz am Schluss auf einen Karrenweg, der uns zur Straße bringt. Wenige Schritte aufwärts befindet sich der Parkplatz bei **Bichlbächle** 1.

Auf den letzten Schritten zur Gartnerwand löst sich die Anspannung.

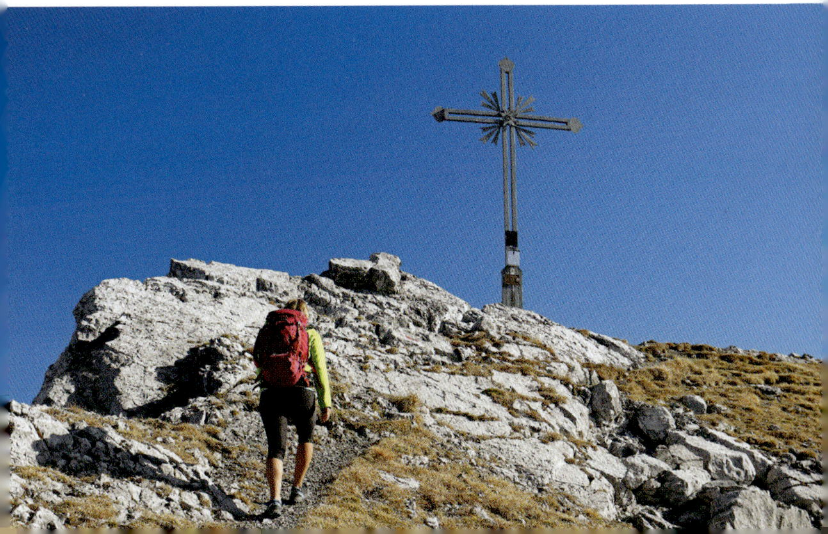

TOP

↗ 1350 m | ↘ 1000 m | 11.0 km

55 Thaneller, 2341 m

6.40 h

Mächtiger Solitär über dem Reuttener Becken

Der Thaneller gibt ein großartiges Kulissenbild ab, wenn man die isoliert stehende Pyramidengestalt über dem Talkessel von Reutte betrachtet: ein echter Charakterberg der Region. Gleichzeitig gilt der Thaneller auch als Hausberg von Berwang und wird zumeist von dieser Seite aus bestiegen. Denn der Normalweg setzt den Anspruch nicht allzu hoch. Auf ein anderes Kaliber muss sich einstellen, wer die Überschreitung plant und im Bergauf den spannenden Werner-Riezler-Steig durch die grimmige Nordseite wählt. Bis ins Thanellerkar ist noch alles problemlos, aber anschließend wird's ernst, wenn eine sehr hohe, von Rinnen durchbrochene Felsflanke erklommen werden muss. Doch welch grandioses Gefühl, wenn wir schlussendlich auf den Gipfel aussteigen und mit einem Panorama der Extraklasse belohnt werden …

Ausgangspunkt: Heiterwang, 994 m, Haltestelle Post. Mit dem Auto kann auch der große Parkplatz beim Karlift jenseits der Bundesstraße (B179) angefahren werden.

Endpunkt: Berwang, 1342 m, Haltestelle Kirchplatz. Busverbindung Richtung Reutte/Heiterwang (evtl. Umstieg in Bichlbach).

Anforderungen: T4 am Riezlersteig,

Ein Gipfel wie der Thaneller erfreut sich natürlich regen Zuspruchs.

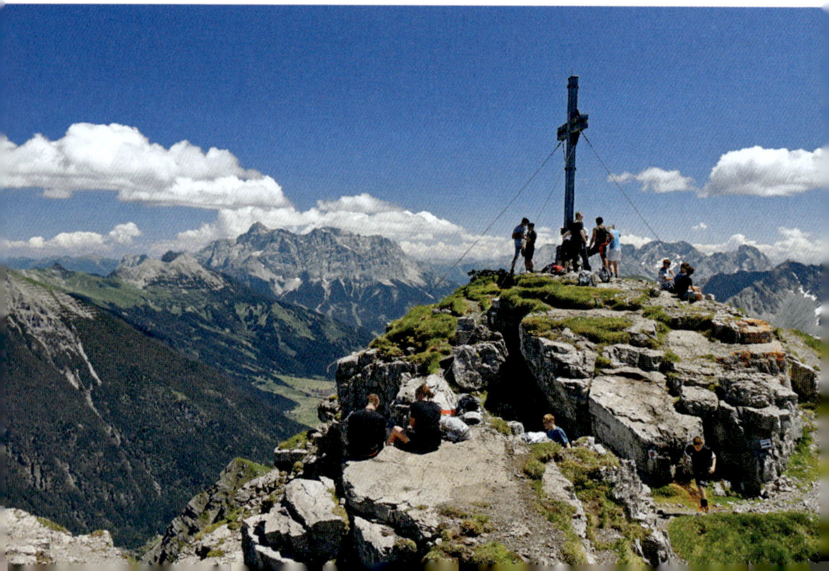

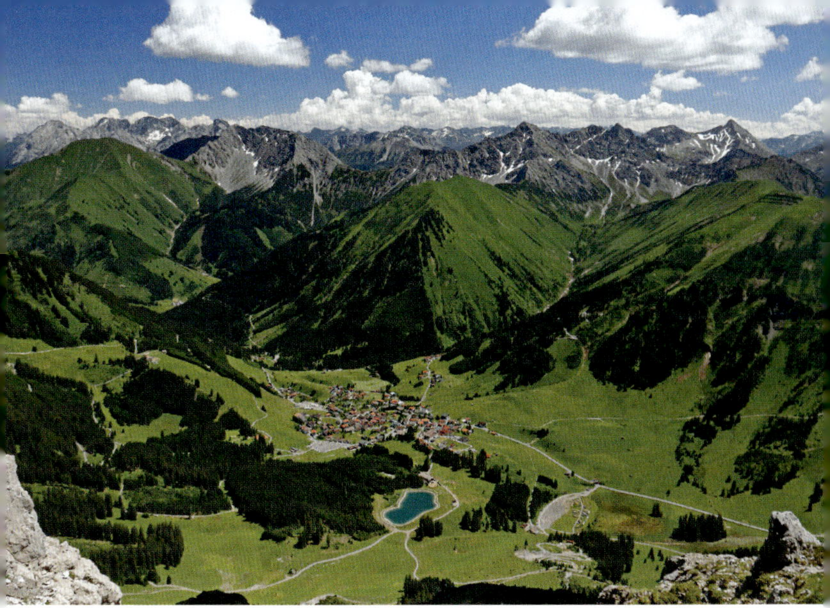

Den Abstieg wählen wir über den Normalweg Richtung Berwang.

T2–3 am Normalweg (»rot«). Ziemlich anspruchsvolle Nordroute, auf den oberen 500 Hm durchwegs felsiges bzw. bröseliges, stark gegliedertes Gelände mit einigen Sicherungen, aber auch kurzen Stellen I. Grades. Trittsicherheit und Schwindelfreiheit unerlässlich; im Frühsommer oft noch heikle Schneereste in den Rinnen. Die südseitige Normalroute ist deutlich leichter, oben etwas schrofig, mit elementarer Trittsicherheit jedoch gut beherrschbar. Als Überschreitung volles Tagesprogramm.

Einkehr: Keine am Weg, aber mehrere Gasthöfe in Berwang.

Beste Jahreszeit: Je nach Schneelage am Riezlersteig meist erst ab Ende Juni bis in den Herbst.

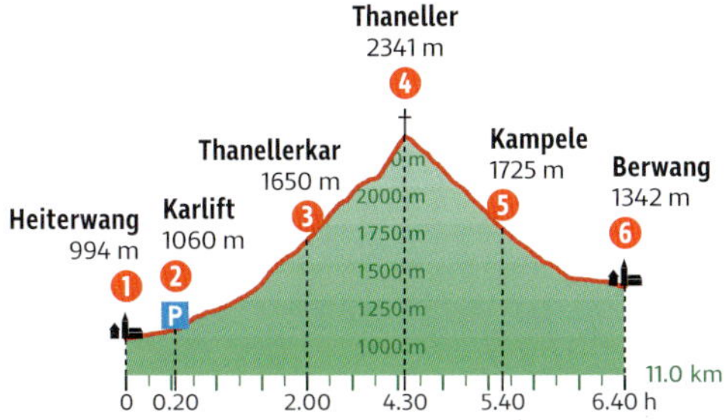

Von **Heiterwang** ❶, 994 m, zunächst in westlicher Richtung die Umfahrung kreuzend zum **Karlift** ❷, wo die eigentliche Route (Nr. 611) beginnt. Im Bereich der großen Wiesenschneise ist sie anfangs undeutlich markiert. Man hält sich tendenziell rechts und kommt zwischendurch auf breiteren Wegen gegen den Einschnitt zum Thanellerkar voran. Der Steig setzt sich auf der rechten Seite fort und stößt im breiten **Thanellerkar** ❸, ca. 1650 m, auf einen Querweg. Weiter im Schotter bergauf und links haltend zum Einstieg am Wandfuß (je nach Jahreszeit Schneefeld). Der Riezlersteig windet sich nun geschickt durch die fast 500 Meter hohe Felsflanke gipfelwärts, nutzt dabei oft Bänder und Absätze, schlängelt sich durch Rinnen (im Frühsommer eventuell mit heiklem Schnee garniert) sowie über gestufte Felspartien. Obwohl es einiges Hin und Her gibt, führt die Route insgesamt deutlich nach links hinüber bis auf die Nordrippe. Typisch zerklüfteter Hauptdolomit mit häufigen Rinnenpassagen kennzeichnet auch den Weiterweg im oberen Teil, ehe man nach fast zwei Stunden im anspruchsvollen Gelände befreit am Gipfel des **Thaneller** ❹, 2341 m, aussteigt.

Im Bergab orientieren wir uns lange am – oben noch schrofigen – Südgrat, teils auch knapp daneben. Der gute Steig taucht allmählich in Latschenfelder ein und schweift nach links ab. Auf gut 1700 Metern passieren wir am **Kampele** ❺ die etwas undeutliche Abzweigung nach Rinnen. Wir bleiben am Hauptweg und vollziehen später aus dem Wald heraus einen Bogen in die Sandgrube. Am Speichersee vorbei nach **Berwang** ❻, 1342 m, wo man am besten die Bushaltestelle am Kirchplatz ansteuert.

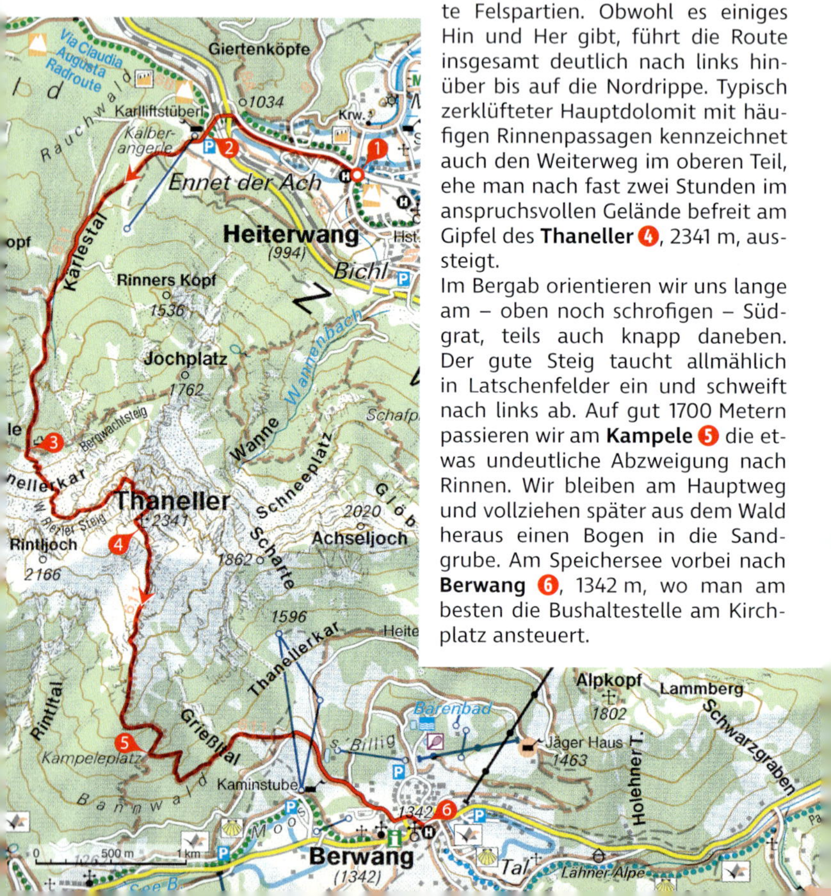

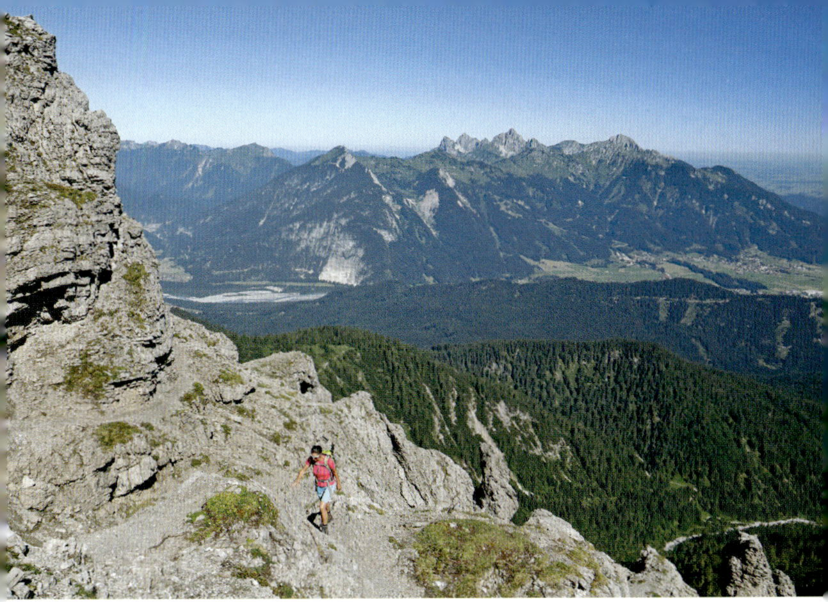

Am Riezlersteig wird das Gelände allmählich anspruchsvoller (oben) und wartet mit einigen spektakulären Passagen auf (unten).

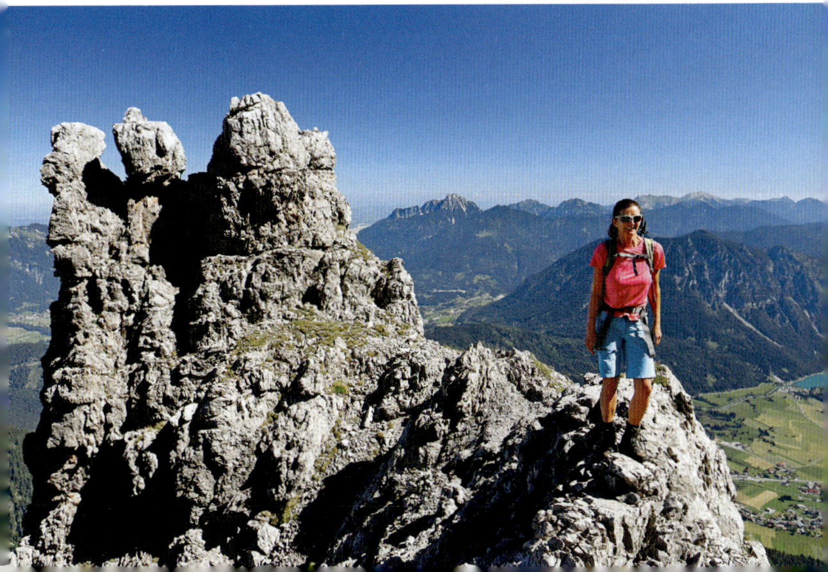

↗ 450 m | ↘ 450 m | 6.9 km

56 Burgenwelt Ehrenberg

2.40 h

Die Klause, Fort Claudia sowie die Festungsruinen Ehrenberg und Schlosskopf

Die aus vier Teilen bestehende Burgenwelt Ehrenberg gehörte zu den bedeutendsten Festungsensembles Europas und ist heutzutage natürlich eine der besonderen touristischen Attraktionen in der Region Reutte. Als wichtigstes und zentrales Objekt der Anlage gilt die von Graf Meinhard II. ab 1290 initiierte Burg Ehrenberg. Dazu kommen die Ehrenberger Klause im Talgrund, das Fort Claudia am Hang gegenüber und die Festung auf dem Schlosskopf, welche man erst im 18. Jahrhundert errichtete, nachdem die Hauptburg zweimal (1546 und 1703) quasi von hinten eingenommen worden war und von den Tirolern jeweils aufwendig zurückerobert werden musste. Die Ruinenbereiche mitsamt Aussichtsplattformen sowie die Ausstellung in den Kasematten können frei erkundet werden, während für die Hängebrücke über die Fernpassstraße (»Highline 179«) und den Schrägaufzug (»Ehrenberg Liner«) eine Gebühr eingehoben wird.

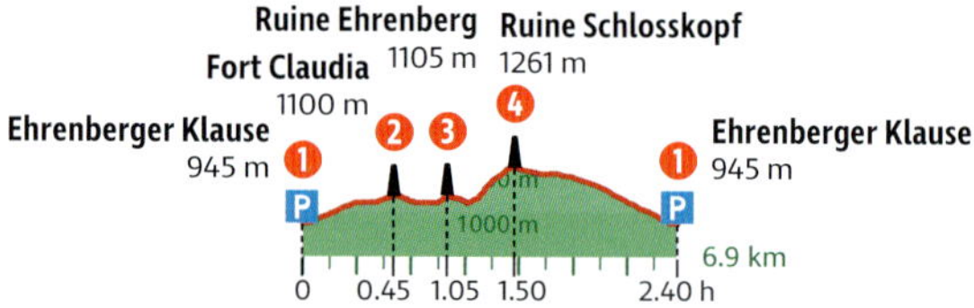

Ausgangspunkt: Ehrenberger Klause, 945 m. Anfahrt über die B179 südlich von Reutte und rechts abzweigend zum gebührenpflichtigen Parkplatz.

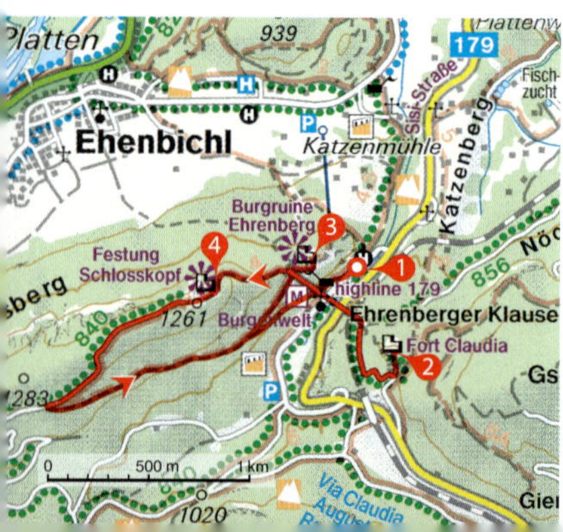

Anforderungen: T2+. Zur Ruine Schlosskopf steilerer Wurzelweg, der ein Mindestmaß an Trittsicherheit verlangt, sonst leichte Wanderwege inklusive einer spektakulären Hängebrücke (optional). Halbtagestour mit viel Erkundungspotenzial.
Einkehr: Gasthof Klause und Restaurant Salzstadl am Ausgangspunkt.
Beste Jahreszeit: Fast ganzjährig.
Hinweis: Besucherzentrum mit Ticketshop sowie Erlebnismuseum täglich ab 10 Uhr geöffnet; für Highline 179 und Ehrenberg Liner stehen auch Automaten zur Verfügung.

Von der **Ehrenberger Klause** ❶ führt ein breiter Weg mit einer markanten Kehre hinauf zur Ausstellung

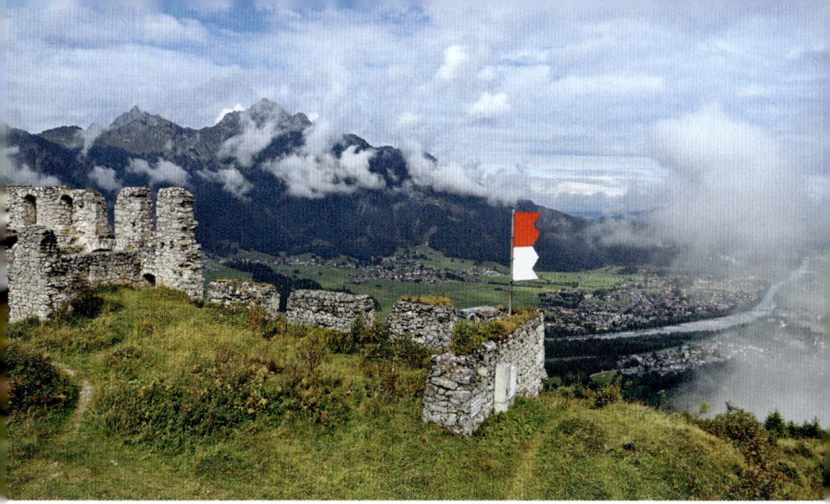

Vom Schlosskopf genießt man die beste Aussicht.

in den Kasematten – ein Schrägaufzug kann uns den knapp halbstündigen Aufstieg abnehmen. Über eine viel begangene Hängebrücke wechselt man auf die andere Seite der Fernpassstraße und steigt kurz zum **Fort Claudia** ❷, 1100 m, hinauf. Nach diesem Abstecher sehen wir uns bei der **Ruine Ehrenberg** ❸, 1105 m, näher um. Eine Aussichtsplattform eröffnet die schönste Perspektive. Zurück bei den Kasematten vermittelt ein steilerer Waldweg den Zugang zur höher gelegenen **Ruine Schlosskopf** ❹, 1261 m. Zwei Aussichtsplattformen und ein Netz von Pfaden lassen auch hier ausgiebige Erkundungen zu. Wir verlassen die Festung nach hinten auf eine Forststraße und beachten nach rund einem Kilometer den scharfen Linksabzweig. Im Schrägabstieg geht es dann zurück zur **Ehrenberger Klause** ❶.

Graf Meinhard II. war eine bedeutende Persönlichkeit des Mittelalters.

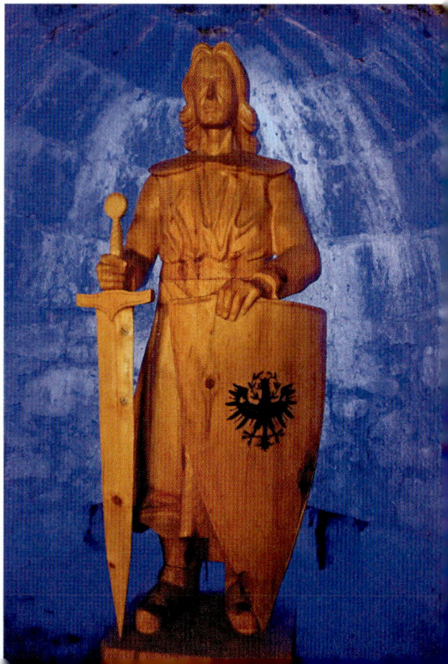

↗ 1170 m | ↘ 1170 m | 10.1 km

57 Kohlbergspitze, 2202 m

5.45 h

Pfiffige Route über den Zigerstein

Ein großes Gipfelkreuz grüßt von der Kohlbergspitze, dem westlichen Eckposten des Danielkamms, herab ins Zwischentoren und lockt Wanderer mit leidlicher Trittsicherheit und Ausdauer hinauf zur großen Schau über die Außerferner Gegend. Abgesehen vom häufiger begangenen Normalweg steht Ambitionierten die Möglichkeit offen, mit einer pfiffigen Alternativroute eine Überschreitung des Berges zu absolvieren. Dabei holt man mehr nach Westen aus, tangiert am Zigerstein (mitunter auch »Zingerstein« geschrieben) einen fulminanten Felskopf und kraxelt über Steilschrofen gipfelwärts. So wird aus einer Durchschnittstour schon ein ziemlich exklusives Erlebnis!

Ausgangspunkt: Bichlbach, 1079 m, im Außerfern zwischen Reutte und Lermoos. Haltepunkt der Außerfernbahn, außerdem Busverbindung von Reutte.
Anforderungen: T4. Über den Zigerstein in abschüssigen Schrofen ausgeprägte Trittsicherheit nötig, durchgängig markiert, aber nur spärlich gepfadet, einzelne Stellen im I. Grad. Die Normalroute ist hingegen ein ordentlicher Bergweg (T2–3). Gut ausgefülltes Tagesprogramm.
Einkehr: Nur im Talort.
Beste Jahreszeit: Juni bis Oktober.
Variante: Zum Alpenrosensteig gelangt man auch per Mountainbike über einen Fahrweg.

Bichlbach mit dem felsigen Roten Stein und dem begrünten Kamp im Hintergrund.

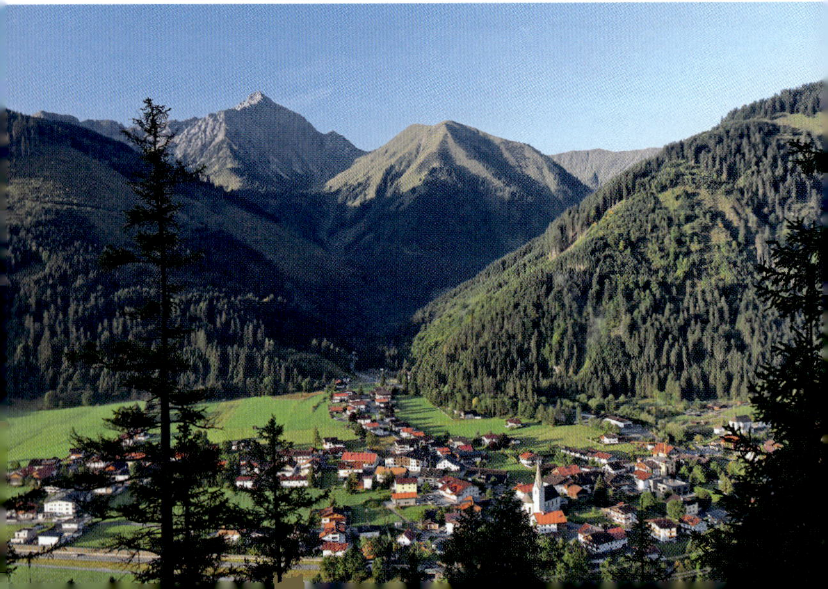

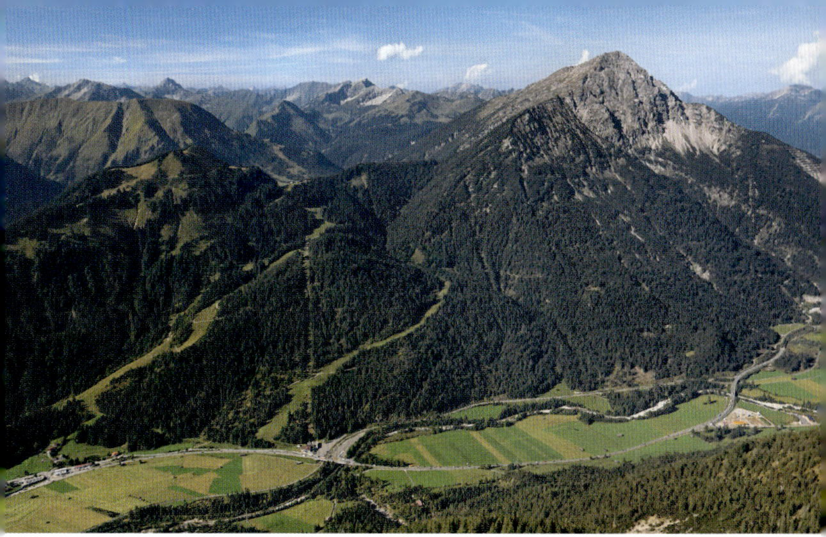

Panoramablick über das Zwischentorental zum Thaneller.

In **Bichlbach** ❶ unterqueren wir Bundesstraße sowie Bahntrasse und beginnen jenseits der Bachbrücke sofort den Aufstieg am Kohlberg. In lichtem Wald windet sich unser Steig zuweilen etwas wurzlig, aber weitgehend problemlos höher. Nach gut einer Stunde passieren wir eine Quelle und queren im Anschluss an einen deutlichen Rechtsknick unterhalb der Jagdhütte Kirchennötsche entlang. **Am Nötsche** ❷, ca. 1630 m, stößt man im Bereich einer Lichtung auf den **Alpenrosensteig** und folgt diesem jetzt nach links. Kurzzeitig leicht fallend, wendet sich die Trasse bald schmaler gepfadet deutlich bergauf. Der Wald wird von Latschen abgelöst, wobei es auch schon schrofiger wird. Mit ersten Kraxelstellen über eine kleine Rippe hinweg auf ein Band, das unter Felswänden weiter ansteigt. Vor dem Aufbau des Zigersteins leitet eine Schutt- und Schrofenrinne steil empor in ein Schärtchen, aus dem sich der **Zigerstein** ❸, ca. 2000 m, mittels Kette und Drahtseilen außen ums Eck rasch erklimmen lässt. Der Weiterweg führt aus der Lücke über erdige Trittspuren, wechselt an

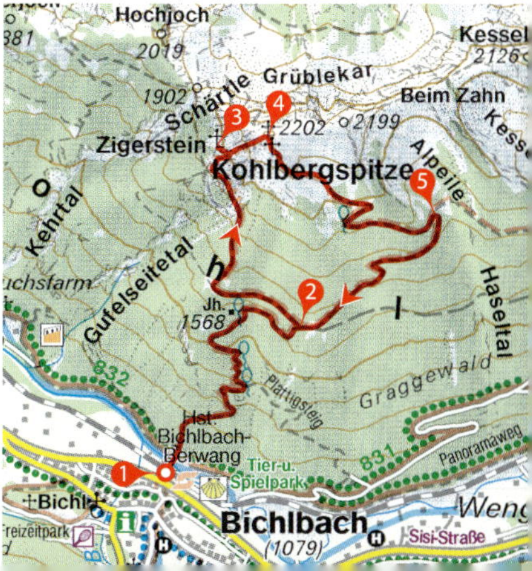

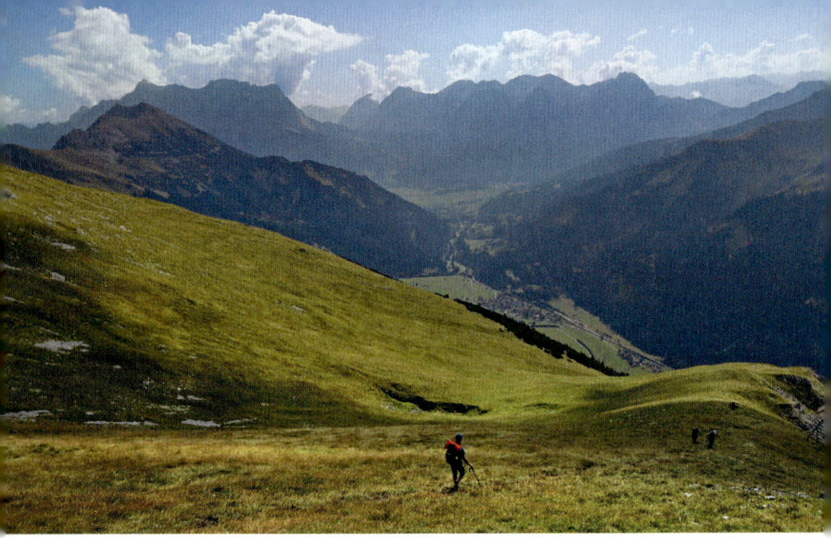

Der Abstieg wird über die Stapferwies eingeleitet; hinten das Wetterstein-Mieminger-Gebirge.

einer Art Rippe nach rechts und nutzt dann eine nicht sehr ausgeprägte, aber ziemlich steile Schrofenrinne für den Schlussanstieg. Immer wieder mit Händeunterstützung geht es hinauf zum großen Kreuz auf der **Kohlbergspitze** ❹, 2202 m.

Der Abstieg beginnt südostseitig an der gutmütig geneigten Stapferwies. In der Latschenregion zieht die Normalroute recht weit nach Osten bis in die Hangmulde des **Alpeile** ❺, wo der Alpenrosensteig aus Richtung Lähn dazukommt. Nun in die andere Richtung mäßig steil – gelegentlich mit einer Kehre – bergab. Man stößt auf den Endpunkt eines Fahrwegs und ein paar Schritte weiter auf die bekannte Gabelung ❷. Von dort wie gehabt hinunter nach **Bichlbach** ❶.

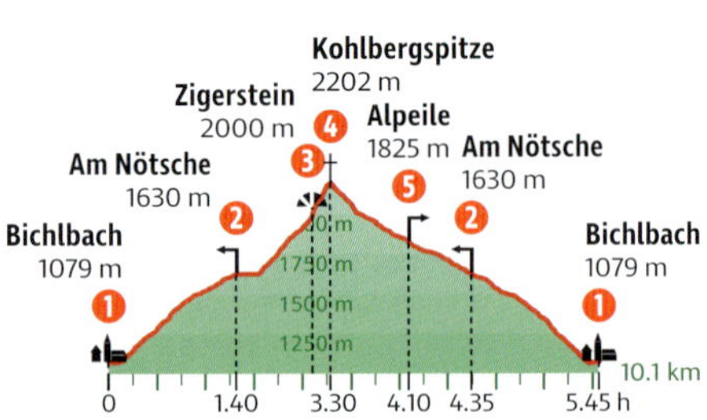

↗ 200 m | ↘ 200 m | 19.1 km

5.20 h

TOP **58**

Plansee und Heiterwanger See, 976 m

Idyllische Uferwege am Tiroler Fjord

Wie ein Fjord bettet sich der Plansee in die walddunkle Berglandschaft der Westlichen Ammergauer Alpen und bildet damit ein veritables Gegenstück zu den seichten Moorseen, die wir im Ostallgäuer Alpenvorland kennenlernen durften. Die Ausdehnung ist beachtlich, und im Südwesten gesellt sich sogar noch der Heiterwanger See dazu, der ohne Umschweife in die Rundwanderung einbezogen werden kann. Freilich liegt damit eine Wanderstrecke von annähernd 20 Kilometern vor uns – überwiegend ganz nahe der Ufer, die nur an wenigen touristischen Hotspots verbaut sind. Die reizvollsten Abschnitte liegen am Südufer des Plansees sowie im letzten Viertel zwischen Fischer am See und Seespitz, denn hier sind wir auf unbefestigten Naturwegen unterwegs. Eine tolle Wanderung, auch ohne Gipfel oder auch nur nennenswertem Aufstieg!

Ausgangspunkt: Hotel Seespitz, 980 m, an der Planseestraße. Zufahrt von Reutte, ohne Linienbusanschluss.
Anforderungen: T1. Leichte Talwanderung, wechselweise auf breiten Trassen und kleineren Fußwegen, letztere speziell am Plansee-Südufer und am Heiterwangersee-Nordufer. Die Herausfor-

Mit dem Thaneller als Hintergrundkulisse des Heiterwanger Sees ergibt sich ein ausgesprochen harmonisches Landschaftsbild.

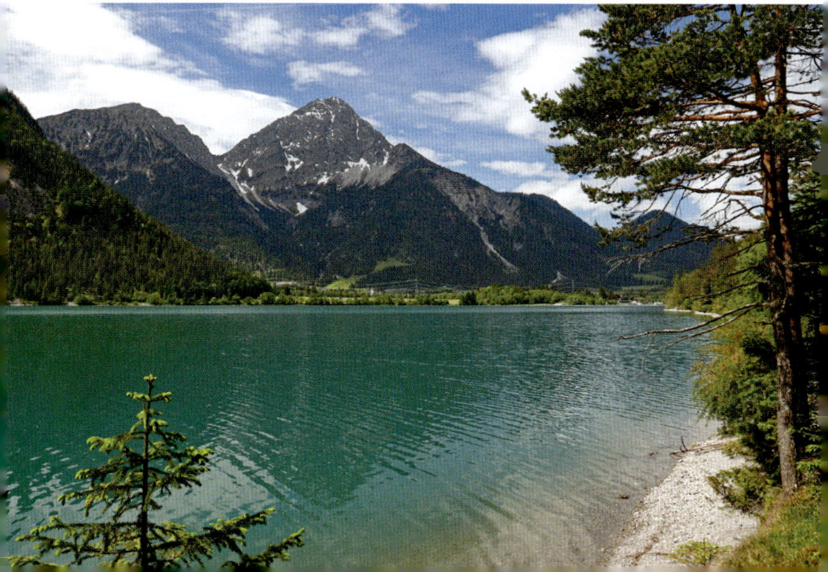

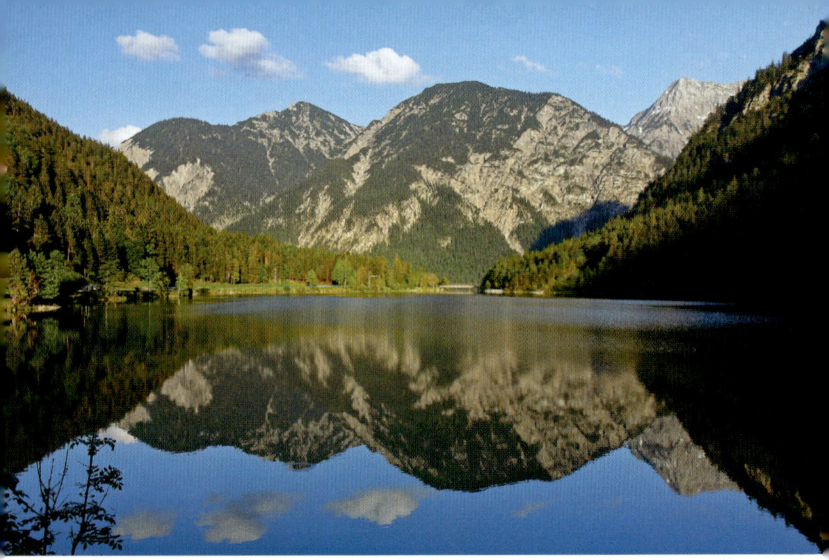

Zuweilen entfaltet der Plansee Stimmungen, denen sich niemand entziehen kann.

derung besteht in der fast tagfüllenden Streckenlänge.
Einkehr: Hotel Seespitz, Hotel Forelle (plus Imbisse an der Uferpromenade), Hotel Fischer am See.
Beste Jahreszeit: Frühjahr bis Spätherbst.
Varianten: Man kann auch zwei getrennte Runden begehen: um den Plansee ca. 14 km (4.00 Std.), um den Heiterwanger See ca. 6 km (1.45 Std. ab Fischer am See). Eine andere Möglichkeit wäre die einfache Traverse vom Fischer am See bis zum Ostende des Plansees und Rückfahrt per Schiff.

Beim **Hotel Seespitz** ❶, 980 m, nehmen wir den Forstweg in östlicher Richtung auf und steigen über dem Nordufer bzw. der Planseestraße etwas an. Dann immer quer durch die Hänge, ehe es nach rund 4 Kilometern auf einem Steigabschnitt hinunter zum Komplex »Am Plansee« mit dem **Hotel Forelle** ❷, 979 m, geht. Nun entlang der Promenade zu einem Parkplatz und auf der Fortsetzung Richtung Seewinkl. Hier vollzieht der Uferweg einen Bogen und leitet die südliche Traverse ein. Sehr weit geht es auf einem schönen Pfad in Ufernähe dahin. Ab und zu wird eine Rinne oder Reiße

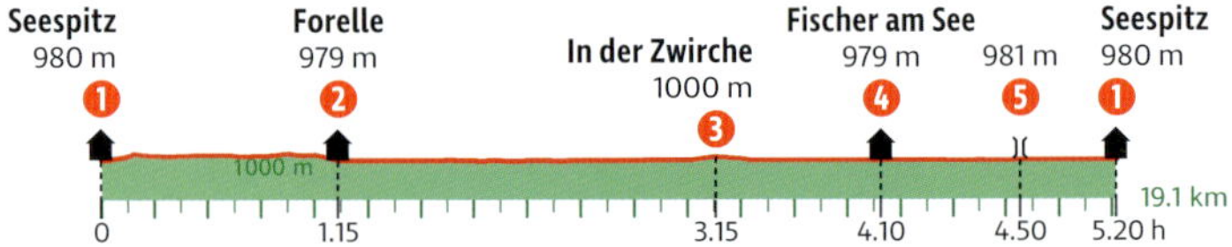

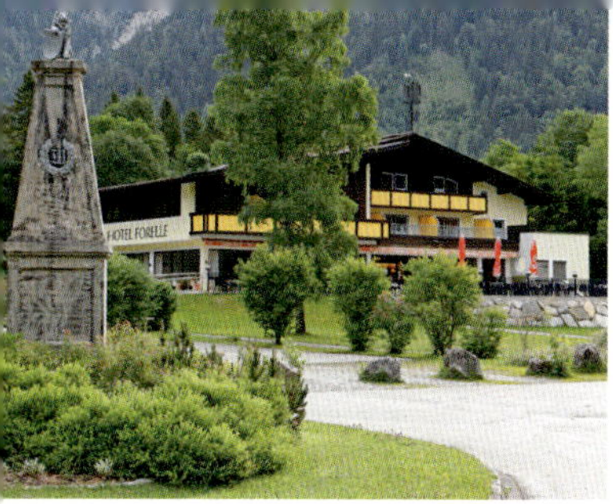

Das Hotel Forelle am Plansee.

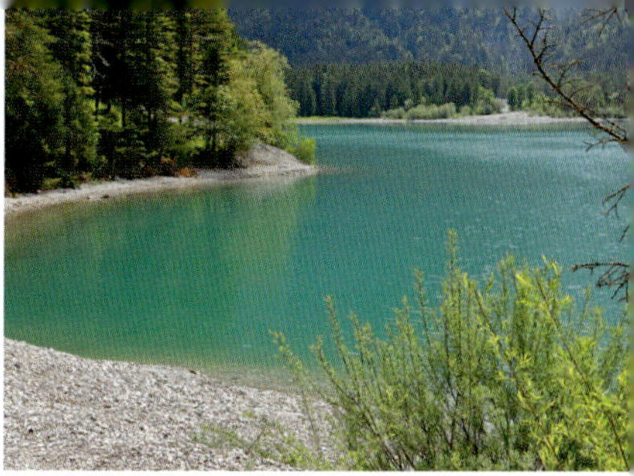

Kleine Bucht am Heiterwanger See.

gekreuzt, die markanteste am »Spieß«. Wir kommen Richtung Südwesteck des Plansees voran und wandern jetzt wieder auf einem Fahrweg. Bei der Gabelung ist die linke Variante durch das Waldgebiet **»In der Zwirche«** ❸ kürzer – hinter einer Hütte respektive Wildtierfütterung kann allerdings ein Bach ohne Steg lauern. Daher kommt auch der Schlenker Richtung Brücke infrage. Das Südufer des Heiterwanger Sees wird nun ebenfalls auf breitem Wirtschaftsweg abgelaufen, wobei man später auf den Abzweig des Pfades zum touristischen Komplex beim **Hotel Fischer am See** ❹, 979 m, achte. Dieser liegt zwischen zwei Gräben. Anschließend auf Naturweg am malerischen Nordufer retour – besonders imposant zeigt sich jetzt der Thaneller im Hintergrund. Man tangiert die Brücke zwischen beiden Seen ❺ und dreht am Plansee immer mehr nach links ein, um die Runde Richtung **Hotel Seespitz** ❶ zu vollenden – zuletzt über eine weitere Brücke.

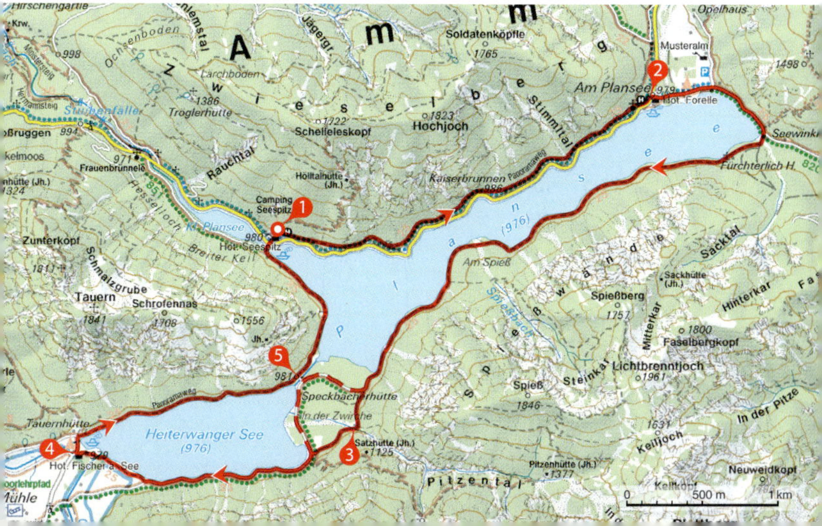

↗ 950 m | ↘ 950 m | 14.1 km

59 Ochsenälpeleskopf (Hirschfäng), 1905 m

4.45 h

Moderates Gipfelziel über dem Ammerwald

Im Schatten der namhafteren Gipfel Hochplatte und Säuling stehen der Kreuzkopf und sein fast gleichhoher Zwilling, der Ochsenälpeleskopf, über dem Ammerwald. Letzterer ist etwas leichter zu besteigen, obgleich sie gerne auch kombiniert werden. Die Gipfelaussicht kann hier meist noch in Ruhe genossen werden.

Ausgangspunkt: Hotel Ammerwald, 1079 m, an der Straße zwischen Plansee und Linderhof. Kein Linienbusverkehr.
Anforderungen: T2-3. Im oberen Bereich kleine Steige, die elementare Trittsicherheit verlangen, sonst gut ausgebaute Bergwanderwege. Durchschnittliches Anstiegspensum.
Einkehr: Jägerhütte, 1417 m, während der Alpsaison einfach bewirtschaftet.

Beste Jahreszeit: Juni bis Oktober.
Varianten: 1. Aus dem Kuhkarjoch kann zusätzlich der Kreuzkopf, 1910 m, bestiegen werden. Der schrofige Nordgrat ist aber durchgängig steil und recht brüchig, damit eine Nummer schwieriger als der Rest der Tour (plus 45 Min.).
2. Prinzipiell lässt sich die Tour auch aus der Bleckenau (Wanderbus von Hohenschwangau) unternehmen.

Vom topmodernen **Hotel Ammerwald** ❶, 1079 m, dessen Erscheinungsbild an diesem Ort womöglich eher verstörende Wirkung erzielt, startet man auf einer Forststraße und zweigt dann bei einer Jagdhütte auf den gut ausgebauten Schützensteig ab. Dieser schraubt sich am Waldhang über einem tiefen Graben empor. An einem Wasserfall vorbei steuert man den weiten **Schützensteigsattel** ❷, 1431 m, an. Ein Stück weiter auf der Wiesenfläche findet man bei der Jägerhütte den offiziellen Abzweig zum Ochsenälpeleskopf, doch können wir uns den Umweg sparen und gleich vorn einen verwachsenen Karrenweg nach links einschlagen. Nun aufwärts zu einem Wiesenplateau und zur **Hirschwängalpe**, 1525 m. Nach Kreuzen eines Gra-

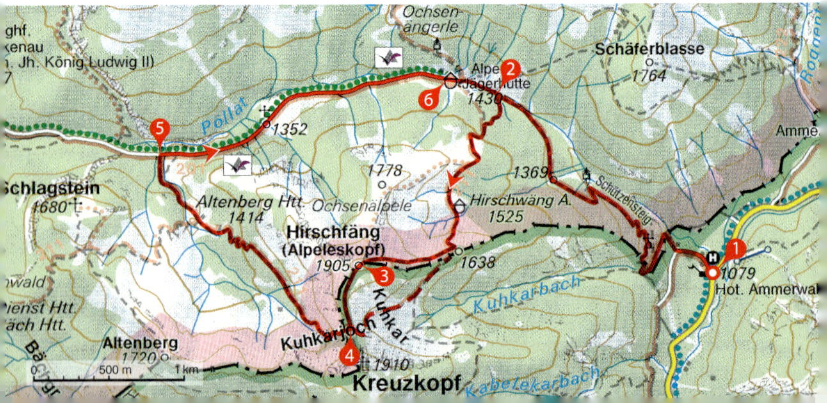

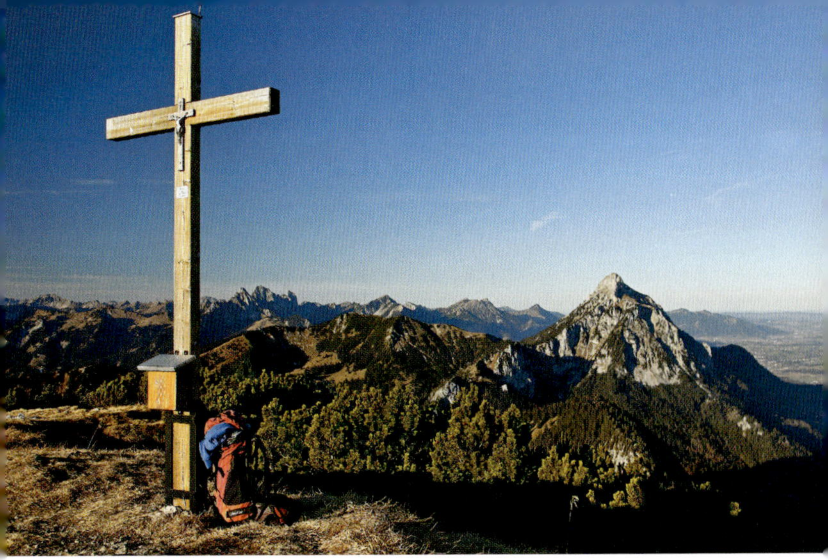

Ein glasklarer Spätherbsttag am Ochsenälpeleskopf – noch sind die Bedingungen perfekt.

bens gelangt man auf den Ostrücken, wo man umgehend die Hauptspur zum Kuhkarjoch verlässt und stattdessen dem schmaleren, aufsteilenden Pfad zum Gipfel des **Ochsenälpeleskopfes** 3, 1905 m, folgt.

Der teils latschenbestandene Südrücken leitet rasch ins **Kuhkarjoch** 4, 1770 m, hinab. Von dort entweder quer durch die Flanke zurück oder zur Abwechslung westseitig in den Altenberggraben, anfangs im Zickzack, später sanfter in lichten Wald eintauchend. Man passiert die **Altenberghütte**, 1414 m, kreuzt unterhalb zweimal den Bach mit seinen schönen Gumpen und gelangt ins Tal der Pöllat 5, 1326 m, wo man auf das aus der Bleckenau heraufführende Sträßchen trifft. 100 Höhenmeter Gegensteigung via **Jägerhütte** 6, 1417 m, stehen nun bevor, ehe die Wanderung mit dem Abstieg über den Schützensteig zum **Hotel Ammerwald** 1 vollendet wird.

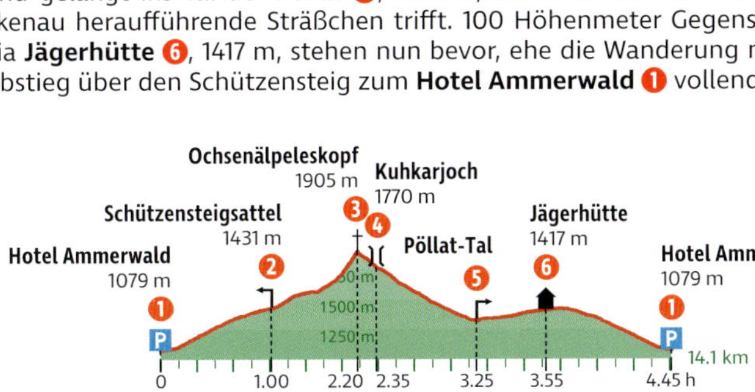

↗ 1120 m | ↘ 1120 m | 12.5 km

60 Westlicher Geierkopf, 2143 m

6.10 h

Mit einem pfiffigen Jagdsteig durchs Teufelstal

Die Geierköpfe bilden einen wuchtigen, dreigipfligen Bergstock, der zu den alpinsten Gefilden der Ammergauer Alpen zählt. Jäh und felsig bricht die Nordwand zur Ammerwaldstraße ab. Einen offiziellen Steig gibt es nur bis zum Westgipfel, mit einem ganz speziellen »Seiteneinstieg« durchs urwüchsige Teufelstal, der hier beschrieben werden soll. Erfahrenen Berggehern ist die Tour auf den Leib geschnitten.

Ausgangspunkt: Kleine Parkbucht bei der Teufelsbrücke, ca. 1030 m, von der Siedlung am Plansee ca. 2,7 km auf der Ammerwaldstraße in nördlicher Richtung (Zufahrt von Reutte am Plansee entlang; andererseits auch via Linderhof).
Anforderungen: T3–4. Gut angelegter, wenngleich nicht bezeichneter Jagdsteig durchs Teufelstal, oft schmal am bewaldeten Steilhang verlaufend. Anschließend auf markierter Route bis ins Schrofengelände. Fast schon »schwarz«, solide Trittsicherheit angezeigt, aber nur ganz geringfügige Kletterstellen. Für Geübte normales Tagespensum.
Einkehr: Keine.
Beste Jahreszeit: Juni bis Oktober.
Variante: Etwas länger ist der durchaus ruppige Zustieg vom Plansee-Ostufer Richtung Zwerchenberg. Aufgrund der Markierung und mangels besserer Kenntnis wird er dem Teufelstal dennoch häufig vorgezogen.

Bei der Parkmöglichkeit gleich hinter der **Teufelsbrücke** ❶ achten wir auf das kleine handgeschriebene Schild am Baum und schlagen ohne weitere Markierung den schmalen Pfad an der steilen Berglehne ein. Er schraubt sich am linken Rand des **Teufelstals** geschickt höher, vollzieht dabei recht ausladende Schleifen, zwischenzeitlich auch mal weiter links außen herum, sodass sich auf gut 1300 Metern ein Blick zum Hotel Ammerwald ergibt. Danach über felsdurchsetzte Stellen wieder gegen das Teufelstal zurück und mit Kehren zu einer längeren, nahezu horizontalen Traverse von fünf

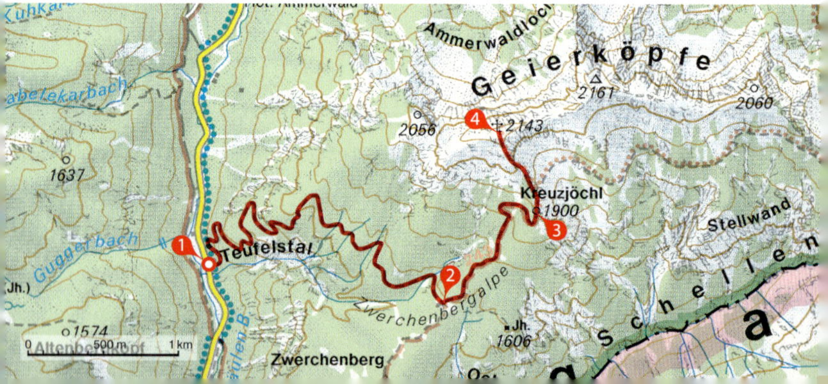

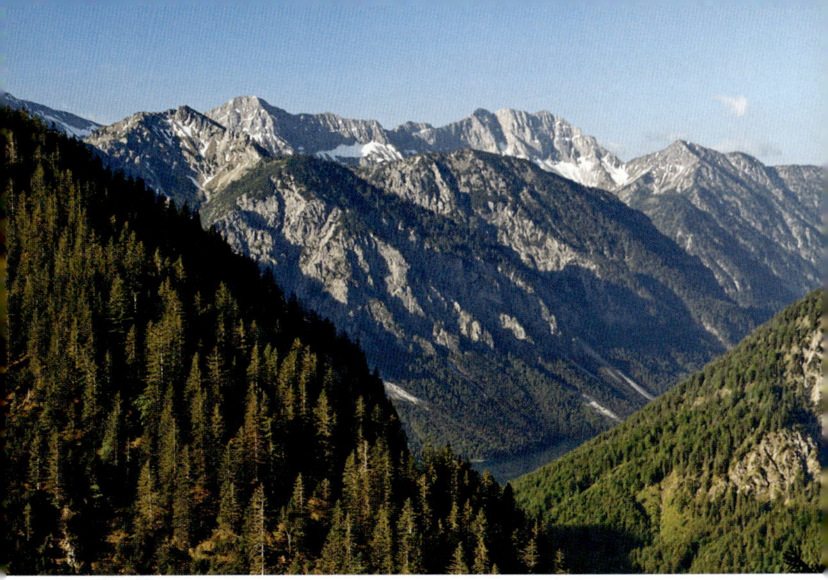

Beim Aufstieg durchs Teufelstal ergibt sich ein Ausblick auf die Berge um den Plansee.

Gräben. Nachdem die kleinen Einschnitte ausgegangen sind, kommen wir auf die Lichtung der **Zwerchenbergalpe** ❷, ca. 1570 m, und stoßen hier auf den bezeichneten Steig vom Plansee. Bald geht es durch eine ausgewaschene Latschengasse und weiter auf ordentlichem Steig durch oft hohe Legföhrenbestände mit einer markanten Schleife zum Südrücken hinauf. Beim **Kreuzjöchl** ❸, 1900 m, zweigt ein Querweg in die ausgedehnte Flanke ab, während wir dem Gratrücken treu bleiben und über Schutt und Schrofen (eine kurze Stelle I) vollends zum **Westlichen Geierkopf** ❹, 2143 m, aufsteigen. Retour entlang derselben Route.

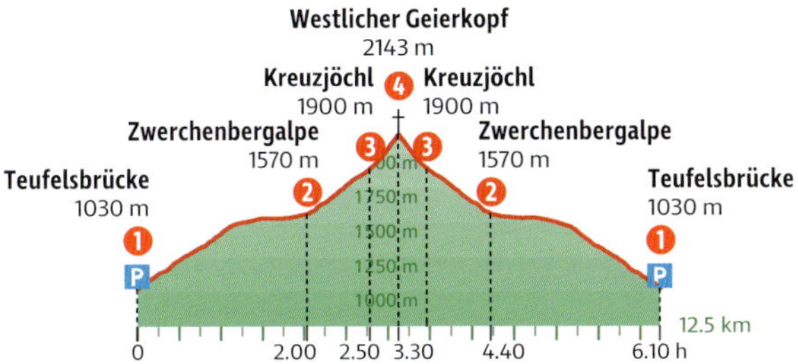

STICHWORTVERZEICHNIS

Umschlagbild: Am Thaneller-Gipfel schweift der Blick in die Ammergauer Alpen mit Heiterwanger- und Plansee.

Bild im Innentitel: St. Koloman bei Schwangau mit Neuschwanstein und Säuling im Hintergrund.

Alle 196 Fotos vom Autor.

Kartografie:
60 Wanderkärtchen im Maßstab 1:50.000 / 1:75.000
Touren 6–14 und 21–60
sowie zwei Übersichtskärtchen im Maßstab 1:300.000 und 1:600.000
© Freytag & Berndt, Wien
Touren 1–5 und 15–20 Geodaten © OpenStreetMap und Mitwirkende, kartografisches Design: Freytag & Berndt Prag, www.freytagberndt.cz

Werk-Nr.: 4542

13., aktualisierte und erweiterte Auflage 2023

ISBN 978-3-7633-4676-9

FSC www.fsc.org MIX Papier aus verantwortungsvollen Quellen FSC® C021956

Wir freuen uns über jeden Korrekturhinweis zu diesem Wanderführer!
Bitte per E-Mail an: leserzuschrift@rother.de

ROTHER BERGVERLAG · Keltenring 17 · D-82041 Oberhaching
Tel. +49 89 608669-0 · www.rother.de